애니미즘이라는 희망

애니미즘이라는
희망

삼 라 만 상 에 게 길 을 묻 다

야마오 산세이 지음
김경인 옮김

애니미즘이라는 희망

삼라만상에게 길을 묻다

차례

넘치는 자유 속에서 방황하는 사람들이 유독 젊은이들만이 아니라 사회 전반이 그러할 것이다. 이 책은 대학생을 대상으로 직접 들려준 이야기이지만, 공부하는 학생들뿐만 아니라 살아가는 의미를 묻는 모든 사람들에게 이 책을 바친다.

야마오 산세이(1938~2001)

1
삼라만상에 깃든 영혼

나는 하얗게 물거품이 이는 냇가에 사는 새내기 농부
밤이 되면
흐르는 강물소리 들으며
언제쯤 그 소리와 하나가 되어
눈물로 지새는 날이 올 것인가
줄곧 기다리고 있다네

애니미즘이란 무엇인가?

오늘부터 한번에 90분씩 하루 세 번, 모두 4시간 반 씩 5일 동안 강의를 할 텐데, 강의 주제가 애니미즘이라는 사실을 마음속에 새기고 들어주기 바랍니다.

애니미즘이라는 말은 알고 있는 사람도 많겠지만 아니마라는 말이 어원입니다. 아니마anima라는 라틴어의 의미는 생명이나 정령, 혹은 영혼인데 이 중 영혼이라는 의미가 가장 강할지 모르겠어요. 자연만물에는 아니마가 깃들어 있다, 정령 혹은 영혼이 깃들어 있다는 사고방식이 곧 애니미즘입니다.

따라서 종교사적으로 볼 때 종교의 시작은 애니미즘에서 비롯되었다고 할 수 있습니다. 애니미즘에서 조금 나아간 것이 샤머니즘인데, 이곳 오키나와 지역 풍토에서 지금도 힘을 가지고 있는 노로여제사장나 유타무녀라고 불리는 이들이 샤머니즘의 범주에 속한다고 봅니다. 이렇듯 애니미즘이 샤머니즘으로 발전한 뒤 비로소 유대교니 그리스도교니 이슬람교니 불교니 하는 민족적이고 세계적인 대종교로 발전해왔다는 것이 종래의 발달종교사관입니다. 바로 종교 역시 발달한다는 견해였던 거죠.

그런데 이것은 문명 전반에 걸쳐서도 그렇지만 뭔가가 발전하고 진보하는 것이 무조건 좋다는 사고방식은 최근에 와서는 별로 인기가 없어진 것 같아요. 인기가 없어졌다는 말이 좀 이상하지만, 어쨌든 저는 진보가 무조건 선善이라고는 생각하지 않습니다.

특히 20세기 후반 이후 철학적으로는 실존주의와 구조주의가 만연하게 되었는데, 거기에 비춰보면 예컨대, 제가 현재 살고 있는 야쿠시마에도 존재하는 문화와 문명을 서구와 비교해서 어느 쪽이 우수한지 따지는 것은 전혀 의미가 없다는 말입니다.

따라서 불교니 기독교니 이슬람교니 하는 거대종교가 가장 진보한 종교이고, 샤머니즘이나 앞으로 강의할 애니미즘과 같은 종교는 미개하고 열등한 종교 형태라는 사고방식은 이미 진보주의학자들의 과거 환상이 되어가고 있다고 할 수 있겠지요.

어쨌든 아니마라는 하나의 개념=정령, 생명, 영혼을 주제로 앞으로 닷새 동안 여러분과 이야기를 나눠볼까 합니다.

저는 바로 이웃인 카고시마 현의 야쿠시마라는 섬에서 살고 있는데, 그곳은 삼나무로 유명합니다. 원시림 속에서 거대한 삼나무들이 여기저기 자라고 있는 골짜기로 들어가면 그것만으로 어떤 특별함을 얻게 됩니다. 뭐라 형용할 수 없이 기분 좋고 깊은 마음이랄까, 강한 기운 같은 것이 내 안으로 들어오는 듯합니다. 그런 것이 일본을 비롯해 세계 어느 지역에 가더라도 각각의 풍토에 무한하게 내재되어 있습니다. 세상에 셀 수 없이 많이 존재하는 그것을 삼라만상이라고 합니다. 삼라만상 안에는 생명이고 정령이며 영혼인 아니마가 깃들어 있지요. 그런 원초적 심성을 애니미즘이라고 합니다. 즉 삼라만상에는 아니마가 깃들어 있다고 믿는 사고방식이 바로 애니미즘이지요.

한 가지 더 아니마에 대해 말하면, 심층심리학 혹은 잠재의식계의 심리학이라는 분야를 연구한 융1875~1961이 제안한 중요한 개념 안에 아니마라는 말과 아니무스animus라는 말이 있습니다. 이는 20세기에 나온 이야기이므로 그렇게 오래된 것은 아닌데, 융의 심리학에서는 남성의 잠재의식 속에 깃들어있는 여성적인 것에 대한 동경의 원

리를 아니마라고 부릅니다. 한편 여성의 잠재의식 속에 잠재되어 있
는 남성적인 것에 대한 동경의 원리를 아니무스라고 해요.

아니마라는 말 속에는 그런 뜻도 있습니다. 원초적으로는 정령, 생
명, 영혼이라는 뜻이지만 20세기에 융이 아니마와 아니무스라는 개
념을 부가함으로써 그 말의 의미가 훨씬 더 방대해졌다는 말입니다.

애니메이션과 함께 자란 여러분들은 어떤 의미에서 아니마의 영향
을 받고 있는 셈입니다. 이때의 애니메이션 역시 아니마에서 유래한
것이니까요. 수많은 그림 한 장 한 장을 이어서 살아있는 것처럼 화상
을 구성하는 거니까, 애니메이션이란 생명 또는 영혼을 부여받은 화
면인 셈이죠. 애니메이션 세대인 여러분은 아니마와 깊게 이어져 있
다고 할 수 있습니다. 현대에 재생된 아니마의 세계, 그것이 미야자키
하야오로 상징되는 '애니메이션이라는 방법론'이라고 생각합니다.

저도 미야자키 하야오 씨처럼 영상을 통해 아니마의 세계를 전달
할 수 있다면 좋겠지만, 저는 시를 낭독하는 방법, 방법이라기보다
시를 읽는다는 행위를 통해 전하고자 합니다. 오늘 나눠드린 자료에
는 시가 세 편 있는데, 앞으로 더 많은 시를 읽으려고 합니다. 그 시들
을 설명하고 배경을 살펴보면서 애니미즘 이야기를 해볼까 합니다.

노래의 기원

시 낭독에 앞서 시詩라는 것에 아주 중요한 사실이 있기 때문에 그
것부터 먼저 말하겠습니다. 시라카와 시즈카白川静 1910~2006 - 옮긴이 선
생은 상형문자가 어떻게 조형되었는가 하는 한자 기원학 전공자이신

데, 그 분이 쓴 『고대 중국의 민속』이라는 책에 노래의 기원, 즉 시가
의 기원을 말한 부분이 있는데 먼저 읽어보죠.

가요가 원래 주술적이었다는 사실은 이미 『고대 중국의 문화』 제6
장 「가무와 유예」의 첫 부분에서 서술하였다. 문자학적으로 보면
노래란 신에게 한 기도의 실현을 강하게 요구하는 것, 즉 가책呵責
하는 것을 원래의 뜻으로 한다.

가책한다. 신에게 무엇무엇을 해달라고 강구하는 것, 그것이 노래
의 기원입니다. 이때 가책의 가呵가 시가의 가歌라는 문자를 구성하
고 있는 원천입니다. 노래로 가책하여 신의 은혜를 쟁취하는 게 노래
의 기원이라는 식으로 시라카와 선생은 말합니다. 조금 더 읽어보죠.

요謠도 고기를 바쳐 기도할 때의 찬사를 말한다. 아마 그 목소리는
특수한 억양과 리듬을 갖는 이른바 독경의 소리 같은 것이리라.

여기까지가 가요歌謠라는 한자 해석인데, 다음에는 이것을 일본어
의 우타歌에서 고찰하고 있습니다. 바로 이렇게 적혀있어요.

일본어의 '우타歌'도 『유랴쿠키雄略記』의 '……우리 천황 노시는
데, 활에 맞은 사슴이 분노하여 우·타·키 라는 소리를 내며 달려드
니……', 혹은 『하리마노쿠니播磨国풍토기』에서 타카군 아타카노
阿多加野의 이름에 대한 기원설화중 호무타品太천황이 수렵에서 화

살을 쏘아 맞힌 사슴이 '아타키阿太岐'라고 울부짖었다고 나오는데, 이는 '우타키' '아타키'와 관계가 있는 이야기일 것이다. 신에게 기원할 때의, 성스러운 것에 가까이 가기 위한 특수한 음성이다. 그럴 때의 억양과 율동이 언령言靈,말의 영혼으로서의 기능을 높이는 것으로 완성된 것이 우타歌, 즉 노래이다.

유랴쿠 천황이 사냥을 나가 사슴을 향해 활을 쏘았지요. 그때 화살에 맞은 사슴이 고통스러워하며 하늘을 향해 울부짖는 겁니다. 워~라고 사느냐 죽느냐의 갈림길에서 울부짖는 소리. 그런 울부짖는 모습을 '우타키카시코미'라고 표현하고 있습니다. 이때의 '우타키'라는 말이 일본어의 '우타歌'라는 말의 어원이 아닐까 하는 생각입니다.

또 한 가지 비슷한 것이 『하리마노쿠니 풍토기』에 나오는 것으로, 여기에서는 화살을 맞은 사슴이 '아타키'라며 울부짖었다는데, 시라카와 선생은 이 '우타키' 혹은 '아타키'가 '우타歌'라는 말의 어원일 거라고 보는 거죠. 우리가 지금 이 말에서 연상할 수 있는 것은 수컷의 우렁찬 외침이라는 뜻의 '오타케비雄叫び'라는 말입니다.

여기에서 제가 말하고 싶은 것은 노래의 기원이 그렇다면 우리는 과연 사슴이 하늘을 향해 울부짖는 듯한 그런 외침인 '우타키' 혹은 '아타키' 혹은 '오타케비'를 가지고 있는가 하는 것입니다.

물론 가지고 있다고 말하는 사람도 있겠죠. 그렇다면 정말 멋진 일입니다. 다만 주의해야 할 점은 '우타키' '아타키'가 오로지 부정적인 외침의 소리라면 우리 인생이 너무 가혹하지 않겠는가? 원래는 결핍을 자각하거나 부정적인 순간에 외치는 소리긴 하지만 그래도 역시 기쁘다, 즐겁다, 좋다, 행복하다는 긍정적인 노래도 필연적으로 포함되기 마련이라, 그런 정서를 추구하고 자각할 필요가 있습니다.

저의 경우에는 시詩라는 말, 내 안에 있는 '외침'을 부정적이든 긍정적이든 내 언어로 정착시키고 그것을 끊임없이 파고드는 것, 그것이 제 할 일이라고 생각합니다. 그것은 누구든 간에 사람이고 생물인 이상 '아타키' '우타키' '오타케비'와 같은 원초적인 감정과 생명의 울림을 가지고 있기 때문에, 그것이 시세계만이 갖는 특별한 이야기는 절대 아닙니다. 살아있는 생물인 이상 누구에게나 공통된 이야기라고 생각해요. 어디까지나 저라는 인간의 처지에서 하는 이야기지만, 시를 읽으면서 앞으로 더 넓게 이야기를 나눌 수 있기 바랍니다.

서론이 너무 길어져서 본론에 들어가기가 영 쉽지 않지만, 시간도 많고 하니 한 가지만 더 이야기하겠습니다.

제가 들고 있는 이 문고판은 『파란꽃』이라는 소설입니다. 18세기 말 독일 낭만파를 대표하는 작가 중에 노발리스1772~1801라는 시인이 있었어요. 작가라기보다는 시인이에요.

이 『파란꽃』이라는 작품을 손에 넣은 것은 10년쯤 전의 일로 당시에는 절판된 상태였기 때문에 헌책방에서 2천 엔이나 주고 샀습니다. 친구 중에 헌책방을 하는 친구가 있어서 혹시라도 노발리스의 『파란꽃』이 들어오면 꼭 구해달라고 부탁해서 힘들게 구한 책인데, 이 책 표지에 작가의 훌륭한 말이 적혀 있어요. 칠판에 적어볼 테니까 필기구를 가지고 계신 분은 이것만은 꼭 적어두기 바랍니다.

모든 시적인 것은 동화적이지 않으면 안 된다.

진정한 동화작가는 미래의 예언자다.

모든 동화는 어디에나 있고 어디에도 없는 저 고향세계의 꿈이다.

이런 서문을 써놓고 소설을 쓰기 시작한 사람은 참 대단하다고 생각합니다. 사실 이 문장이 갖고 싶어서 이 책을 산 것이나 다름없었어요. 말이라는 것이, 만일 자기 가슴으로 혹은 영혼으로 깊이 파고드는 말이 단 한 줄이라도 있다면 그것만으로도 평생의 보물이 될 수 있는 것이죠. 한 줄, 단 한줄의 진실을 말로 표현할 수 있다면 그 사람은 시인입니다. 이 말은 누구라도 한줄 정도는 진실의 말을 쓸 수 있다는 겁니다. '동화'라는 말은 그런 의미를 표현해주고 있습니다.

가령 '모든 시적인 것은 철학적이지 않으면 안 된다'라면 철학을 싫어하는 사람에게 시는 더 이상 아무 의미도 없을 텐데, 노발리스는 동화라는 말을 쓰고 있어요. 왜 동화인가? 동화란 소박한 생명 그 자체의 세계입니다. 소박한 생명 그 자체가 소박하게 받아들여지는 세계. 그것을 이야기하는 것이 진실한 동화이기 때문에, 단순하고 거짓이 없고 직접 생명을 다루고 있어 어렵지 않습니다.

왜 여기서 이런 이야기를 하는가 하면 저의 시는 어렵지 않습니다. 복잡한 시가 결코 아니에요. 순수하게 소박하지 않은 것이 아쉽긴 하지만, 이른바 현대시인이라 불리는 사람들이 만들어낸 난해하기만 할 뿐 거의 의미가 없는 일본 현대시의 흐름에서 벗어나 저는 그들과 다른 면에 설 수 있게 되었습니다. 그러니까 시가 뭔지 모르겠다는 분이 있다면, 그런 생각은 금방 바뀌게 될 겁니다. 그만큼 저의 시는 쉽습니다. 누구라도 이해할 수 있는 동화 같은 시입니다.

신을 구하며 울어라

앞으로 닷새 동안 저의 시집 『야자잎 모자 아래서』에 실린 시들을 읽어갈 텐데요. 시라는 것은 귀로 듣는 것만으로도 좋지요. 시 낭독을 들을 기회가 별로 없어서 혹시라도 듣다가 나른해지고 졸리거든 그대로 자도 좋습니다. 그러니 아무쪼록 편안한 마음으로 들어주셨으면 합니다. 먼저 〈저문 강변의 노래〉라는 시를 읽어보겠습니다.

저문 강변의 노래

나의 가슴 속에
한 성자가 신의 사랑에 취해서 눈물을 흘리며 춤추고 있네
눈물은 두 눈에서 넘쳐 뺨을 타고 흐르네
그 사람의 이름은 차이타니아

나의 귀 속에는
한 성자가 한 말이 지금도 깊게 남아 있네
신을 구하며 울어라
신을 구하며 울어라 그리하면 너는 신을 볼 수 있으리라
그 사람의 이름은 라마크리슈나

나는 하얗게 물거품이 이는 냇가에 사는 새내기 농부

밤이 되면

흐르는 강물소리 들으며

언제쯤 그 소리와 하나가 되어

눈물로 지새는 날이 올 것인가

줄곧 기다리고 있다네

이런 십니다. 차이타니아 라는 사람은 15~16세기에 남인도에서 힌두교의 한 종파를 세운 위대한 사람입니다. 라마크리슈나는 노발리스보다 85년 뒤인 1886년에 50세로 죽었는데, 19세기 후반 캘커타를 중심으로 활동하며 근현대 인도사회에서는 탁월한 성자로 이름을 날린 사람입니다. 로망 롤랑이 이 사람의 전기를 썼죠. 저는 라마크리슈나와의 만남으로 제 삶이 상당히 깊어졌다고 생각하기 때문에 이 사람을 잠시 이야기하려고 합니다.

어느 날, 마침 여러분과 비슷한 나이의 나렌드라라는 캘커타대학 학생이 라마크리슈나의 평판을 듣고 만나러 갔어요. 라마크리슈나의 평판이란 신의 사람=神人이라고 써서 '파라마한사'라고 했는데, 신을 실현한 사람이라는 뜻입니다. 힌두사회에서는 최고의 존칭에 해당하죠. 그런 평판을 가진 사람을 진짠지 가짠지 시험해보겠다고 캘커타대학의 학생이던 나렌드라훗날 비베카난다가 찾아간 겁니다. 찾아가서 당신은 정말 신을 보았습니까? 라고 눈앞에서 물어봅니다.

그것은 젊은 나렌드라에게 라마크리슈나를 시험해보겠다는 혈기와 더불어 필사적이고 진지함 그 자체의 질문이었을 거예요. 그러한 나렌드라의 질문에 라마크리슈나가 뭐라고 대답했느냐 하면 "그렇소, 나는 신을 보았소"라고 대답해요. "지금 당신을 눈앞에서 보고 있는 것보다 더 분명히 신을 보았소." 그야말로 놀라운 일이죠. 나렌드에게는 엄청난 충격이었지요. 그가 다시 묻습니다.

"어떻게 하면 신을 볼 수 있습니까?"

그 질문에 대한 대답이 방금 낭독한 시에 나온 말이에요. 라마크리슈나는 이렇게 대답합니다.

"신을 구하며 울어라, 밤이나 낮이나 신을 구하며 울어라. 당신이 울 정도로 신을 구한다면 반드시 신을 볼 수 있을 것이다."

이 말이 제 인생을 바꿔버렸어요. 저의 학생시절에는 사르트르와 까뮈의 무신론적인 실존주의 철학이 엄청 유행해서 실존주의자나 마르크스주의자가 아니면 사람 취급을 못 받던 시대였는데, 학교생활을 마치고 얼마 지나지 않아 라마크리슈나의 이 말과 만남으로써 정말 살아있는 동안 나도 신을 보고 싶다는 염원을 갖게 된 겁니다.

저는 도쿄의 칸다에서 태어났는데, 서른일곱 살 봄까지 쭈욱 도쿄에서 살았습니다. 그러다 '신을 보겠다'는 일념으로 야쿠시마로 들어가 살도록 결심하게 한 것이 바로 이 말이에요. 단 한 줄의 말.

'신을 구하며 울어라.'

이 한 줄이 제 인생을 이끌어준 가장 깊은 시詩입니다.

다만 신에 대한 문제는 그리 간단한 게 아니죠. 지금은 옴진리교 같은 사건이 여전히 끊이지 않고 있는 사회인데다 오키나와에도 온갖 종교적 유혹이 있을 겁니다. 무엇이 진정한 신인가는 그것을 바라보는 본인이 결정할 일이므로 옴진리교뿐만 아니라 모든 종교세계에서 위험은 항상 도사리고 있습니다. '신을 보기'를 희망하는 사람은

자연만물에는 아니마가 깃들어 있다, 정령 혹은 영혼이 깃들어 있다는 사고방식이
곧 애니미즘이다.

그 신이 진정한 신인지 항상 지성을 다해 검증해야 합니다. 검증하고 또 검증해서 마지막에 남는 것이 진정한 신이라 할 수 있을 겁니다. 어쨌든 살아가는 데 신이라는 존재를 가질 수 있느냐 없느냐는 아주 중요한 일입니다. 물론 평생을 무신론으로 산다는 것도 그 나름 멋진 일이지만, 만일 살면서 신이나 부처의 이름을 부를 수 있다면 그것 또한 멋진 인생이라는 것은 많은 종교인들의 역사가 증명해주고 있습니다. 나중에 다시 이야기할 기회가 있겠지만, 인도에서 맨 처음 신이라는 개념이 나온 것은 기원전 11세기라고 해요. 『리그베다』라는 경전에 나오는데, 그 신들의 역사는 대략 3천 년 동안이나 계속되었습니다. 그렇게 오랜 옛날부터 계승되어온 세계를 내 것으로 만들 수 있다면 그만큼 확실한 인생도 없지 않을까 싶습니다.

어쨌든 제 개인적인 경험으로는 '신을 구하며 울어라'라는 말에 이끌려 여기까지 오게 되었습니다. 하지만 지금 제가 가장 좋아하는 신은 영어의 대문자 'GOD'로 표기되는 절대자로서의 신이 아니라 소문자 'god'로 표기되는 신입니다.

제가 생각하는 소문자 'god'은 사실 영어표기로는 존재하지 않는데 제가 만들어낸 겁니다. 저는, 인생을 살면서 위안을 주는 것이 소문자 'god=신'이고 나한테 좋은 것이면 무엇이든 'god=신'이다! 아름다운 것은 모두 신이고, 기쁨을 주는 것도 무엇이든 신이다! 라고 생각합니다. 이런 것을 하나하나 세어보면 세상에는 그야말로 신들로 넘쳐나고 있음을 알게 됩니다. 삼라만상에는 정령이 깃들어 있다는 신들의 세계. 개인적으로 이러한 세계에 이제야 비로소 도달했다는 생각이 들지만, 어쨌든 라마크리슈나가 '신을 구하며 울어라'라고 말한 그 때의 신은 대문자 'GOD'입니다.

흙을 잃어버린 시대

두 번째 시를 읽겠습니다. 〈흙과 시〉라는 십니다.

흙과 시

흙이 그대로 시라면
나는 행복을 잡은 것이리라
시가 그대로 흙이라면
나는 행복 그 자체이리라

하지만
흙의 시인은 지쳐서 노래할 수 없다
시인인 흙은 말이 없다
행복은 필요없다
그저 살아간다
그저 살아서 마음을 실현할 뿐

흙은 무한無限의 도량道場
시는 그곳에 정좌한다

오늘 오전에는 이 강의에 와주신 여러분에게 '흙은 무한의 도량,

시는 그곳에 정좌한다'는 한 줄의 시를 드리고 싶었습니다.

20세기의 문명은 흙을 떠나는 문명이었습니다. 모든 도시, 모든 서구적 문명세계, 즉 선진국이나 발전도상국이라 하는 모든 나라들의 도시가 다 그렇지만, 지난 100년이라는 시간 동안 흙에서 떠나고자 몸부림쳐왔습니다. 그것이 잘못되었다고는 꿈에도 생각지 못하고 말이죠. 물론 그것은 인간의 욕망이고 인류의 바람이기도 했습니다.

예를 들어 요즘 같은 계절에 모기에게 물리면 기분이 나쁘죠. 가렵기도 하고 혹시라도 붓고 염증이라도 생기면 얼마나 아픕니까. 물론 모기한테 물렸다고 어떻게 되지는 않겠지만 말이에요. 듣기에 이곳 류큐대학 캠퍼스에는 독사가 있다는데, 독사에게 물리면 죽을 수도 있으니까 무섭죠. 그런 온갖 불쾌함 혹은 공포로부터 벗어나려고 하는 것은 하나의 필연이기 때문에 20세기 문명의 방향이 전면적으로 틀렸다고는 할 수 없겠죠. 하지만 하나의 큰 특징은 흙이라는 근원에서 우리 인간이 100년에 걸쳐 조금씩 멀어져왔다는 건 틀림없는 사실입니다. 그리고 그러한 사실을 이제서야 조금씩 반성하는 기미를 보이고 있는데, 그것 역시 지극히 당연한 일이라고 봐요.

바다에 둘러싸인 이곳 오키나와의 지리적 조건을 생각하면 이해하기 쉬울 겁니다. 우리 인간은 육상생물인데, 육상생물이란 흙이 없으면 살아갈 수가 없어요. 35억 년 전 처음으로 바다 속에서 발생한 생물이 조금씩 조금씩 진화하고 증식해서 어느 순간 땅 위로 올라가고 결심하게 됩니다. 우리는 이미 오래 전에 잊어버렸지만, 땅 위로 올라가 육상생활자가 된다는 것에는 땅이 가지고 있는 근원성 즉 정말 깊고 본질적인 것이 들어있다고 생각합니다. 우리는 인간이라는 고등생물이지만, 그래봤자 육상생물 중 하나라는 사실에서 벗어날 수는 없어요. 그런 사실을 최근 100년 사이에 우리는 잊어버리고 말았어요. 다시 한 번 우리가 육상생물이라는 사실을 돌이키지 않으면 안 될 시기가 왔다고 생각합니다.

미래 인류는 막대한 비용과 시간을 들여서 우주 공간에 또 하나의 작은 지구를 만들 수도 있을 겁니다. 얼마나 어리석은 일입니까! 그렇게 되기 전에 원래 여기 있는 지구라는 행성을 먼저 소중하게 지키면 될 텐데 말입니다. 어쩌면 인류는 원래 있는 행성을, 그러니까 대지大地가 존재하는 달이나 화성으로 혹은 목성으로 가서 그곳을 삶의 터전으로 삼아 그곳에서 살 방법을 생각해낼 수도 있을 겁니다.

장소場所 즉 터전이 없으면 우리는 살 수 없어요. 터전의 기본은 흙입니다. 이 흙을 우리는 자칫 잊어버리기 십상입니다. 서구세계에서는 제일 먼저 그리스의 탈레스라는 사람이 기원전 7세기에 세계의 원리는 물이라고 했고, 그 다음에 나온 아낙시메네스라는 사람은 공기가 세계의 근원이라고 했습니다. 그 다음으로 헤라클레이토스가 나타나 "아니 그렇지 않다, 세계의 원리는 불이다!"라고 말했죠.

그리고 마지막으로 등장한 사람이 엔페도클레스라는 철학자인데, 그는 시칠리아의 에토나 화산에 뛰어들어 자살했다는 전설의 주인공이기도 하죠. 이 사람이 마지막으로 나와서 물과 공기, 불, 거기에 흙을 더한 네 가지 원소로 세계는 이루어졌다고 주장합니다. 그 정도로 흙은 소외되기 쉬운 존재로 맨 나중에야 등장합니다.

인류가 살아가는 기본은 흙에 있다는 사실, 즉 흙이야말로 신 중의 신이라는 사실을 강조하면서 1교시 강의를 마치겠습니다.

2

내 인생의 나무 한 그루

마을에서나 또 숲에서나
낮은 곳에서나 또 평지에서나
고귀한 사람이 머무는 곳 그곳은 즐겁다
.....
숲은 즐겁다 세인이 즐겁지 않은 곳에서 탐욕을 버린
사람은 즐거우리라
그는 욕망을 추구하지 않기 때문이다

진실의 빛

오전에 '흙은 무한의 도량, 시는 그곳에 정좌한다'는 시를 들려드
렸는데, 시란 살아가는 것, 즉 숨쉬는 것과 같은 의미라고 생각해요.
흙 위에 정좌한다. 그것은 이론이 아닙니다. 원리도 아니고 윤리도 아
니에요. 제가 느낀 바로는 그것은 깊고 깊은 기쁨의 한 형태입니다.
육상생물이기 때문에 흙을 소중히 여겨야 한다는 윤리나 이론이 아
니라 흙 위에 있다는 것 자체가 본래의 기쁨을 우리에게 가져다준다
는 자연스러운 사실입니다.

오늘 나눠드린 자료 중에서 〈노래의 진실〉이라는 시를 읽어보겠
습니다. '진실'이라는 말은 현대에 와서는 그 값어치가 많이 쇠퇴한
느낌이 들지만, 제가 알고 있는 한 이곳 오키나와라는 풍토 속에는
여전히 '진실' 혹은 '진심'이라는 말의 가치가 살아있다고 믿습니다.
'진실'이라는 말의 가치가 살아있는 풍토라 하면 사실 최상의 인간사
회를 의미하고, 그런 의미에서 이 지역은 좋은 사회이고 좋은 대학이
라고 할 수 있죠.

노래의 진실

한 남자가
진실의 노래를 찾아
이 세상 궁극의 산으로 들어갔다
산은 깊고
비마저 내리고
사실은

쓸쓸한 등산이었다
동반자가 없는 것은 아니었지만
진실한 동반자는
나 한 사람
진실의 노래를 부르는 이밖에 없었다

그것이 진실의 노래인지
진실스런 노래인지
명확하지 않다는 데에 이 등산의 어려움이 있었다

한 남자가
진실의 노래를 찾아
이 세상 궁극의 산으로 들어갔다
산은 어둡고
비마저 내리고
사실은 쓸쓸한 등산이었다
그야말로
진실의 확증은 그 쓸쓸함 속에 존재하고
나무에 꽃이 필 때는
허무한 일인 것만 같았다

인간이란 항상 살아있는 순간 순간에 여러 가지 국면이 있겠지만,
이 시에서는 '이 세상 궁극의 산에 들어갔다'는 표현을 쓰고 있습니

다. '이 세상 궁극의 산'이라는 것은 어쩌면 여러분에게는 지금 이 자리에 있다는 사실일지 모릅니다. 하지만, 지금 이 대학이라는 장소에 있다는 것을 궁극이 아니라고 느끼는 사람도 있을지 모릅니다. 궁극의 장면이 언젠가 내 앞에 나타날지 모르지만 지금은 그 준비단계일 뿐이라고 느끼는 사람이 있을지도 모릅니다. 하지만 그렇지 않아요. 궁극이라는 것은 언제나 지금 이 자리에만 존재합니다. 그러니까 지금 이 자리가 궁극의 자리고, 비유를 하자면 궁극의 산에 발을 들여놓았다고 할 수 있겠죠.

그때 비로소 '진실'이라는 것, 다른 사람의 '진실'이 아니라 자기 자신의 '진실'이 원래의 의미를 발하게 됩니다. 요즘 유행하는 말로 '아이덴티티'라고 하죠. 이 아이덴티티라는 말을 '진실'이라는 말과 동일시한다면 아이덴티티의 의미는 한층 더 깊어지겠죠. 아이덴티티란 그야말로 진실입니다. 자기 자신의 진실.

그것을 추구하다 보면 지금 낭독한 것처럼 그야말로 진실의 확증은 그 쓸쓸함 속에 있다고 느껴질 때가 많을지 모릅니다. 진실로 고독해졌을 때 진실의 빛은 빛나게 된다고 생각합니다. 이것이 경험을 통해 제가 받은 인상입니다. 고독이라는 것은 그러므로 결코 나쁜 것이 아니에요. 현대에는 고독을 부정적이고 나쁜 것으로 보는 경향이 강한 것 같지만, 고독안에서만 볼 수 있고 고독을 통해서만 이해할 수 있는 것도 있어요. 그것이 '진실'에 가까운 것인지 혹은 '진실' 그 자체인지를 판단하는 것은 '진실한 고독'에서만 가능합니다. 진실이라는 것은 자기 생명의 본질 그 자체이므로.

하지만 진실에는 관계성이라는 또 하나의 측면이 있습니다. 그것이 동반자입니다. 동반자가 나름의 힘을 발휘해주는 것은 물론 기쁜 일이에요. 동반자라고 하면 단순한 친구를 비롯해 연인이거나 남편이거나 아내거나 하는 형식도 일종의 동반자가 되겠지만, 그 동반자와의 관계 즉 관계성 안에 진실을 충분히 채워간다는 측면이 있습니다. 따라서 진실을 오로지 고독 안에만 닫아둘 필요는 없지만, 이것을 '진실=아이덴티티'라고 한다면 고독이란 결국 피해갈 수 없는 것이 됩니다. 고독의 '고孤'라는 글자는 쓸쓸하지만 피해갈 수 없는 하나의 '진실'인 셈이죠. 이것에 대해서는 2, 3일 뒤에 다른 시를 통해 다시 얘기하도록 하고, 이어서 〈이 길〉이라는 시를 읽어보겠습니다.

이 길

야쿠시마의
산을 향하여 고개를 숙인다
바다를 향하여 두 손을 모은다

지금 아버지는
너와 두 아우, 그리고 어미와 함께
이 섬의 길을 걷고 있다
이 길은 아버지가 온갖 지성과 정성을 들여서
아버지 자신과 너희들을 위해 선택한 길이다

아버지는 밀짚모자로 햇볕을 가리고
한 손에 낫을 들고 이 여름의 들길을 걷는다

시인으로 가난한 마음의 화전을 일군다
너는 등번호 13을 짊어지고
섬 아이로 인간의 심연을 들여다볼지 모른다

이 길은 돌아갈 수 없는 길
너도 아버지도 아우도 어미도 다시 돌아갈 리 없는 길
나아가기만 할 길이다
그러므로 아버지가 자신에게 그랬듯이 너에게도
그저 앞으로 나아가라고만 한다

야쿠시마의
산을 향해 고개를 숙인다
바다를 향해 두 손을 모은다

  이 시를 읽을 때마다 느끼는 거지만, 앞에서 말한 '이 세상 궁극의
산이 지금 이 자리'라는 것과 마찬가지로 저는 저의, 여러분은 여러분
의 장소를 살아갈 뿐입니다. 각자 장소의 뭔가를 의미 삼아 살아갈 뿐
인데, 그 '뭔가'를 저의 경우에는 처음에 읽은 것처럼 '야쿠시마의 산
을 향해 고개를 숙인다/바다를 향해 두 손을 모은다'라고 표현하고
있습니다. 이것은 물론 야쿠시마만을 말하는 것은 아닙니다.
  오키나와에는 그렇게 높은 산은 없지만, 섬 안에 수백 곳이 넘는
우타키御嶽, 성지나 우간쥬拝所, 사당라고 불리는 숲이 있어요. 이 우타
키나 우간쥬는 그야말로 머리를 숙이는 장소인데 이 역시 흙으로 만

들어졌습니다. 우리 같은 육상생물을 낳고 살게 하는 흙으로 이루어진 숲이죠. 그 숲이 갖고 있는 근원적인 생명을 축복하고 기도하는 겁니다. 그렇게 숭배하고 기도하는 것은 복 받은 일이죠. 사방이 바다인데, 이번에는 그 바다를 향해 합장합니다. 요즘 시대에는 종교를 추구하는 사람들이 그다지 많지 않습니다. 신앙에 귀의한 사람은 나름대로 활동을 하긴 하지만 사회 전체로 봤을 때 과학이론과 기술발달을 중심으로 한 각계각층에서 종교의 가치가 떨어지고 말았습니다. 그만큼 세계적으로 종교를 낮게 평가해 가는 시대라는 얘깁니다.

고개를 숙이는 행위는 차치하더라도 손을 모으는 행위, 이렇게 두 손을 모으는 것을 합장이라고 하는데 보통 일본사람들은 이런 행동을 잘 취하지 않죠. 그런데 최근 유행하고 있는 요가의 기본자세 중 하나가 이 합장입니다. 그것이 무엇을 의미하느냐 하면, 인간의 몸은 왼쪽과 오른쪽으로 나뉘어 있고 그 가운데로 척추가 관통하고 있잖아요. 척추를 중심으로 하여 좌우대칭을 이루고 있는데, 합장은 그 좌우로 나뉘어 있는 심신을 척추를 따라 하나로 합쳐줍니다. 이렇게 하면 왼손이 가지고 있는 왼쪽의 에너지와 오른손이 가지고 있는 오른쪽 에너지가 하나가 되요. 어려서부터 우리 안에 잠재해온 오른쪽과 왼쪽 혹은 중심이라는 감각이나 의식이 있습니다. 그러한 의식이나 육체가 합장이라는 행위 안에서 하나로 조화를 이루는 거죠. 그것이 요가의 기본자세가 되는 겁니다.

지금 이 자리에서 다 같이 합장을 해봐도 좋겠지만, 그러면 신흥종교의 정신수련같이 될 것 같아 그만두겠습니다. 하지만 앞으로 혹시라도 혼자 있을 때 생각이 나거든 시험 삼아 정좌를 하고 앉아 허리를 곧추 세운 상태에서 합장을 해보세요. 그럴 때는 정좌를 하는 것이 좋습니다. 어깨의 힘은 빼고요. 그렇게 하는 것만으로도 몸과 마음이 아주 상쾌해지고 기분이 좋아질 겁니다. 그건 직접 그런 자세를 취해보면 금방 알 수 있어요. 상쾌해지고 기분이 좋아진다는 걸 몸과 마음이 증명해주니까요. 이것은 상당히 성능이 뛰어난 정신안정제와 같습니다. 합장 하나로 몸과 마음이 아주 고요해지고 편안해지거든요.

이처럼 상쾌하고 편안한 기분을 바탕으로 하여 심신을 단련하는 것이 요가인데, 이번 강의의 주제인 애니미즘의 관점에서 보면 이 합장을 사당이면 사당, 성지면 성지에 바칩니다. 바다면 바다에 바치고 산이면 산에 바치고요. 바친다는 것은 그 대상과 일체가 되는 개인적이기도 하고 공동체적이기도 한 의식입니다. 사당을 향해 합장하는 것은 그것을 통해 자신의 심신을 조화롭게 하고 사당이 있는 숲이면 숲, 바다면 바다와도 일체가 되어 조화를 이루는 것입니다. 우리 인류를 있게 한 근원은 누가 뭐라 해도 숲이고 바다이기 때문에 그들과의 조화가 기본 중의 기본입니다.

인간은 누구나가 행복해지고 싶고 인생의 의미를 찾고 싶고 완전하게 살고 싶다는 바람을 가지고 있습니다. 그러한 바람을 가지고 이래저래 줄곧 추구하며 사는 것이 인생인데, 저도 그렇게 살아오기를 스무 살 때부터 세어보면 벌써 40년이 흘렀습니다. 그렇게 시간이 흐르는 동안 가장 깊은 행복 또는 의미라면 내가 자연이라는 신神 안에 있음을 실감하고 있다는 것입니다. 인간과 인간의 문명 속에도 물론 있지만, 근원적으로는 자연이라는 신 안에 있다고 자신 있게 말할 수 있습니다. 그 자연의 진실과 기쁨을 어떻게 내 것으로 만들 것인가가 과제인데, 그것은 우주의 진실과 자신이 어떻게 관계하고 어떻게 하면 그것을 찾을 수 있을까 하는 문제이기도 합니다. 그것은 여러분이 각자의 인생이라는 여행길에서 찾아낼 일이지만, 한마디로 말해 '진실'이란 자연과 우주라는 대상對象이면서 동시에 자기 자신이기도 합니다. 자기와 대상이 조화를 이뤄 하나로 융합했을 때 '진실'이면서 '자기 자신'인 뭔가가 출현하게 되므로, 그것을 찾아나서는 것이 여기에서 추구하는 새로운 현대의 애니미즘이라는 것입니다.

산이 나를 바라본다

다음으로 〈달밤〉이라는 시를 읽겠습니다.

달밤

1

열 하룻날 밤 밝은 달이
거무스름한 숲 위로 떠 있다
커다란 가오리 모양을 한 흰 구름이 하늘 한 가운데서
그 꼬리는 달을 향해 무지개를 만들고 있다
심신이 병들어
가끔은 이제 죽는 것인가 생각하지만
이토록 아름다운 달밤에는
새삼 옷깃을 세우고 자기 자신이라는 항구를 향해
출발하자고 생각한다

태곳적부터 돌고 돌아온 불멸의 달밤
꿈과 현실
현실과 꿈
두 개 합쳐서 커다란 하나의 꿈이다
열 하룻날 달이
슬슬 숲의 끝자락에 걸리려 하고 있다
커다란 가오리 모양을 한 흰 구름이 하늘 한 가운데서
그 꼬리는 달을 향해 무지개를 만들고 있다

2

열 하룻날 밤 밝은 달이
거무스름한 숲 끝자락에 걸리려 하고 있다
커다란 개미핥기 모양을 한 흰 구름이 하늘 한 가운데서
그 주둥이 부분에 무지개가 떠 있다
무섭게 어머니가 그립다
아버지가 그립다
눈에 보이고 마음에 비치는 것, 이것은 모두 자유의 이미지
희망이 있는 이미지
희망이 없는 이미지
그것은 자유라는 하나의 커다란 고통이다
열 하룻날 밤 밝은 달이
거무스름한 야쿠시마의 숲 위에 떠 있다
커다란 개미핥기 모양을 한 흰 구름이 하늘 한 가운데서

그 주둥이에는 무지개가 걸려 있다

3
숲 끝자락으로 달은 침몰하려 한다
한 순간
신이라는 위안을 준 열 하룻날 밤 청량한 달이
하늘에 밝음을 남기고
검은 숲 너머로 가라앉으려 한다
어미 돼지는 잠들었는가
다섯 마리 새끼 돼지도 잠들었는가
산양인 로라는 잠들었는가
생활을 신으로 삼으려는 생각
신을 생활로 삼으려는 생각
두 생각은 어디에나 있는 조심스러운 현실이다
숲 끝자락으로 달이 침몰하려 하고 있다
하늘의 밝음을 그대로 남기고
검은 숲 너머로 가라앉으려 하고 있다

아름답다는 것은 신의 속성 중 하나라고들 합니다. 하지만 저에게
는 아름다움은 그대로 신입니다. 달밤이란 그냥 달이 있을 뿐인 밤을
말하지만, 그 달밤에 달을 보면 그 옆으로 구름도 흘러가고 구름은 또
여러 가지 모양을 만듭니다. 그것을 보는 것만으로도 삶이 충만해지
는 순간이 있습니다. 긴 시간이 아니라도 5분, 10분 하는 짧은 시간

동안만이라도 달을 바라봐보세요. 숲속에서 달을, 그리고 모양을 바꿔가며 흘러가는 구름을 바라보노라면, 그 5분 10분 하는 짧은 시간 안에 달과 구름이라는 위안과 기쁨이 있습니다. 그것을 주는 달과 구름의 모습이 바로 신이라고 생각합니다.

신이라는 존재가 어디서부터 인간에게 깃들었는지, 인간의 정신에 신이라는 말이 언제 들어왔는지는 모르지만 태곳적부터 인간에게 깊은 기쁨을 주는 대상에게 사람들은 신이라는 이름을 붙여 불렀던 것이 아닐까요. 따라서 신의 기원은 아름다운 것, 기쁨과 안심, 위안을 주는 것, 외경심을 불러일으키는 것, 그런 모두 것이 신이고 현대에도 그것은 전혀 달라지지 않았습니다.

이 시에서 한 가지 더 강조하고 싶은 것은 불교에서 말하는 '유식唯識'이라는 사고방식입니다. 유식이란 불교의 이른바 인식론인데, 불교에서 가장 깊은 사물의 인식작용이라고 생각하면 될 겁니다.

의식의 작용을 보고 듣고 냄새 맡고 맛보고 느끼는 오식五識과 그것들을 종합하여 사고하는 제 6의 의식으로 나누는데, 거기에 제7의 말나식末那識이라는 의식과 제 8의 아뢰야식또는 아라야식, 阿賴耶識이라는 의식을 설정합니다. 흔히 우리 인간이 세계를 보고 있는 이 의식의 안쪽에 있는 자기성自己性을 말나식이라고 해요. 말나식의 '말나'라는 말은 산스크리트어의 '마나스manas=의식'에서 온 말입니다. 그리고 그보다 더 깊은 곳에 있는 또 하나의 깊은 의식, 이것은 앞서 말했던 융의 심층심리학 즉 개인의 자아를 초월한 민족적이고 고대적인 집단 무의식에 해당하는데, 일본의 불교에서는중국의 불교도 마찬가지지만 阿賴耶識이라는 한자로 표기합니다. 산스크리트어의 'alaya=숨기다'에서 온 말로 모든 인간을 뿌리에서부터 지탱하고 있는 켜켜이 쌓인 가장 깊은 의식이죠. 융이 아닌 프로이트의 심리학에서 보면, 이른바 잠재의식을 두 개의 층으로 나누어 보다 깊은 인간성을 탐구하고 인식론을 전개한 것이 유식철학이었다고 할 수 있습니다.

왜 유식철학인가 하면 제 8식인 아뢰야식으로 보면 세계만물은 우리 인간의 아뢰야식이라는 거울에 비춰진 영상에 지나지 않는다는 얘기가 됩니다. 심외무별법心外無別法이라 하여 마음 외에는 세계가 없다는 말이 있습니다. 세계는 저나 여러분의 제8의 아뢰야식이라는 거울에 비춰진 영상에 지나지 않는다는 말이에요.

구체적인 예를 들면 지금 저기서 두 사람이 소곤소곤 귓속말을 하고 있는 저 모습, 그 세계는 내가 보지않는 한 나에게 실존하지 않지만 봐버린 이상에는 조금은 난해하고 지루한 유식철학을 강의하고 있는 저의 제 8식인 아뢰야식에 비춰진 것으로써 실존하게 됩니다. 다시 말하면 '나'라는 의식에 비친 세계만을 우리는 보고 있다는 말입니다.

그것을 알고 세계를 다시 보면 세계란 그저 세계에 의해 주어진 것이 아니라, 자신의 의식 즉 세계를 본다는 하나의 기술을 통해 의식적으로 세계를 비출 수 있게 됩니다. 그렇게 하면 세계라는 층이 오로지 세계에 의해 주어지는 것만이 아니라 이쪽이 주체가 되어 이쪽의 의식변화와 심화에 의해 비추게 되므로 자기 자신이 바로 세계의 주체가 되어 존재할 수 있게 되는 겁니다.

자신의 의식에 따라 세계가 달라진다는 것은 직접 시험해보면 금방 알 수 있습니다. 간단한 방법을 한 가지 소개하죠.

'사람이 산을 보고, 산이 사람을 본다'는 중국 당나라의 백장회해百丈懷海라는 유명한 선승의 게偈가 있어요. 선승이 깨달음을 얻을 때 만든 시를 게라고 하는데, 이 게의 전문을 옮기면 다음과 같습니다.

萬象之中獨露身 만상 중에 홀로 드러낸 몸
更於何處著根塵 어디서나 육근六根과 육진六塵을 드러내고
回首獨倚枯藤立 고개를 휘둘러 홀로 마른 등나무에 기대 서니
人見山兮山見人 사람이 산을 보고 산이 사람을 본다

칠언절구인데 그 마지막 한 행에 나온 말입니다.

그러자 스승이 그것을 보고 "옳거니, 너는 깨달음을 얻었구나!" 라며 인가를 내리죠. 대학으로 말하자면 졸업증서인 셈입니다. 스승이 게를 살펴보고 그것으로 됐다고 생각하면 인가라는 졸업증서를 내리거든요. '사람이 산을 보고, 산이 사람을 본다'라는 게는 그렇게 백장회해의 깨달음을 증명한 심경을 나타내는데, 이 수업이 끝나면 여러분도 교실을 나가 만일 산이나 숲이 보이는 곳에 서게 되면, 그 산과 숲을 보기 바랍니다.

먼 산과 숲, 너무 멀면 안 되지만 그 산과 숲을 똑바로 바라보고 있노라면, 이번에는 반대로 산과 숲이 여러분을 보고 있다는 사실을 문득 깨닫게 될 겁니다.

산이 아니라도 좋아요. 예컨대 한 그루의 나무라도 좋습니다. 사람이 나무를 바라보면 나무가 사람을 봅니다. 그렇게 함으로써 세계는 존재하게 됩니다. 만일 여러분이 세계인 산, 세계인 나무를 보지 않으

면 거기에 세계는 존재하지 않습니다. 바라보면 반대로 산이, 나무가 당신을 볼 거예요. 본다는 행위에는 그런 신비로움이 깃들어 있습니다.

성스러운 노인

다음으로 오늘 나눠드린 자료에 나와 있는 〈성聖스러운 노인〉이라는 시를 읽어보겠습니다. 이것은 제가 살고 있는 야쿠시마가 조몬스기라는 삼나무로 유명해졌는데, 그 조몬스기를 노래한 십니다. 여러분은 잊어버렸을지 모르지만 이곳 오키나와 바로 옆에 위치한 카고시마 현 소재의 토쿠노시마라는 섬에 이즈미 시게치요라는 분이 살고 계셨어요. 그 분은 121세에 돌아가셨는데, 그 당시 최장수 인물로 기네스북에 올랐었죠.

제가 야쿠시마로 들어간 지 얼마 안 되었을 때, 정확하진 않지만 그분이 아직 116세였던 것으로 기억하는데, 9월 15일 노인의 날이 되면 매년 신문 등에 그분을 다룬 기사가 실렸어요. 역시 인간이 100살을 넘긴다는 건 대단한 일이구나 감탄할 만합니다. 그렇게 이즈미 씨에 대한 뉴스가 전해질 때마다, 이분 나이가 백십 몇 살이라는 사실만으로 이미 '성스러운 노인'이구나 하는 생각을 했어요. 조몬스기에 대한 시를 지을 때, 이 할아버지의 이미지가 떠올라 〈성스러운 노인〉이라는 제목을 붙이게 되었는데, 이즈미 할아버지뿐만 아니라 100세를 넘긴 모든 노인들, 90세를 넘긴 노인들은 그것만으로 이미 '성스러운 노인'이라고 생각합니다.

성스러운 노인 조몬스기는 나에게 하나의 신으로 존재하는 나무인데, 여러분도 각자 자신의 나무를 이 세상 어딘가에서 꼭 찾아보길 바랍니다. 한 그루의 나무라도 그것을 자신의 신으로 간직할 수 있다면 인생은 훨씬 풍요로워지고 편안해질 겁니다.

성스러운 노인

야쿠시마 산 속에 한 성스러운 노인이 서 있다
그 나이 어림잡아 7천 2백 년이라네
딱딱한 껍질에 손을 대면
멀고 깊은 신성한 기운이 스며든다
성스러운 노인
당신은 이 지상에 삶을 부여받은 이래 단 한마디도 하지 않고
단 한 발짝도 내딛지 않고 그곳에 서 있다
그것은 고행신 시바의 천년지복의 명상과 닮았지만
고행과도 지복과도 무관한 존재로 거기 서 있다
그저 거기 있을 뿐이다
당신의 몸에는 몇 십 그루의 다른 수목들이 자라고 당신을
대지로 알고 있지만
당신은 그것을 자연의 섭리로 바라볼 뿐이다
당신의 딱딱한 껍질에 귀를 대고 하다못해 생명수 흐르는
소리라도 듣고자 하나
당신은 그저 거기 있을 뿐
침묵한 채 일절 말하지 않는다
성스러운 노인
옛날 사람들이 악이라는 걸 모르고 사람들 사이를 선이
지배하던 때
인간의 수명은 천 년을 헤아렸다고 나는 들었다

그때 사람들은 신과 같이 빛나고 신들과 더불어 이야기를
나누었다고
이윽고 사람들 사이에 악이 끼어들고 동시에 인간의 수명은
점점 짧아졌다
그래도 바로 얼마 전까지만 해도 삼백 년 오백 년을 사는
사람들이 있었다고
지금은 그도 사라지고 없다
이 철鐵의 시대에는 인간의 수명은 기껏해야 백 살이 고작이다
옛날 사람들 사이를 선이 지배하고 사람들이 신과 더불어
말하던 때의 일을
성스러운 노인
나는 당신에게 묻고 싶었다
하지만 당신은 오로지 그곳에 고요한 기쁨으로 있을 뿐
일절 아무 말도 하지 않았다
내가 안 것은
당신이 그곳에 있으며 그리고 살아있다는 사실뿐
그곳에 있으며 살아있다는 것
살아있다는 것
성스러운 노인
당신 발밑 대지에서 맑은 물줄기가 흘러나오고 있었습니다
그것은 당신이 유일하게 보여준 마음 같았습니다
그 물을 두 손으로 떠올려 나는 성스러운 것인 양 마셨습니다
나는 떠올렸습니다

법구경 구십 팔

　마을에서나 또 숲에서나

　낮은 곳에서나 또 평지에서나

　고귀한 사람이 머무는 곳 그곳은 즐겁다

법구경 구십 구

　숲은 즐겁다 세인이 즐겁지 않은 곳에서 탐욕을 버린

　사람은 즐거우리라

　그는 욕망을 추구하지 않기 때문이다

숲은 즐겁다 고귀한 사람이 머무는 곳 그곳은 즐겁다

성스러운 노인

당신이 침묵하고 말하지 않기에

나는 당신의 숲에 사는 무구無垢한 백성이 되어

종을 울리며 당신을 찬미하는 노래를 부른다

　신문이나 텔레비전에서 여러 형태로 보도되었기 때문에 많은 사람들이 알고 있겠지만, 야쿠시마에는 수령 7천 2백년이 된다는 조몬스기가 있습니다. 사실 수령 자체는 그 정도로 오래되지는 않은 것 같은데, 어떻게 7천 2백 년이라는 숫자가 나왔는가 하면 윌슨 그루터기라는 수령 2,3천 년 된 삼나무의 그루터기가 있어요. 둘레가 20미터 이상 되는 커다란 그루터긴데, 이미 잘린 그 그루터기의 나이테와 둘레를 기준으로 하여 계산하면 아직 살아있는 삼나무의 수령도 추정할 수 있다고 합니다. 그 방식으로 규슈대학의 마나베 오다케라는 분이 조몬스기의 둘레를 재서 7천 2백 년이라는 숫자를 산출해낸 겁니다.

이는 일단 학문적으로도 근거가 있는 숫자이긴 하지만, 최근에 가쿠슈인대학의 교수가 방사성탄소 측정을 해 최소 2천 5백년에서 최고 5천 년 정도 된 것으로 보인다고 발표함으로써 7천 2백 년까지는 안 된 것으로 잠정 결정이 났습니다. 섬 주민들도 모두 그 사실을 알고는 있지만, 수령은 오래 된 것일수록 좋다는 생각에서 야쿠시마의 신화로써 7천 2백년이라는 설을 지금도 모두 주장하고 있죠.

수령이야 어찌 됐든 저는 야쿠시마로 들어간 지 23년, 그러니까 대학생인 여러분 인생만큼을 그 섬에서 살고 있는 셈인데, 그곳이 이젠 내 것이라는 착각마저 들 정돕니다. 지금도 이렇게 여기 서서 눈을 감고 조몬스기를 떠올리면 바로 눈앞에 그 모습이 보일 듯합니다.

그 나무를 만나기 위해서는 산속에 들어가 적어도 5시간은 걸어야 해요. 그래서 그렇게 자주 만날 수 있는 것은 아니지만, 지금까지 몇 번인가 그 뿌리 밑에 서서 두 손 모아 절하고 기도드릴 기회가 있었어요. 덕분에 지금은 이렇게 멀리 떨어져 있어도 그 삼나무를 떠올릴 수 있게 되었습니다. 그런 대상물이 하나라도 있으면 언제 어느 곳에 가더라도 그것을 명상할 수 있어요. 명상 하면 또 종교적이 되겠지만, 그것을 떠올림으로써 마음의 깊이를 되찾을 수 있다는 느낌, 마치 한 그루의 삼나무라는 신을 만난 것 같아요.

이 조몬스기라는 삼나무는 평범한 나무에 지나지 않을지 모르지만 야쿠시마로 저를 이끌어준 나무이니만큼 개인적으로 아주 중요한 나무입니다. 그래서 그 나무와의 첫 만남을 잠깐 들려드릴까 합니다.

23년 전 야쿠시마로 처음 들어가 살게 되었는데 그때까지는 앞에서도 말했듯이 도쿄에 살았습니다. 그런데 아름다운 바다가 보이는 곳에서 살고 싶다는 바람을 저버릴 수가 없더라고요. 내 인생인데 그런 곳에서 마음껏 일하고 마음껏 놀고 그리고 죽고 싶다는 생각이었지요. 그래서 그런 곳을 찾아 떠났는데, 발길 닿은 곳이 카고시마 현 최남단에 위치한 요론지마与論島였어요. 거기서 집 한 채를 빌려 살면서 오전에는 인도철학과 불교를 공부하고 오후에는 매일 바다에 나가 수영도 하고 조개도 줍는 생활을 한 일년 정도 했습니다.

당시에는 아직 오키나와가 미국 점령 하에 있었는데, 일본 최남단의 섬 요론지마의 바다는 동양의 진주라 불릴 정도로 아름다웠어요. 저는 마음껏 그 행복을 맛보았습니다. 그런데 일년도 채 안 되서 바다를 바라보는 일이 지겨워지더군요. 바다는 일년 전과 다름없이 여전히 아름다웠지만 그 아름다움에 오히려 질리고 만 겁니다. 그때 저는 여전히 바다를 좋아했지만 산이 없는 섬에서는 오래 살 수 없다는 걸 알았어요. 요론지마에는 산이랄 만한 산이 없는 곳이거든요. 그래서 이번에는 산이 있는 섬을 찾아 야쿠시마로 가게 되었어요.

야쿠시마를 처음 찾아갔을 때 개척지에 있는 어느 할아버지 집에 묵게 되었는데, 그때가 12월 겨울이었어요. 밤이면 그 할아버지와 이런저런 이야기를 나누었는데, 어느 날 할아버지가 야쿠시마의 깊은 계곡에 수령 8천 년 된 삼나무가 있다는 이야기를 들려주시더군요. 당시에는 조몬스기라는 나무가 널리 알려지지 않았기 때문에 도저히 믿어지지 않았지만, 그래도 할아버지가 거짓말을 할 리는 없다는 생각이 들더군요. 천 년 된 삼나무라면 몰라도 8천 년이라니 말도 안 되는 소리였죠.

하지만 할아버지가 허풍을 떨 리도 없고. 아무튼 그런 이야기를 들으면서 소주를 마시고 있는데 갑자기 억수 같은 비가 쏟아졌고, 그 비 때문에 정전이 되고 말았어요.

그대로 별채에 들어가 자리에 누웠는데, 그 집에는 태어난 지 일주일 정도 된 아기가 있었어요. 할아버지의 손주였죠. 새까만 어둠 속에 무섭게 퍼붓는 빗소리가 들리고 그 소리에 섞여 아기의 가냘픈 울음소리가 간간히 들려왔어요. 그 울음소리와 빗소리를 들으면서 왠지 잠을 이루지 못하던 저는, 새벽이 올 때까지 이불 속에 누워 할아버지가 들려주셨던 조몬스기를 생각하고 또 생각했습니다.

그날 새벽 실제로 목소리가 들린 것은 아니었지만 '너는 이 섬에서 살아야 한다. 이 섬에 살면 평생을 안심하고 살 수 있을 것이다'라는 그 삼나무가 보낸 메시지를 들은 것 같았습니다. 그것은 어디까지나 제가 그렇게 느낀 것일 뿐, 아마미奄美나 오키나와의 무녀들이 하늘의 소리를 듣는 식으로 들은 것은 아니지만, 제 마음속에서 그런 소리를 들은 순간 이 섬에 살자고 결심하게 되었어요. 단순히 들어와 사는 것이 아니라 이 섬에서 살다 죽자는 결심이었습니다.

조몬스기가 그런 나무인 만큼 〈성스러운 노인〉이라는 시는 저에게 아주 중요한 시입니다. 이와 관련해서 한 가지 덧붙이고 싶은 말이 있습니다. 그것은 지금 말한 것처럼 조몬스기는 나에게 하나의 신으로 존재하는 나무인데, 여러분도 각자 자신의 나무를 이 세상 어딘가에서 꼭 찾아보길 바랍니다. 한 그루의 나무라도 그것을 자신의 신으로 간직할 수 있다면 세상은 그것만으로 의미를 회복하게 될 겁니다.

고향에서도 좋고 지금 이곳 오키나와에서도 좋으니까, 여러분 자신의 나무를 찾아보세요. 그것은 안이한 태도로는 좀처럼 찾아내기 힘들 겁니다.

그것은 그렇게 간단히 찾을 수 있는 것이 아닙니다. 오늘 찾기로 했다고 내일 당장 찾아지는 것이 아니지요. 찾고자 하는 마음이 진실하면 할수록 시간은 더 걸릴 겁니다. 하지만 한 달이 됐든 반년, 아니 일년이 걸리더라도 그런 나무를 찾을 수만 있다면, 인생은 훨씬 풍요로워지고 편안해질 겁니다. 즐거워질 거에요. 힘들 때면 그 나무를 만나러 가면 됩니다. 먼 곳에 있을 때는 마음속에 떠올리면 되구요. 즐거울 때는 또 그 나무에게 기쁨을 고백할 수 있죠. 인간은 역시 괴로울 때 신을 찾게 되어있고, 괴로운 일은 누구에게나 반드시 일어나게 마련입니다. 그럴 때 그 나무가 도와줄 겁니다. 상상하는 것만으로도 마음에 위안이 되어주거든요.

이것은 어디까지나 개인에 의해 이루어진 개인을 위한 종교입니다. 개인적 종교의 신은 공적인 종교의 신과는 대조적입니다. 기독교라는 종교는 공동의 환상을 그리스도에게서 찾습니다. 또 불교는 부처에게서 찾고요. 하지만 여러분이 자신의 나무를 찾아 그 나무를 자신의 신으로 삼을 수 있다면 그것은 개인적인 신이 됩니다. 물론 그것이 공동의 환상이 되어 공적인 신이 되어도 좋겠죠. 어쨌든 그런 나무를 찾는다면 얼마나 좋을까 하는 생각을 해봤습니다.

물론 개인적인 일이기에 나무 따위 필요 없다고 생각하는 사람은 굳이 그런 나무를 찾을 필요는 없어요. 바위가 좋다면 바위를 찾으면 되고 별이 좋은 사람은 자신의 별을 찾으면 됩니다. 무엇이 되었든 상관없어요. 중요한 것은 자기만의 신을 갖는다는 것이고, 자기만의 신을 가지면 그만큼 삶이 편안해지고 풍요로워진다는 겁니다.

3

말에도 영혼이 있다

나는 여기서 꿈을 꾼다
말없이 밭을 일구는 한 농부가 신이라는 사실을 알고
말없이 목재를 자르는 한 목수가 신이라는 사실을 알고
말없이 그물을 당기는 한 어부가 신이라는 사실을 알고
나 역시 신들 속에 끼고 싶다

대지로 돌아가라

마음을 편안히 하고 창밖의 경치를 한번 보세요.

에어컨 바람이 씽씽 부는 이 교실에서 저기 5층인지 6층쯤 되어 보이는 건물 말이에요. 담쟁이넝쿨이 우거진 벽돌색 건물로 한여름 햇살이 쨍쨍 쏟아지고 있는 모습이 저에게는 류큐대학의 아름다움을 상징하는 것처럼 보입니다.

여러분에게는 익숙한 풍경일지 모르지만 외지에서 온 사람에게는 이 한여름의 빛, 넝쿨의 녹색 창연함과 벽돌색 건물이 어우러져 만들어낸 조화에는 생명의 근원을 촉촉하게 적시는 오키나와만의 뭔가가 깃들어 있습니다.

게다가 저기 건물의 한 중간쯤 되는 높이에 커다란 시사오키나와 민가의 지붕을 장식하는 액막이 사자 조각물 두 개가 나란히 있는데, 저 시사가 일부만 넝쿨로 덮여 있는 게 보이죠? 그것은 아마 담쟁이넝쿨이 시사를 다 덮어버리려고 하면 누군가가 걷어내고 있기 때문일 겁니다. 저 모습에서 '이 시사만큼은 살려야 한다'는 문화의지가 느껴집니다.

시사가 저기에 있음으로 해서 우리가 흔히 합리정신의 본당이라 일컫는 대학에 비합리적인 액막이 정신도 함께 전해져오고 있는 셈입니다. 이런 캠퍼스에서 공부를 하고 청춘을 보낼 수 있는 여러분은 정말 큰 행운이라고 생각해요. 저는 지금 그야말로 훌륭한 풍경을 바라보고 있습니다.

사실 기회가 있을 때 읽어보려고 준비한 에세이가 있는데, 저 시사가 있는 풍경을 보고 있자니 이 에세이를 읽을 때는 바로 지금이라는 생각이 듭니다. 《생명의 섬》이라는 잡지에 실렸던 것인데 야쿠시마에서 출간하고 있는 계간지입니다. 그런데 이것을 읽기 전에 잠시 저의 개인사에 대해 말해야 할 것 같습니다.

앞에서도 말했듯이 저는 1938년에 도쿄 칸다에서 태어나 서른일곱 살까지 도쿄에서 살았습니다. 그때 1960년대 말 무렵이었으니까 제 나이 서른두 세 살 쯤 되었을 때 친구들 몇 명이서 '부족部族'이라는 모임을 만들었어요.

'부족'을 영어로 말하면 트라이브Tribe라고 하죠. 요즘에는 아메리칸인디언이라는 말보다는 네이티브아메리칸이라는 말이 주로 쓰이는 것 같더군요, 이 네이티브아메리칸 사람들은 여러 부족트라이브들로 구성되어 있습니다. 1960년대 말에 그런 '부족'을 상징하는 모임을 만든 거예요.

젊은 시절에는 누구나 이상이 높고 1960년대에서 70년대는 일본의 반체제적인 정치운동이 한창이던 시절이기도 했기 때문에 우리는 우리 나름대로 세계에 혁명을 일으키고자 했습니다. 지금도 그런 생각을 가지고 있는 사람들이 있을 텐데, 그렇다면 어떻게 해서 혁명을 일으킬 것인가? 1960년 당시 우리 세대가 학생이었을 때는 마르크시즘이라는 하나의 사고방식이 한참 유행하던 시대였습니다.

1960년, 여러분은 아직 태어나지도 않았을 때인데 그 해에 미·일 안전보장조약이 개정되었고, 거기에 반대한 학생과 노동자 운동이 맹렬한 기세로 일본전역으로 번져나갔습니다. 이른바 60년 안보투쟁이 끝나고, 안보조약은 10년마다 개정되기 때문에 1970년이 되자 반안보투쟁의 물결이 다시 맹렬한 기세로 일본 전역을 뒤덮었죠. 따라서 학생운동의 황금기는 60년에서 70년에 걸친 10여 년간이었다고 할 수 있습니다. 어떤 의미에서는 행복했던 그 시절에 우리 세대는 청춘을 보냈습니다. 1960년에 저는 대학 3학년이었기 때문에 그야말로 안보세대라 불리는 세대에 속합니다. 학생운동이라면 물론 마르크시즘이 중심사상이었는데, 일본공산당 혹은 민청民靑이라 불렸던 공산당계 학생조직과는 완전히 분리된 정치세계의 뉴에이지로서 새로운 학생운동을 만드는 데 성공한 사람들이 전학련全學連이라는 것을 만들어 혁명운동을 전개한 것입니다.

그런 와중에 저는 마르크시즘이니 새로운 정치운동이니 하는 전학련의 방침에서 뭐랄까 전체주의적인 느낌이 들어서 온전히 그에 동조하기가 어려웠어요. 저의 실존성, 앞에서 말했던 '진실'이라고 쓰고 그것을 '아이덴티티'라고 읽는 식의 '자기 자신'이라는 존재와 정치운동은 동떨어져 있었습니다. 매일같이 데모에 참석하긴 했지만 전적으로 그 속에 들어갈 수 없다는 생각이 들더군요. 지금도 마찬가지지만 당시에는 더 더욱 일본사회를 변혁하지 않으면 안 된다는 자각은 가지고 있었습니다.

그렇다면 어떻게 해야 할 것인가? 60년대를 살면서 내내 고민하다가 마침내 '부족'이라는 하나의 아이디어, 하나의 비전을 갖게 되었습니다. '부족'이란 마르크시즘처럼 일거에 국가를 혁명하여 노동자와 학생의 정부를 만들자는 것이 아니라 가까운 동지들끼리 모여 자유와 평등과 박애의 작은 집단사회=코뮌을 사회 안에 실제로 만들어내자는 사고방식이었어요.

쿠바의 혁명가 체 게바라의 이름 정도는 들어본 적이 있을 겁니다. 카스트로 수상의 파트너였죠. 미국의 코앞에서 공산주의혁명을 해치

웠으니 그야말로 세계 역사상 다시없는 이변이 아닐 수 없었어요. 그때 체 게바라는 '세계에 백 개의 쿠바를!'이라고 외쳤습니다. 세계에 백 개의 쿠바를! 그는 지금 생각해도 가슴이 아플 정도로 아름다운 슬로건을 내걸었습니다. 그것을 일본의 학생이었던 우리가 듣고 있었습니다. 하지만 저는 방법론에서 앞에서도 말했지만 우리가 실제로 혁명군을 만들어 일본정부를 전복시키자는 방향으로는 갈 수 없었어요.

'백 개의 쿠바를'이라는 게바라의 말에 자극을 받아 친구들끼리 작은 코뮌, '부족'이라는 작은 모임을 일본을 비롯해 세계 각국에 1천 개, 2천 개를 만들자. 일본에 1천 개, 2천 개 하는 코뮌 즉 '부족'이 만들어진다면 그만큼 일본사회도 세계도 변하게 될 것이다. 공산주의는 결국 코뮌주의기 때문에, 공동으로 생산하고 빈부격차가 없는 자유롭고 평등한 사회를 만들어가자는 사상입니다. 굳이 많은 피를 흘려가며 국가를 전복시키는 방법만이 혁명은 아니다. 우리의 자유와 평등으로 만들어진 작은 코뮌, 50명이면 50명, 100명이면 100명의 작은 그룹이라도 좋다. 그 안에서 우리의 이상을 실현하고자 하는 사람들이 작은 사회인 코뮌을 만들고 그런 코뮌 간의 네트워크를 통해 사회를 전면적으로 바꿔가자는 생각이었습니다.

그런 '부족'이라는 발상을 가지고 60년대 말부터 각 지역에 코뮌을 만들기 시작했습니다. 카고시마 현 토카라 열도의 스와노세라는 섬에는 가쥬마루노유메월계관의 꿈족이라는 하나의 그룹이 생겼습니다. 그 섬에서 밭을 일구고 집을 지어 공동생활을 시작한 겁니다. 나가노 현의 후지미 고원에서는 작은 규모지만 토지를 사서 젊은이들이 들어가 역시 집을 짓고 공동생활을 하면서 밭을 일구기 시작했는데, 그곳은 카미니리아카라가스번개 붉은 까마귀족이라는 이름으로 불렸습니다.

그리고 미야기 현의 히토츠바 해안에서, 이곳은 공공의 토지였지만 상당히 자유로운 장소였기 때문에, 묵인黙認하는 형태로 해안지대 안에 코뮌을 만들자는 활동이 전개되었습니다. 그곳은 유메미루야도 카리꿈꾸는 둥거족이라는 이름이었어요. 도쿄에서는 코쿠분지에 있는 크고 오래된 아파트를 빌려 공동생활을 시작했는데 에메랄드이로노소요카제에메랄드빛 산들바람족이었고요. 그 밖에도 몇 군데 그런 부족의 이름으로 불리던 곳이 생겨났는데, 그야말로 홋카이도에서 오키나와까지 설령 부족까진 아니더라도 작은 코뮌을 만드는 움직임이 여기저기서 시작되었습니다.

그러나 당시 매스컴에서는 그런 움직임 전체에 대해 히피라는 하나의 꼬리표를 붙였죠. 머리와 수염을 기르고 자기들이 좋아하는 일을 하는 무리라는 평가. 당시는 미국의 서해안에서도 플라워 칠드런이라는 별명의 장발에 수염까지 덥수룩하게 기른 젊은이들이 떼로 모여서 역시 코뮌을 만들기 시작했었거든요. 우리가 그들의 영향을 직접 받은 것은 아니지만 거의 동시다발적으로 그런 움직임들이 일기 시작했습니다.

미국의 그런 젊은이들은 머잖아 히피라고 불리게 되는데, 일본에서도 그것을 빌려와 '일제히피'라면서 일종의 풍속현상처럼 매스컴들이 모욕하고 떠들어대는 바람에 무척 분해하던 기억이 납니다. '부족'은 코뮌운동이었지만 그와 동시에 대지로 돌아가라는 슬로건을 내건 대항문화 운동이기도 했습니다. 1960년대와 70년대, 일본경제가 고도성장의 물살을 탐과 동시에 사회전체가 시스템화되고 자연 파괴라는 길로 서슴없이 내달렸는데, 우리는 당초부터 거의 본능적으로 그 방향이 잘못되었음을 직감하고 있었습니다. 그랬기 때문에 우리는 미개를 의미하는 '부족'이라는 고귀한 이름으로 우리 스스로를 일컬었던 겁니다. '부족'이란 자연을 지극히 존경하며 살아가는 사람들의 이름이었으니까요.

하지만 현실적으로 우리의 사상이 미숙하기도 했고 공동생활에 대한 방법론이나 밭을 일구는 기술 등 모든 것이 미숙했기 때문에, '부족'은 1972년 무렵을 기점으로 사라지고 말았습니다. 그렇다고 그것이 과거사가 되어버린 것은 아닙니다. 저도 '부족'이라는 이름에 더 이상 연연하진 않지만, 공동체성이라는 정신과 자연을 존경하는 삶의 방식은 1980년대 이후 환경문제를 핵으로 하는 전개 과정에서 사회적으로 가장 중요한 과제로써 보편화될 수밖에 없었습니다. 시장주의경제 속에서 우리의 생각은 여전히 소수파에 불과하지만, 지금은 '한정된 지구에 무한한 발전은 있을 수 없다'는 것 정도는 초등학생도 알고 있는 하나의 커다란 명제가 되었습니다.

말에도 영혼이 있다

그럼 본론으로 돌아가겠습니다. 지금 야쿠시마에서《생명의 섬》을 편집하고 있는 사람이 '부족' 시절의 친구인데, 이런저런 일들을 겪고 나서 그 친구와 저는 함께 야쿠시마로 오게 되었습니다.

지금은 같은 마을에 살고 있지는 않지만, 그런 친구가 발행하고 있는 지역잡지라 저도 줄곧 글을 기고하고 있지요. 바로 얼마 전에 나온 잡지에 참 우연하게도 오키나와 방언을 제목으로 한 에세이를 썼는데, 그것을 지금부터 읽어보려고 합니다.

에세이의 제목으로 사용한 '쿠-사 카나사小さ 愛き, 작고 애틋함'라는 오키나와 말은 지금의 저에게 아주 중요한 말입니다. 어떻게 그토록 중요한 말이 되었는지, 지금부터 읽을 에세이를 통해 여러분도 함께 공감할 수 있기를 바랍니다. 원고지로 하면 10장 정도라 좀 길긴 하지만 잘 들어주시면 기쁘겠습니다.

쿠-사 카나사

1.

나무의 새눈을 씻어간다는 봄비가 그치고 오랜만에 푸른 하늘이 내다보이는 기분 좋은 하루, 나 홀로 제비꽃길이라 부르는 산길 모퉁이로 제비꽃을 보러 갔다.

제비꽃에도 풍년이 있고 흉년이 있는지, 빼곡하게 무리지어 눈이 휘둥그레질 정도로 일제히 필 때가 있는가 하면 여기저기 군데군데 인색하게 필 때도 있다. 올해의 꽃수는 기대한 것만큼은 아니었지만 약 200미터에 달하는 그 모퉁이에는 작음을 덕으로 하여 마음을 흔들어놓는 자줏빛 꽃들이 빈 틈 없이 점점이 피어있었다.

등허리를 따뜻하게 녹여주는 4월의 넉넉한 햇살을 받으며 꽃 하나하나에 소리도 말도 아닌 인사를 건네면서 걷노라니 문득 희미한 물소리가 들려왔다. 산기슭에서 흘러나온 물이 모여 길옆으로 난

작은 내를 가늘고 잔잔한 물소리를 내며 흐르고 있었다.

시라코야마에 있는 우리 집 근처에는 낮이고 밤이고 시끄러운 소리를 내며 흐르는 계곡물이 있기 때문에 흐르는 물소리를 안 듣는 날이 없건만, 그처럼 속삭이듯 정숙 자체를 전해주는 물소리는 좀처럼 들어보지 못했다.

그런 만큼 개천이라 부르기에도 민망할 정도로 가느다란 물줄기가 거의 수평으로 희미한 소리를 내며 흐르고 있는 그 주변이 나에게는 하나의 별세계였다. 아무도 없는 산길 옆에 불현듯 나타난 '봄의 시냇물'이라는 별세계였다.

2.

문부성 창가唱歌 〈봄의 시냇물〉이 심상소학교 4학년용으로 발표한 것은 1912년 12월의 일이다. 스즈키 미에키치鈴木三重吉, 소설가, 동화작가가 '……세상의 작은 사람들을 위해 예술로써 가치 있는 순수하고 아름다운 동화와 동요를 창작하는 최초의 운동을 일으키고 싶어 월간잡지 《빨간새》를 주재발행한다' 라며 일본의 동화와 동요 역사상 너무나 유명한 《빨간새》를 간행한 것이 1918년이다.

〈봄의 시냇물〉은 그보다 6년 앞서 발표되었다. 아직 메이지의 기운이 강하게 남아있던 당시 소년소녀들 가슴에 순수하고 아름다운 동요의 대표적인 애창곡이 된다.

봄의 시냇물

타카노 타츠유키 가사/오카노 테이치 작곡

봄의 시냇물은 졸졸졸 흐른다.
물가의 제비꽃과 연꽃에게
향기 그윽하고 색깔 곱게
피어라 피어라 속삭이듯이.

봄의 시냇물은 졸졸졸 흐른다.
가재와 송사리 새끼붕어들에게
오늘 하루도 양지에 나와
놀아라 놀아라 속삭이듯이.

봄의 시냇물은 졸졸졸 흐른다.
노래 잘하는 사랑스런 아이들
한 목소리로 시냇물 노래를
불러라 불러라 속삭이듯이.

그 이후로 벌써 한 세기 동안 이 노래는 아마도 모든 일본인들이 봄날을 기뻐하며 불렀을 것이다. 지금의 가사와 조금 다른 것은 1942년 『초등과 음악』에 재수록하면서 문체가 초등과 어린이에게는 어울리지 않는다는 이유로, 예컨대 '속삭이듯이'를 '속삭이면서'로 바꾸는 등의 수정이 가해졌기 때문이다.

1942년이라면 그 전년도에 태평양전쟁이 시작되어 일본군이 마닐라와 싱가포르를 점령하는 한편, 미드웨이해전을 제압한 미군이 가달카나르 섬에 상륙하여 도쿄를 최초 공습한 해이다.

그런 시국에도 연약한 노래라고 배제되지 않고 〈봄의 시냇물〉이 문부성에 의해 노래하기 쉽게 개조되면서까지 불렸다는 사실은 이 노래가 그만큼 국민들 사이에 깊이 퍼져 있었다는 것과 작은 생명의 찬가라는 누구도 거부할 수 없는 보편성을 가지고 있음을 말해준다.

3.

오키나와 사투리에 '쿠-사 카나사'라는 말이 있다.

오키나와도 상당히 넓은 지역이라서 본도를 중심으로 한 지역의 사투린지 사키시마 지방의 사투린지는 모르고 언제부터 전해진 말인지도 모른다. 하지만 이 말 속에는 오키나와의 슬프고 참혹한 근현대사를 견뎌온 생명에 대한 찬양이 담겨져 있는 것 같다.

근현대를 살아온 오키나와 사람들이 경험한 슬픔과 참혹함을 나 따위가 감히 말할 자격이 없다고 생각하기 때문에 여기에서는 언급하지 않겠지만, '쿠-사 카나사'라는 말이 사람들 사이에 사투리로써 회자된 것은 역사와 무관하지 않은 것 같다. 그런 만큼 함부로 이 말을 쓰는 것이 조심스럽다. 그런대도 몇 년 전엔가 들었는지 책에서 봤는지 어쨌든 처음 이 말을 알게 된 이래, 그것은 더는 과거의 말도 오키나와 사투리도 아닌 나 자신의 현재와 미래를 안내해주는 키워드 중 하나로 가슴 깊은 곳에 새겨지고 말았다.

'쿠-사 카나사'라고 하면 봄날 시냇가에 핀 제비꽃처럼 작은 것을 애틋해 한다는 말 같은데, 그뿐만이 아니라 사실은 우리들 생명 또한 제비꽃처럼 작고 애틋한 것임을 의미하고 있다고 생각한다.

1960년대 이후의 고도경제성장과 더불어 우리에게는 큰 것이 곧 선善이라는 환상이 생겼고 우주제패라는 말이 상징하듯이 인간에게 불가능한 것이란 하나도 없는 것처럼 개발과 약진을 선이라고 믿어왔다. 그것은 인간성이 그렇다는 말이라 감히 부정할 수는 없지만, 그 반면에 우리는 천 년 전에도 그랬고 2천 년 전에도 그랬듯이 이 지상에서 살다 죽어갈 수밖에 없는 그야말로 작은 생물에 불과하기도 하다.

오키나와의 '쿠-사 카나사'라는 사투리는 그 사실을 새삼 일깨워주는 언령言靈으로써, 한 번 들었을 뿐인데 그대로 내 안 깊숙이 새겨져 지워지지 않는다.

이상이 〈쿠-사 카나사〉라는 에세이인데 '말에도 영혼이 있다'고 믿는 일본에서는 옛날부터 말의 힘을 중요하게 생각해왔습니다. 자세한 것은 잊어버렸지만 『만요슈万葉集, 나라奈良시대의 가집-옮긴이』에는 일찍이 '말이 곧 언령'이라는 기록이 있어요. 즉 『만요슈』가 편찬된 시대부터 혹은 그 훨씬 이전부터 말이라는 것과 언령은 동질이라는 인식이 있었던 거죠. 이것이 일본인의 전통입니다.

의미 깊은 말은 영혼을 가지고 있다, 그것은 인간이 영혼을 가지고 있는 것과 같은 이치입니다. 이 '쿠-사 카나사'라는 말 속에서 저는 그야말로 언령이 깃들어 있음을 느낍니다. 만일 언령을 느낄 수만 있다면, 그 말 속에는 인생을 바꿀 정도의 힘이 깃들어 있다고 봅니다. 이곳 오키나와에는 물론 무한히 많은 말들이 있을 것이고 무한히 많은 문화도 있을 것입니다. 그런 의미에서 세계 각지에도 보물들이 무한하게 내재되어 있다고 생각하는데, 그 중에서 제가 찾은 보물 중 하나가 바로 '쿠-사 카나사'라는 말입니다. '카나사'는 사랑 애愛라는 한자를 써서 '카나=슬픈, 애틋한'라고 읽는데, 이 얼마나 깊고 멋진 말입니까! 영어의 'LOVE'에서는 결코 그런 느낌이 나지 않아요. 같은 사랑을 뜻하는 말이지만, 슬픔이 느껴지는 애틋한 사랑을 뜻하는 '카나'와 그냥 사랑을 뜻하는 '러브'에는 엄청난 차이가 느껴집니다. '카나'라는 말에는 슬플 정도로 사랑한다는 뜻이 담겨있는 그야말로 사랑의 본질을 적절하게 표현하고 있는 것 같습니다.

시장경제의 발전과 글로벌리즘에도 기쁨은 있지만, 이 대지에 뿌리내린 천 년 2천 년의 문화전통에는 그보다 훨씬 벅찬 기쁨이 있음을 말하고 싶었습니다.

불을 지펴라

다시 시로 돌아가서, 나눠드린 자료 중 두 번째에 실려 있는 〈불을 지펴라〉라는 시를 읽어보겠습니다.

불을 지펴라

산에 어둠이 밀려온다
아이들아

보라, 밤이 벌써 등 뒤에까지 왔다
불을 지펴라
너희의 아쉬운 놀이를 멈추고
먼 옛날 초심으로 돌아가
불을 지펴라
뒤뜰에는 충분한 장작이 마련되어 있다
잘 마른 장작 조금 눅눅한 장작
굵은 장작 가는 장작
잘 골라서 솜씨 좋게 불을 지펴라

매운 연기가 눈을 찔러도
꾹 참고 활활 불을 지펴라
마침내 활활 타오르면
보라, 지금 너희들 마음 같은 오렌지빛 불꽃이
활활 피어오르리
그때 그 불꽃을 들여다보라
어느 순간 ……
등 뒤에서 밤이 너희를 포근히 감싸 안는다
밤이 포근히 너희를 감싸 안을 때
그때가 바로 신비한 순간
불이 영원한 이야기를 시작할 때

그것은 잠들기 전 어머니가 읽어주시던 책 속의 이야기가 아니라

아버지의 무용담이 아니라
텔레비전에서 보는 이야기가 아니라
너희가, 너희의 빛나는 눈과 귀와 마음으로 듣는
너희 자신의 신비로운 이야기다
귀 기울이고 마음을 다해
불을 지펴라
불이 활활 타오르게
하지만 넘치지 않게
고요한 마음으로 불을 지펴라

인간은
불을 피우는 동물이다
그러므로 불을 피울 수 있으면 그것으로 이미 인간이다
불을 지펴라
인간의 원초적 불을 지펴라
마침내 너희들이 어른이 되면 허영의 도시로 나가고
필요한 것과 필요치 않은 것을 알지 못하게 되고
자신의 가치를 잃어버린 순간
틀림없이 추억할 것이다
밤에 포근히 안겨서
오렌지 빛 신비의 불꽃을 바라보던 날들을

산에 어둠이 밀려온다

아이들아

밤이 벌써 등 뒤에까지 왔다

오늘은 이미 충분히 놀았다

놀이를 멈추고, 너희들의 불을 지펴라

오두막에는 장작이 충분히 마련되어 있다

불을 지펴라

잘 마른 장작 조금 눅눅한 장작

굵은 장작 가는 장작

잘 골라서 잘 쌓아서

불을 지펴라

불이 활활 타오르거든

그 오렌지빛 불꽃 속

황금색 신전神殿에서 들려오는

너희들의 옛날과 지금과 미래의 신비한 이야기에 귀를 기울여라

이 시는 제가 참 좋아하는 시입니다. 여기저기 시낭독회에 나갈 때면 반드시 낭독하는 시죠. 불이란 정말 마음을 위로해주고 따뜻하게 해주는 것인데, 요즘 같은 세상에는 산에 가도 모닥불을 피울 수가 없어요. 모닥불을 금지하는 산들이 많아져서 휴대용 연료를 가지고 가서 그것으로 불을 피워야만 하죠. 그런 시대이긴 하지만 그래도 바닷가에서는 불을 피우면 안 된다는 곳이 별로 없는 것 같아요. 우리집에서는 아직 옛날식으로 목욕물을 데우기 때문에 일상적으로 불과 친숙하지만, 야쿠시마에서도 해마다 그런 집이 줄어들고 있습니다.

같은 불이라도 플루토늄의 불이란 것이 있어요. 오키나와 지역에는 다행히도 원자력발전소가 없어서 원전에 대해 걱정하는 사람은 많지 않겠지만, 카고시마 현의 센다이 시에 원전이 있으니 그리 먼 곳의 얘기도 아닙니다.

일본 국내에 현재 55기의 원전이 있어요. 원전에서는 매일 우라늄을 태워 플루토늄을 생산하고 있죠. 핵병기의 원료가 되는 플루토늄. 그 내부도 불이지만, 그 불은 안타깝게도 플루토늄을 비롯한 맹독의 핵폐기물을 만들어내고 있습니다. 플루토늄은 폐기물이 아니라 잠재적 핵병기로써 생산되고 있죠.

플루토늄은 그 방사능의 반감기가 2만4천 년이라고 합니다. 반감기가 2만4천 년이라니, 우리의 짧은 인생에 비하면 반영구적으로 사라질 리 없는 맹독의 폐기물을 원전은 만들어내고 있는 셈입니다. 그 불은 한번 사고가 나면 몇 십만 명의 죽음으로 이어지고, 무사고라 해도 반영구적으로 이 지상에 맹독을 남길 불이기 때문에 그것을 대신할 불을 우리는 찾아내지 않으면 안 됩니다.

모닥불로 피우는 살아있는 불, 혹은 석탄으로 피우는 불은 다만 이산화탄소와 재를 남길 뿐이죠. 비록 지금 이산화탄소가 문제가 되고 있긴 하지만, 모닥불 정도의 이산화탄소라면 식물에 흡수되어 다시 음식물로 합성될 것이고, 그 뒤에 남는 재 역시 식물에게 아주 유효한 알칼리성 비료가 되기 때문에 결국 음식물로 합성되겠죠.

자연이 갖는 순환하는 풍요로움과 모닥불의 불은 무관하지 않습니다. 저는 지금 전 국민이 목욕물은 불을 지펴 데우는 옛날식으로 돌아가야 한다는 터무니없는 소리를 하려는 게 아닙니다. 다만 미래 에너지의 기본은 첫째는 독성폐기물을 만들어내지 않을 것, 둘째는 그것이 재생산되어 몇 만 세대에 걸쳐 지속적으로 이용되어야 한다고 말하고 싶을 뿐입니다.

일상생활에서 흔하게 불이란 것을 사용할 수 없고, 보는 것조차 쉽지 않은 현대생활 속에서 만일 불과 친해지고 싶다면 촛불이 가장 손쉬운 방법이겠죠. 촛불은 인류가 백만 년 이상의 먼 옛날부터 피워왔던 살아있는 불 중 하나입니다. 여러분 방에 먼저 굵직한 초 한 자루를 준비하세요. 굵은 초에 불을 붙이고 전기를 끄고 가부좌를 틀고 앉아서 그 불을 응시하면, 그것으로 충분한 효과가 있을 겁니다. 어떤 효과인지는 여러분이 직접 경험해보세요.

촛불에 대한 아주 훌륭한 속담이 하나 있어요. 인도 속담으로 '천년의 어둠도 한 자루의 촛불로 사라진다'는 속담입니다. 천년의 어둠도 한 자루의 촛불로 사라진다! 불이라는 것의 본질, 인간이라는 동물의 본질을 극단적으로 표현한 아주 멋진 말이죠.

지역의 리얼리티

남은 시간이 별로 없기 때문에, 이 밖에도 읽고 싶은 시는 많지만, 오늘 나눠드린 마지막 시, 〈꿈을 꾸다〉로 넘어가겠습니다.

꿈을 꾸다 – 지역사회원론

나는 여기서 꿈을 꾼다

마침내 너희들이 어른이 되면 허영의 도시로 나가고
필요한 것과 필요치 않은 것을 알지 못하게 되고
자신의 가치를 잃어버린 순간
틀림없이 추억할 것이다
밤에 포근히 안겨서 오렌지 빛 신비의 불꽃을 바라보던 날들을

어떤 꿈인가 하면
대지가 남몰래 꾸고 있는 꿈
그 꿈을 꾼다

셀 수 없이 많은 생물의 의식이 돌아간 대지는
그들의 깊고 깊은 꿈을 품고 있다
그 꿈은 밤나무
그 꿈은 밀
그 꿈은 신
나는 여기서 꿈을 꾼다
말없이 밭을 일구는 한 농부가 신이라는 사실을 알고
말없이 목재를 자르는 한 목수가 신이라는 사실을 알고
말없이 그물을 당기는 한 어부가 신이라는 사실을 알고
나 역시 신들 속에 끼고 싶다

나는 이 섬에서 꿈을 꾼다
지구뿐 아니라 우주 어느 곳을 가더라도 여기밖에 없는 이 섬에서
지구 아니 우주의 흙에 발을 담그고
그 심연을 들여다보고
그곳에서 궁극의 빛을 보고 싶다
나는 여기서 꿈을 꾼다
어떤 꿈인가 하면
타케구라 영감이 죽고 마츠구라 영감이 죽고 우메바이가 죽고

류바이가 죽어간

그 대지가

남모르게 꾼 꿈이 있다

그 꿈은 배

그 꿈은 구아바

그 꿈은 신

나는 사람들과 함께 여기서 꿈을 꾼다

그 꿈은 소리 없이 내리는 빛의 고요함

그 꿈은 깊은 평화

그 꿈은 길가의 풀

나는 여기서 꿈을 꾸고 싶다

  지금까지 읽은 시는 모두 야쿠시마로 들어간 지 1년에서 2년 정도
밖에 안 된 초기에 쓴 시들입니다.

  이 시에는 '지역사회원론'이라는 부제가 붙어 있습니다. 이번 강
의를 추천해주신 미국문학가인 야마자토 카츠노리 선생과 함께 2년
쯤 전에 미국 서해안의 시에라네바다 산속에 살고 있는 게리 스나이
더라는 시인을 방문한 적이 있어요. 게리 스나이더는 퓰리처상과 볼
링겐상을 수상한 미국의 비트제너레이션을 대표하는 시인인데, 앞서
말했던 '부족'활동을 할 때 젊은 날의 그가 일본에 와서 교토의 다이
토쿠지大德寺라는 절에서 좌선을 한 적이 있습니다. 그때 그와 친구가
되었는데 30년 가까이 서로 연락도 없이 지냈어요. 그런 게리 스나이

더가 4년 전 《요미우리신문》사의 초대를 받아 일본에 왔는데, 그때의 강연골자가 신문에 실렸더군요. 그 기사 속에 '지역사회원론'과 비슷한 뜻의 말이 키워드 중 하나로 실려 있었어요. 좀 길어서 영어 스펠링이 맞을지 어떨지 자신은 없지만 Bioregionalism이라는 말이었습니다. 바이오bio라는 말은 알다시피 '생명'을 의미합니다. 리전Region이라는 말은 지역이고. 그것을 직역하면 '생명지역주의' 쯤 될까요. 예컨대 오키나와라는 하나의 지역이 그곳에 사는 모든 생물과 함께 우리에게는 둘 도 없이 소중한 존재라고 생각하는 거지요. 이 지역에 모든 생명요소가 갖춰져 있고, 그 생명요소의 일원으로 우리 인간이라는 생물도 존재하고 있습니다. 그러므로 이 말은, 야마자토 선생은 '생태지역주의'라고 번역하고 저는 생명이라고 번역하는데, 어쨌든 다른 말로 하면 하나의 생태계, 예컨대 오키나와라는 바다를 포함한 생태계 속의 한 일원으로서 사람도 존재한다는 생각입니다.

사람이 생태계를 파괴한다는 것은 동시에 사람 자신을 파괴한다는 말이 되므로 지금 여기저기서 에콜로지라는 사상이 중요하게 떠오르고 있습니다. 그런데, 생명지역주의에서 무게를 두는 것은 생명Bio이 아니라 지역Region입니다. 이 '지역'이라는 말에 중심을 두고 있는데, 지역 안에 우리의 인생이 있고 우리를 포함한 생물과 무생물의 삼라만상이 존재합니다.

현대는 글로벌리즘이니 지구시대니 하는 것이 주류를 이루고 있는데, 그렇게 생각하면 우리가 지금 야쿠시마나 오키나와에 살고 있는 것이 마치 코딱지만한 지역에 매달려 있는 것처럼 느껴져요. 요즘이야 해외로 나가는 것도 해외에서 오는 것도 그야말로 초고속으로 편리해졌습니다. 인터넷과 자본의 유동 등을 포함해 지구시대라는 말이 그야말로 리얼리티를 띠고 있지만, 우리 한 사람 한 사람이 그곳에서 나고 살고 죽는다는 리얼리티는 흔히 보는 일러스트처럼 지구라는 공 위에 우뚝 서있는 것이 아닙니다. 지구라는 전체를 마치 신처럼 파악하고 그 위에 군림하는 것은 우리 한 사람 한 사람에겐 도저히 불가능한 일입니다. 그것은 정보로써 존재하고 여행 역시 가능하지만 현실적으로 우리가 나고 살고 사랑하고 죽어가는 터전, 그것은 바로 이 지역뿐입니다. 그러므로 지구의 진정한 리얼리티는 이 지역, 이 자리 외에는 없어요. 세계 어디로 여행을 가든 그 지역과 그 자리야말로 인간의 리얼리티가 있고 실존이 있는 곳입니다.

그 지역에 서있다는 것, 그것이 곧 지구에 서있다는 말입니다. 지금까지 지배적이었던 지역에 대한 구태의연한 생각은 예컨대 오키나와라는 지역이나 제가 사는 야쿠시마라는 지역, 즉 자기가 속해있는 지역만이 소중하다는 말이었습니다. 야쿠시마로 치자면 바로 옆에 있는 타네가시마는 나와는 무관한 지역이니까 소중하지 않다는 말이지요. 그렇지만 지역이라는 것이 그대로 지구를 의미하게 된다면, 저는 야쿠시마에 사니까 타네가시마는 나와 무관하다고 말할 수 없게 됩니다. 내가 야쿠시마에 살면 살수록, 이 오키나와에 살면 살수록 다른 지역도 똑같이 둘도 없이 소중한 지역임을 알게 되거든요. 이것을 저는 '지구 즉 지역, 지역 즉 지구'라고 말합니다.

'생명이야말로 보물'이고 여기에 산다는 것이 곧 보물이란 얘깁니다. 그리고 '여기'는 곧 지구입니다!

4

가족이라는 거울

가족은 세계로 떠나는 여행의 시작
사랑과 슬픔으로 떠나는 여행의 시작
그리고
그 여행 끝에 보이는 하나의 등불
가족은 엄숙한 진리의 표상
알몸의 내가 비춰지는 거울

우리는 하나로 이어져 있다

어제 셋째 시간에 '지역은 곧 지구다' 또는 '지구는 곧 지역이다'라는 사고방식에 대해 말했습니다. 또한 미국에서도 비교적 최근의 동향 중 하나로 생명지역주의Bioregionalism이라는 것이 있고 '지역은 곧 지구'라는 생각과 비슷한 운동이 일어나고 있다는 이야기도 했죠? 그것과 관련해서 지난 시간에 다하지 못한 설명을 덧붙이고자 합니다.

지역을 하나의 생태계 혹은 모든 생명을 이어주는 네트워크의 장場이라고 보는 것을 생명지역주의라고 하는데, 이것을 '생명지역주의'로 번역하면 구체성이 좀 떨어지는 것 같습니다. 그래서 좀더 알기 쉽게 설명하면, 오키나와에는 그렇게 큰 강이 없다는 특징 때문에 설명하기가 쉽진 않겠지만 그래도 오키나와라는 지역을 예로 들어 말하면, 먼저 강의 유역流域을 떠올려 보세요. 다른 지역에서 온 사람은 각자의 지역에 흐르고 있는 강을 떠올려도 좋습니다. 대부분의 지역이 그렇듯이 산과 강, 평야를 중심으로 형성되어 있습니다.

산 또는 산맥이 있고 그 산맥에서 강이 시작되어 분지나 평야를 거쳐 바다로 흘러가는 것, 이것은 지구의 어느 지역을 가더라도 일반적인 지리풍경이죠. 산과 바다를 잇는 강이라는 하나의 줄기가 있고, 그 강줄기를 따라 유역을 형성하고 있습니다. 강의 원류에 있는 산촌에서 평야로 내려갈수록 하나둘 마을이며 크고 작은 도시들이 형성되어 있는데, 대개 어디를 가나 하구지역의 평야에 큰 도시가 세워집니다.

산맥, 강, 평야, 바다, 마을, 도시는 각자 동떨어져 존재하는 것이 아니라 강의 작용으로 떼려야 뗄 수 없는 하나의 공동체로 연결되어 있습니다. 이 당연한 진리에 눈을 뜬 사람들이 최근, 이 역시 십년도 안 된 일이지만, 워터쉐드Watershed 즉 '유역流域'이라는 개념을 만들어냈습니다. 미국에 다녀온 경험이 있는 사람 혹은 미국 지도가 어느 정도 머릿속에 그려지는 사람이라면 알겠지만, 미국의 주州는 대부분 직선으로 구분되어 있을 뿐 자연의 지형은 전혀 고려하지 않아요. 자연의 지형을 생각하면 도저히 그렇게 될 수 없는데도 지도상에서는 반듯하게 선을 그어놓고 위는 무슨 주, 아래는 무슨 주, 오른쪽은 무슨 주, 왼쪽은 무슨 주라는 식으로 나눠져 있거든요.

자연의 지형, 요컨대 강이 흐르는 길이나 산줄기의 모양 등과는 전혀 상관없이 인공적으로 선을 그어서 하나의 지역을 만들어내고 있어요. 이런 현상이 더 두드러지는 곳이 아프리카에요. 아프리카 지도를 보면 금방 알 수 있는데, 직선으로 주州와 주가 아닌 나라와 나라를 구분하고 있죠. 그게 바로 유럽 열강이 아프리카를 식민지화했을 때 책상 위에 종이 펼쳐놓고 한 짓입니다. 여기부터 여기까지는 프랑스 것, 여기부터 여기는 네덜란드 것, 이쪽은 벨기에 것 하는 식으로 죽죽 직선을 그어 나눈 거죠. 그렇게 지리地理를 무시한 말도 안 되는 사고방식을 반성하면서 워터쉐드 즉 '유역'의 사상이라는 게 지금 새롭게 재고되고 있습니다. 특히 미국 서해안에서 그런 운동이 한창이라고 해요.

미국 서해안이라면 구체적인 지도까진 그릴 수 없지만 샌프란시스코가 있고 그 밑에 로스앤젤레스가 있지요. 이 두 도시를 잇는 그다지 높지 않은 산맥이 해안선을 따라 이어지고 있는데 해안산맥이라고 합니다. 이 산맥의 동쪽으로 높은 시에라네바다산맥이 있고 그 사이에 커다란 평야지대인 센트럴 밸리가 있습니다. 그 시에라네바다 산맥에서서 여러 가닥의 강줄기가 시작돼요. 그렇게 되면 이 산 저 산에서 바다에 이르는 하나의 지역 즉 이 강 하면 이 지역, 저 강 하면 저 지역 하는 식으로 강줄기를 따라 하나의 공동지역이 형성되고 있다는 걸 알 수 있습니다. 생명지역주의 또는 워터쉐드라는 개념에서 보면 해안지대 사람들과 산악지대 사람들은 강을 통해 사실은 감정적으로 연결되어 있다고 할 수 있겠죠.

그런데 이것을 샌프란시스코나 로스앤젤레스라는 독립된 하나의 도시로 보면, 시에라네바다도 센트럴 밸리도 더는 아무 상관도 없게 되고 맙니다. 그럴 수는 없어요. 우리는 결코 강을 떠나서는 생활할 수 없기 때문이고 우리는 강에게서 물을 받아 살아야 하기 때문입니다. 그리고 생명의 원천인 물이 시에라네바다에 내리는 비가 되고 그 물이 샌프란시스코 만까지 흘러가는 과정에서 농업을 비롯해 먹는 물에 이르기까지 수많은 사람들이 사용하기 때문에 떼려야 뗄 수 없는 관계라는 사실을 간신히 깨닫게 되었습니다. 샌프란시스코니 로스앤젤레스니 샌디에이고니 하는 독립된 도시들이 각자의 주민운동이 아니라 전소유역이라는 생각을 염두에 둔 지역에 대한 새로운 사상이 마침내 사상으로써 정착된 겁니다. 1998년 12월에 게리 슈나이더와 대담한 내용을 『성스러운 지구의 모임』이라는 책으로 엮어냈습니다. 대담 중에 게리는 지금 미국에서는 여기저기서 그런 워터쉐드 운동이 한창이고 게리 자신도 그 일에 깊이 관여하고 있다고 하더군요.

여담이지만 이 대담을 기획해준 곳은 산과 계곡사라는 출판사인데, 그곳 편집자가 도쿄의 히가시무라야마 시에 살고 있어요. 사이타마 현과 도쿄 도의 경계선 주변에 타마코라는 인공호수가 있는데, 그곳에서 키타카와라는 폭이 고작 10미터 정도밖에 안 되는 작은 하천이 흘러나와 히가시무라야마를 거쳐 사이타마 현으로 들어가 아라카와라는 큰 강으로 합류합니다. 그리고 그 아라카와가 도쿄의 중심부를 거쳐 도쿄만으로 흘러들죠.

그 편집자가 사는 곳은 키타카와 천변인데, 히가시무라야마 시는 도쿄 근교의 주택도시라 주민들이 갈수록 증가하고 있다고 해요. 그런데 문제는 그들 가정이 내보내는 폐수 때문에 하천의 오염이 날로 심각해지고 결국엔 하천물이 하수구물처럼 되어버렸다는 겁니다. 그렇게 되고 나니까 하천을 다시 깨끗하게 살려내자는 시민운동이 시작됐어요. 키타카와 천변에 살고 있기 때문에 키타카와를 깨끗하게 하자는 운동이 되었지만, 사실 키타카와가 조금이라도 깨끗해지면 그것은 결국 그 물이 흘러가는 아라카와 강이 깨끗해지고, 아라카와가 깨끗해지면 결과적으로 도쿄 만의 바닷물이 조금이나마 깨끗해지겠죠.

그런가 하면 다른 지역에서 아라카와 강물을 깨끗하게 하자는 운동을 벌이는 사람들이 있는가 하면, 도쿄 만의 바닷물을 더 깨끗하게 하자는 운동을 하는 사람들도 있어요. 그런 각각 다른 지역 사람들의 운동 사이에 자연스럽게 네트워크가 형성되었습니다. 그 편집자에게는 거리상으로 기껏해야 5킬로 정도 작은 하천을 살리자는 운동에 불과하지만, 원류인 치치부秩父산지에서 하류인 도쿄 만까지의 광대한 유역이 한 마음 한 뜻이 되어 뭉치게 된 겁니다. 키타카와를 깨끗하게 하자는 목표를 가지고, 이 역시 시민운동이기 때문에 매일같이 할 수 있는 건 아니지만 그래도 한 달에 한 번 날짜를 정해 하천을 청소하기 위해 회원을 모았습니다. '키타카와 갓빠의 모임'이라는 이름의 모임이에요. 모두 즐겁게 하천을 청소하자, 또 아이들과 함께 하천에 가서 여름에는 물놀이를 하자. 하천 양쪽이 지금은 모두 콘크리트로 단단하게 싸여있지만, 그 콘크리트를 제거하고 그곳을 자연제방으로 되돌리고 나무와 풀을 심어 다시 시민들이 그 길을 따라 둔덕으로 내려갈 수 있는 하천을 만들자는 뜻으로 행정적 요구도 꾸준히 해왔습니다. 덕분에 부분적이긴 하지만 올해 예산으로 콘크리트 벽을 제거할 수 있는 데까지 왔어요. 그와 동시에 이번에는 키타카와 유역에 살고 있는 주민들에게 간청해서 가정폐수를 한 방울도 하천에 흘려보내지 말자는 운동도 추진하고 있습니다.

5년 전 '키타카와 갓빠의 모임'이 처음으로 결성되었을 때는 회원 20명 정도의 아주 작은 규모의 그룹이었지만, 운동을 열심히 펼치는 동안 참가자가 점차 늘어나서 지금은 회원 수가 무려 150명이 넘는다고 합니다. 저도 야쿠시마에 살고는 있지만 그 회원 중 한 사람이에요. 그리고 올 4월에 있었던 지방선거에서는 이 모임 회원 중에서 시의원이 한 명, 찬조회원 중에서 두 명, 모두 3명의 시의원이 당선되었습니다.

이것은 상당히 잘 돌아가고 있는 생명지역주의와 워터쉐드 운동의 한 예라고 할 수 있습니다. 게리 슈나이더 등이 미국 서해안에서 샌프란시스코 강을 정화시켜 강에 연어가 돌아오게 하자는 운동을 벌이고 있다고 하는데, 서로 전화연락 한 번 하지 않았는데 태평양의 서쪽과 동쪽에서 똑같은 일을 하고 있었다는 것이 정말 놀랍기만 합니다.

이 정도로 정보가 발달되어 있기 때문에 어디선가 무슨 좋은 일을 하고 있으면 그 소식은 눈 깜짝할 사이에 다른 지역으로 금방 퍼지게 되고, 세계 곳곳에서 동시다발적으로 즐거운 생각과 재미있는 일들이 자꾸자꾸 퍼져나가게 되는 겁니다.

신이 머무는 장소

미국 원주민 소년의 이야기를 쓴 『내 영혼이 따뜻했던 날들The education of Little Tree』이라는 책이 1991년에 처음 나왔습니다. 여러분이 꼭 한번 읽어보길 바라는 책 중 하나인데, 그 책에 이런 이야기가 나옵니다.

'작은나무'라는 인디언 남자아이가 어느 날 강으로 물놀이를 하러 갑니다. 강물에서 그물로 물고기를 잡고 있는데, 작은 물고기도 아니고 올챙이 같기도 한 지금까지 한 번도 본 적 없는 이상하게 생긴 것이 걸려든 거예요. 작은나무는 그것을 할아버지 할머니에게 보여주러 갑니다. 이렇게 신기한 게 잡혔어요! 할머니는 냄새를 맡아보죠. 그랬더니 아주 좋은 냄새가 나더란 말입니다. 할머니는 기뻐하면서 네가 아주 좋은 것을 발견했구나, 나는 몇 십 년을 살았지만 이렇게 좋은 냄새가 나는 물고기는 처음 본다며 칭찬을 아끼지 않았어요. 그러면서 이것을 비누 속에 넣어야겠다고 말씀하십니다. 할머니는 비누를 손수 만들어 썼던 거죠.

그런데 그때 할머니가 한 말이 진짜 명대사예요. "넌 오늘 아주 좋은 일을 했구나" 하면서 '누군가가 좋은 일을 하면 그 좋은 일은 모두에게 전해지기 때문에 넌 오늘 정말 좋은 일, 모두를 위해 좋은 일을 했다'고 작은나무를 칭찬합니다.

이 책을 읽으면서 감동한 부분 중 하나인데, 이것 역시 워터쉐드라는 사고방식의 기본 중 하나입니다. 유역사상이라고 하면 왠지 광범위한 느낌이 들지만, 예를 들어 여러분이 생활 속에서 합성세제를 사용하면 그것만으로도 강은 오염됩니다. 한 사람이 사용하면 그만큼 강도 바다도 오염되고 말아요. 하지만 합성세제 대신 가격은 좀 비쌀지 모르지만 친환경적인 비누를 쓴다면 그것만으로 강의 오염을 줄일 수 있습니다. 한 사람 한 사람이 할 수 있는 일은 주변을 둘러보면 얼마든지 있고, 그 속에서 지구는 물론이고 지역전체가 조금이나마 좋아질 수 있다는 사상이 『내 영혼이 따뜻했던 날들』에서 할머니가 한 말 속에 깃들어 있다고 생각합니다.

지금 말한 것은 유역사상이나 생명지역주의라는 사상의 극히 일부에 지나지 않지만, 구체적인 예를 들어본 만큼 어느 정도 이 사상에 대해 알게 되지 않았을까 생각합니다.

오늘 살펴볼 시를 읽기 전에, 마지막으로 워터쉐드에 대해 한 가지만 더 말하겠습니다.

어제 첫 시간에 말했듯이 이번 강의의 주제는 애니미즘입니다. 애니미즘이란 삼라만상에 영혼 또는 정령이 깃들어 있다는 사고방식인데, 삼라만상 중에서 가장 중요한 요소 중 하나는 강이고 또 하나는 산입니다. 그리고 나머지 하나가 바다입니다. 바다, 산, 강 이 세 가지가 삼라만상의 핵심을 이루는 항목인데, 지금 말한 워터쉐드는 가장 중요한 세 가지 중 하나인 강에 해당하죠.

오키나와는 비교적 평탄한 섬이기 때문에 강에 대한 신화는 별로 많지 않은 것 같은데, 대신 이 지방에서는 우물과 그 주변을 '강'이라고 한다는 이야기를 들었습니다. 그 '강'은 또 그대로 신이 머무는 장소라고 해서 신성시되고 있죠. 일본 본토의 강 역시 그 원류가 있는 지역에 가면 용을 신으로 모시는 곳이 많습니다. 흔히 용을 상상동물이라고들 말하는데, 제가 생각하기에 용의 실체는 바로 강인 것 같아요. 높은 산에서 내려다보면 강줄기가 굽이굽이 흘러가는 모습이 보입니다. 예컨대 나가노 현의 스와코 호수를 원류로 하여 태평양으로 흘러들어가는 텐류가와 강이 있어요. 그 반대쪽에 있는 동해東海로는 쿠즈류가와 강이 흘러듭니다. 그렇듯 강은 용신龍神이라는 신의 이름이 붙을 정도로 고대로부터 인간생활과 밀접한 관계를 가지며 외경시되어온 대상이었습니다. 이곳 오키나와는 우물을 '강'이라고 부르면서 강이라는 존재를 근원의 선善 중 하나로 섬겨온 것 같아요.

이것은 어디까지나 제 개인적인 바람이지만 이 자리를 빌려 감히 말하고 싶습니다. 저는 앞서도 말했듯이 도쿄의 칸다라는 곳에서 나고 자랐는데, 그곳에는 칸다가와 강이 있어요. 10킬로미터 정도 서쪽에 있는 이노가시라에서 시작해서 도쿄에서는 잘 알려진 스미다가와 강으로 흘러들죠. 스미다가와에서 다시 도쿄 만으로 흘러드는데, 그 스미다가와의 지류 중 하나인 칸다가와는 제가 중학생이었을 때 이미 시커먼 하천으로 전락하고 말았어요. 유명한 히지리바시 다리 위에 서서, 특히 여름에 강을 내려다보면 지독한 악취가 코를 찌릅니다. 지금도 그 강은 여전히 그런 상태지만, 최근 20년 동안 환경문제에 대한 생각이 조금씩 깊어진 덕분인지, 한 10여 년 전에 우연히 그 다리

산맥, 강, 평야, 바다, 마을, 도시는 각자 동떨어져 존재하는 것이 아니라
강의 작용으로 떼려야 뗄 수 없는 하나의 공동체로 연결되어 있다.

위에 설 기회가 있었는데 가만 보니 거기에 잉어가 헤엄을 치고 있는 거 있죠? 그 시커멓던 물이 어느 정도, 회색까지는 아니더라도 거무스름한 회색 정도까지는 회복이 돼서 잉어가 헤엄치는 모습을 볼 수 있게 된 겁니다. 그때 전 생각했습니다. 이 칸다가와의 물을 다시 마실 수 있는 물로 만들고 싶다고. 그야말로 개인적인 바람이지만요.

칸다가와는 메이지 시대 이래의 근대 100년을 살아오면서 우리 모두가 더럽혀 온 강입니다. 여러분과 직접적인 연관이 있진 않지만, 우리는 칸다가와뿐만 아니라 일본의 모든 강을 근대 100년이라는 시간을 들여 오염시켜왔습니다. 100년 들여 더럽혀온 강을 일이십 년에 원래대로 돌려놓는다는 것은 불가능하겠지만, 우리의 의식이 그렇게 하자고 결심만 하고 현대의 하수도기술을 잘만 이용하면 100년까지 걸리지 않더라도 원래의 강으로 돌려놓을 수 있지 않을까요?

도쿄라는 대도시에서 오염이 가장 심한 칸다가와가 일본의 오염된 강의 상징이라면, 그 강물을 다시 마실 수 있는 물로 되돌리자는 운동은 일본의 모든 강물을 마실 수 있도록 되살리는 일로 이어지게 될 겁니다. 일본의 모든 강물이 어디를 가든 강변에 앉아 두 손으로 떠 마실 수 있는 세상을 우리의 바람으로 새롭게 만들어가는 것. 나라는 한 개인이 아름다운 전망을 내놓았을 때 만일 여러분이 그 전망에 공감할 수 있다면 그만큼 세상은 변하게 될 겁니다. 그와 동시에 여러분 각자의 개인적인 전망으로써 간절한 바람을 제시하고, 그에 공감하는 사람들의 바람 또한 합쳐지면 그만큼 세상은 밝아지게 되겠죠.

가족이라는 거울

오늘은 먼저 〈가족〉이라는 짧은 시부터 읽겠습니다.

가족

가족은 세계로 떠나는 여행의 시작
사랑과 슬픔으로 떠나는 여행의 시작
그리고
그 여행 끝에 보이는 하나의 등불
가족은 엄숙한 진리의 표상
알몸의 내가 비춰지는
거울

이 시를 듣고 있는 여러분에게도 각자 가족이 있을 것이고, 누군가는 어떤 아픔을 느끼면서 이 시를 들었을지도 모릅니다. 또 누군가는 기쁨으로 이 시를 들었을 겁니다. 여하튼 가족이 자신의 거울이라는 사실은 피할 수 없는 사실입니다. 아픔으로 비춰지든 기쁨으로 비춰지든 우리는 가족의 일원이니까요.

여러분은 대부분 학생이기 때문에 자식이라는 가족은 아직 없겠지만, 부모 혹은 조부모라는 형태의 가족은 당연히 있을 겁니다. 그야말로 천차만별의 가족을 경험하고 있겠지만 가족에 대비되는 또 하나의 가치관이 있습니다. 개인의 자유라는 엄연한 가치관이 바로 그것입니다.

이 문제를 어떻게 해결할 것인가가, 특히 1945년 종전 이후 일본에 민주주의라는 하나의 사상이 들어온 이래 몇 십 년이 흐른 지금도 여전히 중대한 문제로 존재하고 있습니다. 그동안 우리가 가장 고민한 것, 혹은 문제 삼아 온 문제 중의 하나가 이것입니다. 가족과 개인-혹은 가족을 확대하여 사회라고 해도 좋겠죠-의 문제였다고 생각해요.

오늘 왜 이 문제를 거론하는가 하면, 만일 여러분 세대에게 가족과 개인 중 어느 쪽이 더 중요하냐고 물으면 당연히 개인이 더 중요하다고 답할 사람이 많을 겁니다. 아니, 여기가 오키나와라는 점을 고려하면 개인도 중요하지만 가족도 그만큼 중요하다고 느끼는 사람이 있을지 모르겠네요.

아무튼 저의 경우를 돌이켜보면, 가족보다는 당연히 저 한 사람이 살아가는 일이 더 중요하다는 가치관을 가지고 살아왔습니다. 따라서 저는 개인의 자유에 대해서는 절대적으로 틀림없이 그것을 지지하는 사람입니다. 전후 민주주의의 사생아, 전후 민주주의의 사생아로서 기본적 인권은 우리 개인에게 있다고 생각하죠. 개인의 자유란 기본적 인권에 근거하고 있습니다. 기본적 인권에 근거한 개인은 무엇보다 중요한 가치가 있다는 것이 민주주의의 근본이니까요.

그 기본적 인권에 근거하는 민주주의 혹은 개인의 자유란 천년사상, 즉 적어도 천년은 지속될 사상이라고 생각합니다. 이것을 한 마디로 전후 민주주의라고 부르는데, 지금 전후 민주주의란 것을 사회사상으로 내걸고 가장 열정적으로 싸우고 있는 곳이 바로 오키나와죠. 미군기지가 집중되어 있다는 사실을 비롯해 가장 작렬하게 전후 민주주의를 요구하며 싸워온 사람들이 오키나와 주민들입니다.

다시 말하지만 저는 어디까지나 그것을 지지하는 사람이에요. 그런 제가 가족 역시 개인과 똑같은 가치가 있다는 생각을 차츰 갖기 시작했습니다. 지지해야 하는 개인의 실체를 조금씩 알게 되었다고나 할까요. 이 시를 썼을 당시에 적어도 그런 것이 눈에 보이기 시작했습니다. 개인의 자유 혹은 기본적 인권이란 사상에는 '~에 속한다'는 사고방식이 전혀 없어요.

어쩌면 여러분 연령대의 사람들은 자기가 어디에 얽매이는 것을 가장 싫어할 겁니다. 자기가 자발적으로 참가하는 거라면 기꺼이 하지만, 어딘가에 소속되어서 그 지배하에 뭔가를 해야 하는 것은 싫어하죠. 저도 그랬습니다. 지금도 물론 그래요. 한 사람 한 사람이 어딘가에 소속된다, 특히 국가에 소속된다는 생각은 지금도 저하곤 맞지 않아서, 지역 즉 일본열도라는 지역에 사는 열도인은 괜찮지만 일본 국가에는 여전히 소속되고 싶지 않습니다.

하지만 우리가 부모한테서 태어난 것은 피할 수 없는 운명입니다. 그것은 곧 좋든 싫든 기본적으로 부모님에게 속해 있다는 말입니다. 그리고 또 하나는 아무리 소속되기 싫다고 해도 이렇게 숨을 쉬는 이상 이 지역이라는 것에서 벗어날 수 없어요. 좀더 범위를 넓혀서 우리가 이 지구라는 행성에 인간이라는 존재로 태어난 이상, 지구라는 하나의 생명권에 전면적으로 속해 있다는 사실도 알게 되겠죠.

지구니 지역이니 하면 현실감이 약해질지 모르니까 좀더 친근한 문제를 예로 들어보죠. 우리는 무슨 일이 있어도 가족이라는 범주에서 벗어날 수 없습니다. 적어도 부모님에게 속해 있을 수밖에 없어요. 만일 형제자매가 있다면 죽을 때까지 형제자매이지요. 그러한 개인의 자유와 어떤 의미에서는 완전히 반대되는 세계가 기본적으로 인간의 조건으로써 공존한다는 사실을 깨닫게 되었습니다.

어느 쪽이 더 중요한 인간의 조건인가는 결론을 내릴 필요가 전혀 없다고 생각해요. 하지만 지금 학급붕괴니 사회붕괴니 하는 온갖 시끄러운 문제들이 거론되고 있잖아요? 그 중에서 특히 미국사회에서 가장 상징적으로 많이 발생하고 있는데, 에릭슨이라는 심리학자는 미국의 요즘 젊은이들은 '넘치는 자유 속에서 방황하고 있다'는 표현을 썼습니다. 지금의 미국 젊은이들은 가족을 비롯한 모든 속박의 틀에서 벗어나 어디로 가야 할지 모르고 방황하고 있는 것이 현실입니다. 그것은 미국 젊은이들만의 문제가 아니에요. 바로 지금 여러분 연령대의 젊은이들 역시 그야말로 넘치는 자유 속에서 어떻게 그 자유를 이용해야 좋을지 몰라 방황하고 있다는 건 누구보다 여러분이 잘 알고 있을 겁니다.

상황이 이러니까, 방황하는 자유 속에서 한발 앞으로 나가자. 물론 거기에는 여러 가지 형태가 있겠지만, 그 중 하나는 가족이라는 것을 다시 한 번 선택하는 것이라고 생각해요. 직접적인 인간관계의 기본이라 할 수 있는 가족을 통해 인간의 자유를 재구성하는 작업을 시작하자는 겁니다. 가족, 나아가 지역 그리고 지구라는 개념으로 자유의 재구성 작업은 확대되어 갈 텐데, 먼저 가장 기본이 되는 가족과의 관계개선이 먼저 되어야 하겠죠.

제가 알고 있는 타카라 벤이라는 시인이 있는데 한번은 그와 함께 그가 태어난 타마구스크 마을에 간 적이 있습니다. 그곳에서 도쿄 말을 전혀 할 줄 모르는 타카라 씨의 어머니와 인사를 나누고 잠깐 오키나와에서 가족이란 무엇인지 이야기를 나눴습니다. 그때의 경험은 한 마디로 고귀하고 귀중한 것이었습니다.

오키나와뿐만 아니라 도쿄나 규슈에도, 그리고 야쿠시마에도 그 지방 특유의 오랜 가족제도의 흔적은 남아 있어서 할아버지 할머니가 계시고 젊은 부부와 그 자녀들, 이른바 3대가 함께 사는 곳이 적어지기는 했지만 그렇다고 아주 없는 것은 아닙니다. 그 마을에서는 최고령의 노인 혹은 장로라는 존경받는 위치가 사회적으로 가장 고귀한 것이라는 공동의 가치관으로 유지하고 있습니다. 그것은 여러분에게 봉건제도의 잔재 혹은 오랜 공동체의 잔재쯤으로 없어져야 할 것으로 비칠지도 모릅니다. 가부장제도 같은 제도에는 확실히 결정적인 결함들이 있지만 노인을 존중하고 귀하게 여기는 세계란 앞으로 우리가 만들어가야 할 사회에서도 반드시 필요한 소중한 풍경이라고 생각합니다.

여러분도 분명 여러 가지 문제점들을 가지고 있겠지만, 형제자매와 부모님 혹은 조부모님을 떠올리면 거기에 뭔가 선한 것, 아름다운 것, 그리운 것 혹은 기쁨 같은 것을 느낄 거예요. 그렇다면 그것은 충분히 가치 있고 신神적인 겁니다. 아름다운 것, 선한 것으로써의 가족은 자신의 자유를 소중히 여기는 것만큼 소중히 여겨야 합니다.

따라서 만일 가족이라는 말이 더는 가치관으로써 가치가 없다면, 또 하나의 새로운 가족을 앞으로 만들어가자는 마음을 가질 필요가 있습니다. 그것도 미래에 대한 새로운 전망이니까요.

여러분은 젊기 때문에 자신의 죽음이 아직 현실적인 문제로 다가오지 않겠지만, 여행의 마지막이란 자신의 죽음 즉 개체의 죽음이 여행의 끝이 됩니다. 그때 혼자서 고독하게 죽는 것도 하나의 방법이라고 생각하지만, 그래도 역시 가족이 함께 하는 게 좋겠지요. 아내면 아내, 남편이면 남편, 아이면 아이, 가장 가까운 사람들 속에서 죽어 가는 것이 바람직하지 않을까요?

'가족은 엄숙한 진리의 표상
알몸의 내가 비춰지는 거울'

가족만이 아닙니다. 세상은 모두 자기라는 마음을 비추는 거울, 세상은 모두 거울입니다. 어떤 세상이든 자기 마음을 비춰주는 거울이에요. 자기에게 가장 가까운 가족이라는 초상은 자기자신을 가장 친밀하게 비춰주는 거울입니다.

위대한 장인

이어서 〈석양〉이라는 시를 읽겠습니다.

석양

하루 밭일을 마치고
아내와 차를 마시고 있노라니
오른쪽 뒷머리가 이상하게 밝았다
돌아보면
산 너머로 이제 막 넘어 가려는 태양이
신의 눈동자처럼 밝고 찬란하게 거기에 있었다
'아아 아름다운 석양이다'라고 나는 중얼거렸다
'그래요 아름다운 석양이네요' 아내가 대답했다

밝고 찬란한 석양이 지고난 뒤
아내는 저녁 준비를 하고
나는 돼지 밥을 얻으러 잇소 마을로 내려갔다
신이시여
모든 농부와 그 아내의 가슴에
밝고 찬란한 석양이 지도록 하소서
신이시여
농업이 사랑받게 하소서

〈목공〉이라는 시를 하나 더 읽겠습니다.

목공

타로 중학교 3학년
후배에게 뒤를 이어주고 야구부를 은퇴한 너에게
이 여름방학 숙제를 주겠다
다 자란 너와 머잖아 다 자랄 지로
너희 둘의 방을 너희들 손으로 확장공사 할 것

아버지는 동량
설계도를 그리고 귀틀을 짜마
너는 제자이니 기둥에 구멍을 파라
지로는 이제 열두 살 아직은 강에서 장어 잡느라 정신이 없다

뭘 하는 것이 진짜 즐거운 일일까?
무엇을 할 때 가슴에 희망이 솟고 그것이 고요한 힘이 될까
아버지는 아들에게 가르치려 하고
아버지는 또 아들에게서 배우려고 한다

목공
위대한 장인

이 시를 지은 것은 역시 20년쯤 전의 일인데, 그때 중학교 3학년이 던 아들이 지금은 30대 중반의 사회인이 되었습니다. 바로 얼마 전 신문에서 아이들의 장래희망 중에서 가장 되고 싶은 직업 중 일등이 목공이라는 기사를 보았어요. 그 기사를 보았을 때 얼마나 기뻤는지 모릅니다. 2, 30년 전에는 남자애들 꿈 중 일등은 야구선수. 그리고 얼마 후에는 축구선수로 바뀌었는데, 어쨌든 야구나 축구가 일등이 었지요. 여자애들 일등은 농구선수, 혹은 미용사나 간호사였다고 기 억하는데, 바로 한 달 전쯤 조사에서는 목공이 예기치 않게 1등을 차 지했다는 겁니다. 얼마나 기쁘던지!

어떻게 그렇게 됐을까요? 이른바 식자들의 말에 따르면 아이들의 꿈이 작아졌다고 합니다. 옛날하고는 다르게 요즘 아이들은 정보의 홍수 속에 있다 보니, 아직 어린 나이임에도 그렇게 큰 꿈을 갖기보다 는 자기는 축구선수가 될 수 없다는 객관성을 이미 가지고 있다는 겁 니다. 꿈을 자기 수준에 맞추다보니 목공이 일등을 차지했다는 식의 평인데, 그것은 목공이라는 꿈을 무시하는 처사라고 생각합니다.

아이들은 축구선수나 야구선수 등에 대한 정보를 접하면서 동시에 지붕에 올라가 기둥을 세우고 들보를 끼우는 목공의 씩씩하고 늠름한 모습도 어디선가 보았던 겁니다. 그리고 그것에서 뭔가 끌리는 매력을 느꼈기 때문에 목공이라는 직업을 꿈꾸게 된 거죠. 그 소박한 아이들의 꿈에 저는 기대를 아끼지 않습니다.

축구선수가 되는 것이 물론 나쁜 건 아닙니다. 야구선수가 되는 것도 좋아요. 꿈을 꾼다는 것은 그 꿈이 어떤 것이든 나쁠 리 없으니까요. 저는 그 중에 목공이라는 새로운 꿈이 등장했다는 사실이 무엇보다 반가웠습니다.

시보다는 이야기가 대부분의 시간을 차지해버렸습니다만, 오전 강의는 이 정도로 마치고 오후에 다시 뵙겠습니다.

5

시지프스의 형벌

'경제'라는 신화와 '과학'이라는 신화가
언제까지나 휘황찬란하게
신화로서의 빛을 낼 수 있을지 묻지 않을 수 없습니다

시지프스의 형벌

오후 시간은 오늘 나눠드렸던 자료의 시를 읽는 것으로 시작하죠.

카와바타 씨

카와바타 씨는 잇소 숲길 전문 일꾼이다
잇소 숲길 전문 일꾼은 카와바타 씨 한 사람뿐이다

카와바타 씨는 매일 연두색 경차를 몰고 와
숲길을 보수한다
숲길 양쪽으로 난 풀들을 베기도 한다
풀은 베어도 베어도 또 자라고 길은 고쳐도 고쳐도
큰비만 오면 강바닥처럼 어지러운 원래 모습으로 돌아가고 만다
카와바타 씨는 종일 한 마디도 하지 않고
만나도 싱긋도 하지 않고
항상 조금 언짢은 듯한 표정으로 일만 열심이다
아니, 사람을 만났을 때만 그런 표정이 될 뿐
혼자일 때는 산과 길과 같은 표정을 짓고 있을지도 모른다
때로는 아아! 하고 혼잣말을 중얼거릴지도 모른다
카와바타 씨의 일은 평생의 일이다
내일 그만 둘 일이 아니다
카와바타 씨의 일은 시지프스 신화처럼 의미없는 반복의 일이다
풀은 베어도 베어도 다시 우거지고
길은 고쳐도 고쳐도 비 한번 오면 다시 강바닥처럼 되기 때문이다

하지만
카와바타 씨의 얼굴에는 의미 없는 일을 하는 사람의 고통이
서려있지 않다
언젠가는 죽어야 할 사람의 어디에나 있는 볕에 그을린
조금 언짢은 듯 고요한 주름이 있을 뿐이다

카와바타 씨는 잇소 숲길 전문 일꾼이다
잇소 숲길 전문 일꾼은 이 세상에 카와바타 씨 한 사람뿐이다

이어서 〈시지프스〉라는 시를 읽겠습니다.

시지프스

시지프스라는 사람은
신에게 영원히 죽을 수 없다는 형벌을 받아
거대한 바위를 산정까지 짊어지고 올라가면
바위는 땅을 울리며 산기슭까지 굴러 떨어진다
다시 바위를 산정까지 짊어지고 올라가지만 다시 기슭으로 굴러
떨어진다
영원히 죽을 수 없고 영원히 이 일을 계속하는 것이
시지프스에게 주어진 형벌이었다고 한다

이 형벌을
형벌이 아니게 하는 것이 몇 가지 있다

시지프스가 자기에게 벅찬 거대한 바위를 짊어지고 산정에
다 올라갔을 때의 기쁨
거대한 바위가 다시 굴러 떨어지는 것을 바라볼 때
그 순간만큼의 휴식
그리고
다시 그 바위를 짊어지기 위해
천천히 산을 내려갈 때
사방의 풍경이 주는 잠깐의 깊은 위안이 그것이다
형벌이란 한 단면이다
형벌이란 풍경의 한 단면이다
형벌은 영원히 지속되고 기쁨과 위안도 역시 영원히 지속된다
나의 진정한 나츠메 소세키는 이 형벌과 위안의 산기슭에 서서
제비꽃만한 작은 사람으로 태어나고 싶다고
기도했다

　시지프스의 신화는 지금 읽은 시에 나온 내용이 대충 줄거리라 할
수 있는데, 이 이야기를 알고 있는 사람 있습니까? 손 좀 들어볼래요?
…… 그러니까 이런 신화가 있다는 걸 여러분 거의가 오늘 처음 알았
다는 말이군요. 역시 시대가 많이 바뀌었나 봅니다.
　어제도 잠깐 말했지만 1960년에 저는 대학교 3학년이었습니다.
그때는 마르크시즘이라는 사상이 한창 유행이었는데, 그 마르크시즘
에 대항하는 형태로 실존주의 철학이 인기를 얻기 시작했어요. 마르
크시즘이란 사회전체를 변혁하는 정치사상이기 때문에 전체주의적

인 경향이 강했습니다. 한편 개인의 자유를 추구하는 것이 실존주의라는 철학사상이었습니다. 당시 학생들에게 가장 인기가 많았던 사람이 사르트르와 까뮈라는 두 프랑스인 작가이자 철학가였는데, 까뮈는 노벨상을 받기도 했죠. 사르트르는 노벨상에 선정되었지만 수상을 거부했고요.

까뮈의 책 중에 『시지프스의 신화』라는 작품이 있어요. 제가 학생이던 당시에는 마르크스의 저작들과 함께 까뮈의 『시지프스의 신화』나 사르트르의 『구토』『자유로의 길』을 읽지 않으면 학생명함도 내밀 수 없을 정도로 사르트르와 까뮈의 작품들이 많이 읽혔습니다. 여하튼 그런 시대가 있었습니다.

오전에도 말했지만 넘치는 자유의 한복판에서 방황하고 있다는 현대의 문제는 유독 젊은 사람들만의 문제가 아닙니다. 30대, 40대, 또는 50대, 나아가 저와 같은 실존세대에 이르기까지 어떤 의미에서 일본 전체가 앞으로 어떻게 해야 좋을지, 어떻게 해야 이 나라와 이 사회가 좋은 미래를 맞이할 수 있을지 모르고 있습니다. 그것은 세계 자유주의 시장경제체제 속에서 일본사회 전체가 방황하고 있다고 할 수 있습니다. 요즘 환경문제가 불가피한 문제로 인식되고 있습니다. 그러나 환경을 중요시하면 할수록 경제활동이 어떤 의미에서 위축되기 때문에 경제를 택할 것인가 환경을 택할 것인가 고민이 이만저만이 아닙니다. 물론 환경을 버릴 수는 없죠. 그리고 경제 역시 버릴 수 없습니다. 한마디로 일본사회는 지금 경제문제와 환경문제 사이에서 방황하고 있는 셈입니다.

이는 일본만의 문제가 아닙니다. EU도 미국사회도 마찬가지에요.

경제활동에 힘을 실어주면 환경이 파괴되고 환경을 지키려고 하면 경제활동이 제한된다는 딜레마 속에서, 그럼 어떻게 해야 할 것인가 라는 새롭고 명확한 전망을 찾지 못하는 불행한 시대를 우리는 살고 있습니다.

자유주의 시장경제라는 남아도는 자유 속에서 방황하는 우리의 현실을 다룬 책 중에, 도쿄도립대학의 사회학자로 기억하는데, 미야다이 신지宮台眞司라는 사람의 『끝이 없는 일상을 살아라』가 있습니다.

끝이 없는 일상을 살아라! 반대로 생각하면 그런 말이 힘을 가질 정도로 현재는 일상성의 의미를 잃어버린 시대구나 하는 생각이 듭니다. 오전 중에 우리는 상당히 밝은 미래 전망을 이야기했지만, 그런 미래 전망이 있다면 '끝이 없는 일상을 살아라' 같은 주제도 구호도 나오지 않았을 텐데 현실은 그렇지 못한 모양입니다. 그것은 하루하루가 의미 없는 반복, 즉 형벌을 받고 있는 시지프스라는 얘기죠.

물론 산다는 것에서 의미를 찾는 사람도 있겠죠. 대학을 나와 교사가 되겠다, 혹은 제대로 된 회사에 취직해서 한 계단 한 계단씩 올라가야지! 하는 식의 미래 전망을 가질 수는 있어요. 여러분 각자가 나름의 전망과 염원이 있겠지만, 교사가 된다는 것이 어떤 의미인지, 회사원이 된다는 것이 어떤 의미인지 적극적으로 다시 한 번 그 의미를 돌이켜볼 때, 특히 마음이 설레인다거나 자신의 생명이 충만해지는 의미를 갖기란 좀처럼 쉬운 일이 아닙니다. 산다는 것을 진심으로 만족하게 해주는 의미를 찾기란 참으로 어려운 일입니다.

나눠드린 자료 중 〈시지프스〉 마지막 부분에 '형벌이란 한 단면이다/형벌이란 풍경의 한 단면이다'라는 구절이 있는데, 결국 여러분에게 그 말을 하고 싶어서 이 시를 선택했다고 할 수 있습니다. 일상생활에서 적극적인 의미를 찾지 못하고 무의미한 것이 아무리 일상을 지배하고 있다고 해도, 우리는 그 속에서 살아가지 않으면 안 됩니다. 영원히 죽을 수 없는 형벌을 받고, 거기다 무거운 바위를 짊어지고 산을 오르고, 정상에 오르면 바위는 다시 굴러 떨어지고, 산을 내려가 다시 그것을 짊어진다는 의미 없는 작업을 영원히 반복하는 것이 시지프스가 받은 형벌이에요. 이 형벌은 1960년대 제가 학생이었던 시절에는 나름대로 심오한 의미가 있었는데, 지금 여러분의 일상생활에도 적용될 수 있는 요소를 충분히 가지고 있다고 생각합니다. 산다는 것의 적극적인 의미를 상실해버린 현대사회의 구조에도 충분히 응용할 수 있을 겁니다.

세계와 나 사이에 가로놓인 무의미성이라는 단절을 까뮈는 '부조리'라고 불렀습니다. 까뮈의『시지프스의 신화』라는 철학적인 에세이의 부제는 '부조리에 대한 시론'이었습니다. '생生의 부조리' 즉 산다는 것의 부조리라는 표현을 썼는데, 지금은 그런 철학적인 말이 필요 없을 정도로 그 감정이 일반화되고 심지어는 식상해지고 말았지요. 한 사람 한 사람이 자기 방식대로 흥미를 잃고 동시에 사회전체역시 적극적인 가치관을 갖지 못하고 식상해하고 있습니다.

제가 태어난 1930년대 말에 일본은 대동아공영권을 만들겠다는 원대한 목표를 가지고 전쟁에 돌진했습니다. 물론 전쟁반대를 필사적으로 외친 사람들도 많았지만, 국가전체로는 하나의 파시즘 속에서 대동아공영권이니 귀축미영鬼畜美英이니 하는 당대의 가치관을 내걸고 돌진했지요. 그 가치관은 탄압받거나 감옥에 갇힌 평화주의자들에게는 그야말로 부조리한 것이었습니다. 전후가 되자 일본은 구미의 지도하에 본격적인 자본주의 국가 건설에 정진했습니다. 1960년대에는 경제발전을 기치로 내건 자본주의가 드디어 시류를 타기 시작한 때였는데, 우리 학생들은 그 시류에서도 당연히 부조리를 감지하고 있었습니다. 현재는 그 경제발전이라는 전후 최대의 과제가 막바지에 이르러 '유한한 지구에 무한한 발전은 있을 수 없다'느니 '우주선 지구호'라느니 하는 생각이 일반화된 시대입니다. 사회전체가 최대의 목표에 걸려 넘어진 꼴이 되고 말았는데, '무의미성'이니 '식상'이니 하는 감정이 사회전반에 퍼져 있는 것 역시 당연한 일 아니겠습니까?

그렇다면 일본사회는 의미 없이 식상하기 짝이 없는 소비사회로 가도 괜찮을까요? 결코 그렇지 않다는 것을 여러분도 절감하고 있을 겁니다. 그렇기 때문에 1960년대에 유행했던 '시지프스의 신화'를 재조명할 필요가 바로 여기에 있습니다.

사회전체는 말할 것도 없고 우리 한 사람 한 사람이 산다는 것에서 적극적인 의미를 발견하지 못했다면 그것을 발견해가는 작업이야말로 우리가 할 일이고, 만일 세상에서 뭔가 적극적인 의미를 찾았다면 그것을 만방에 알리는 것이 우리의 역할이 아니겠는가 말입니다.

그러기 위해서는 세상을 보는 시점 혹은 시야를 바꿔야 합니다. 세상은 내 마음을 비추는 거울이라고 말한 바 있는데, 그 세상을 바꾸기 위해서는 거기에 비치는 내 마음을 바꾸면 됩니다. 지금 읽은 시지프스를 예로 들면, 세상의 모습은 커다란 바위를 짊어지고 산을 오르고 그 바위가 굴러 떨어지고 그 바위를 다시 짊어지고 오르는 무의미한 세계다. 이와 마찬가지로 여러분도 의미 없이 대학에 와서 대학을 졸업하고 사회에 나가 결혼하고 또 의미도 없이 아이를 낳고 그 아이를 키우고 그렇게 살다 죽어간다는 무의미성 속에 놓여 있다고 볼 수 있는데, 바로 그런 무의미함 속에서 의미를 찾아가는 자세가 중요합니다.

세상을 보는 방법을 바꿀 수만 있다면 시지프스가 무거운 바위를 짊어지고 산을 오르는 한 걸음 한 걸음에서 그만의 특유한 풍경이 탄생할 것이고, 산을 다 오른 순간의 무한한 기쁨 역시 그에게는 틀림없이 있었을 겁니다. 오르는 동안이 힘들면 힘들수록 빈 몸으로 산을 내려가는 그 짧은 시간 동안 누리는 휴식의 기쁨은 더 충만했을 것이고, 다시 바위를 짊어지는 순간에도 '그래, 다시 하는 거야!' 하고 새롭게 다짐했을 겁니다.

세계를 부조리라는 시선으로 볼 것이 아니라 생명에게 주어지는 작은 기쁨으로 본다면, 이번에는 무거운 바위를 짊어지고 산을 오르는 행위 자체가 기쁨을 위한 하나의 노동으로 다가올 겁니다. 같은 노동이지만 마음가짐 하나만 바꾸면 의미없음이 기쁨으로 바뀌게 되는 거죠.

바로 이 이야기를 하고 싶었습니다. 세계를 형벌이라고 생각하고 보면 그야말로 형벌의 풍경이지만, 그 안에서 행복이라 생각하고 보면 형벌은 풍경의 한 단면에 지나지 않는다는 사실을 깨닫게 됩니다. 그러니까 지금 여러분이 나에게는 꿈도 있고 앞으로 할 일도 있고 내 생활에 의미가 있다는 생각을 한다면, 노동이나 공부가 무의미해질 리는 결코 없겠죠. 세계와 나 사이에 존재하는 것은 부조리 혹은 관계없음이라는 관계이기도 하지만 동시에 거울이라는 관계이기도 합니다.

나 자신이 강하고 아름답게 살고자 원한다면 세계는 여전히 변함없이 살 가치가 있는 세계로 우리 앞에 펼쳐질 것입니다. 〈시지프스〉라는 시를 읽기 전에 〈카와바타 씨〉라는 시를 읽었는데, '평생의 일'을 통해 언뜻 의미없어 보이는 세계의 깊이를 한 걸음 한 걸음 파고 들어가는 사람의 '의미 있는 세계'를 여러분과 함께 느껴보고 싶었습니다.

마음가짐 혹은 삶의 형태를 조용히 들여다보면 의미없는 것은 세상에 하나도 없어요. 만일 여러분이 세상과 자기 생활이 의미가 없다고 느낀다면, 그것은 여러분 삶의 형태나 마음가짐에 문제가 있다는 증거에요. 물론 지금 같은 세상에서 의미를 찾는다는 것이 결코 쉬운 일은 아니지만, 인간이 산다는 것은 곧 의미를 찾는 것이기 때문에 무슨 일이 있어도 그것을 꼭 찾아내야 합니다. 성서에 '구하라, 그러면 얻을 것이다'라는 말이 있듯이, 여러분이 진정으로 찾고자 한다면 그 의미는 반드시 찾아질 겁니다.

'경제'와 '과학'이라는 신화

또 한 가지 〈시지프스〉라는 시를 통해 하고 싶은 말이 있는데, 바로 신화입니다.

신화 하면 가장 먼저 일본신화를 떠올릴지 모르겠습니다. 그렇지만 한편으론 여러분 세대에는 일본신화를 학교에서 배우지 않기 때문에 모르는 사람이 많을 수도 있겠군요. 어쨌든 일본신화 하면 가장 대표적인 것이 세계질서를 관장하는 아마테라스라는 여신이죠. 그런데 아마테라스의 동생으로 질서를 파괴하는 스사노오라는 신이 있는

데, 이 신이 난동을 부리자 아마테라스는 하늘의 바위동굴로 들어가 문을 닫아버립니다. 다시 말해 질서가 깨지고 암흑의 세상이 된 거죠. 그러자 당황한 사람들은 어떻게든 아마테라스를 다시 세상으로 불러내야 한다며 아메노우즈메라는 여신을 보내 동굴 앞에서 알몸으로 춤을 추게 해요. 그 춤을 보고 동굴 앞에 모여 있던 신들이 배꼽을 잡고 웃어댑니다. 그때의 웃는다는 뜻으로 쓰인 한자가 꽃이 핌을 뜻하는 소咲자에요. 8백만의 신들이 일제히 웃음을 터트릴 때 꽃이 핀다는 뜻으로 이 한자를 썼던 겁니다. 신들이 얼마나 즐겁게 웃던지 아마테라스가 바위동굴 문을 빠끔이 열고 대체 뭣 때문에 저렇게 웃나 하고 내다보는데, 그 순간을 기다리고 있던 힘이 장사인 타지카라오라는 신이 살짝 열린 바위 문을 잡고 확 열어젖히죠. 덕분에 아마테라스가 다시 세상으로 나와 세상이 밝아졌다는 것이 일본신화 중에서는 가장 잘 알려진 이야기입니다.

일본신화뿐만 아니라 그리스신화도 잘 알 겁니다. 그리스신화에도 많은 신들이 등장하죠. 제우스라는 하늘의 신, 포세이돈이라는 바다의 신, 그리고 가이아라는 대지의 여신. 그런 신들이 등장하는 그리스신화는 서구문명의 기원이 되는 신들로 현재에도 모르는 사람이 없을 정도로 널리 알려져 있습니다. 그런 의미에서 보면 미합중국 같은 비교적 역사가 짧은 나라에는 그런 신화가 많지 않지만, 아메리칸 인디언을 포함한 세계 각국은 모두 그 나라와 부족 특유의 신화를 가지고 있지요. 시지프스의 신화 역시 그리스신화 중 하나입니다.

오늘 제가 하고 싶은 이야기는 사실 고대신화가 아니고, 신화 하면 우리는 자연히 고대신화를 떠올리는데 꼭 그렇지만은 않다는 얘기를 하려고 합니다. 저는 인간이란 어느 시대에나 항상 그 시대의 신화를 갖는 동물이라고 생각해요. 예컨대 일본의 국풍문학의 시초라 할 수 있는 헤이안 시대794~1192에는 그 시대 특유의 귀족문화와 궁정문화 같은 신화가 사회 속에 줄곧 유지되고 있었습니다. 에도시대1603~1868 에는 에도막부를 정점으로 하는 막부신화가 그 시대를 살던 모든 사람들 가슴 속에 살아 있었습니다. 예컨대 쇼군将軍이라는 호칭만 해도 코빼기도 본 적 없는 그 이름이 신화로써 살아있었지요.

그것은 메이지에 들어서 문명개화라는 신화로 이어지게 됩니다. 그리고 1940년에는 태평양전쟁이 일본의 신화였죠. 일본은 천황을 정점으로 하는 신의 나라이고, 그런 신의 나라 일본이 리더가 되어 대동아공영권을 만든다는 신화가 일본 전국을 휩쓸고 말았습니다. 물론 반대하는 사람들도 많았어요. 그런 사람들은 감옥에 갇히거나 탄압을 받고 혹은 죽게 된다는 소수파의 신화를 형성하면서 제2차 세계대전으로 치달았습니다. 그 신화는 1945년에 패전이라는 형태로 끝이 났는데, 그 뒤를 이어 우리는 다시 새로운 신화를 만들었습니다. 그것이 바로 민주주의라는 신화였어요. 앞에서도 말했다시피 그 누구도 침해할 수 없는 기본적인 인권에 근거한 '전후 민주주의'라는 유럽과 미국 발의 새로운 신화를 우리는 우리의 신화로 받아들였던 겁니다.

하지만 이 민주주의라는 신화도 지금은 더는 찬란한 빛을 내지 못하게 되었습니다. 신화란 각 시대마다 만인의 마음을 휘어잡을 특별한 빛을 낼 때 비로소 신화라 이름붙일 수 있지요. 우리 시대에는 이미 한두 가지 새로운 신화가 탄생했습니다. 그 중 하나는 '경제'라는 신화이고 또 하나는 그 경제를 지지해주는 기술 즉 '과학'이라는 신화지요. 이 두 가지 신화의 저변에는 물론 민주주의라는 조금은 색 바랜 신화도 있지만, 우리는 지금 이 경제와 과학의 진보라는 두 가지 신화 속에서 살고 있습니다.

그럼 왜 그것을 신화라고 부르는가? 실체 혹은 총체로서의 '경제'란 눈에 보이는 게 아니지요. 실업률이 몇 퍼센트, 성장률이 몇 퍼센트 하는 숫자로는 표현되지만, 그 실체는 에도시대의 '쇼군'과 마찬가지로 눈에 보이지 않아요. 경제는 성장해야 한다고 매일같이 매스컴이 떠들어대니까, 우리는 모두 은연 중에 경제는 성장하지 않으면 안 된다고 생각하게 된 것뿐이죠. 지금은 불황불황 노래를 부릅니다. 불황의 반대는 '경제성장'이니까 그것을 가치로써 강요하는데, 누가 그것을 강요하는지 명확하지 않은 것이 그야말로 신화의 신화다움이라 할 수 있습니다. 그래서 우리 마음에는 어느새 '경제는 성장해야 한다'는 무의식 속의 가치관이 형성되고 만 거죠. 모든 시대를 지배하고 있는 그 시대 특유의 무의식 속의 가치관, 그것을 신화라고 부릅니다. 어느 시대에나 그런 것이 없으면 우리는 안심하고 살아갈 수 없기 때문입니다.

현대사회를 지배하고 있는 두 가지 신화가 '경제성장'과 '과학의 진보'라고 말했습니다. 여담이지만 여러분 중에는 문학이 아닌 비문학 특히 이공계를 전공하는 사람들이 많다고 들었는데 저로서는 참 반가운 일이에요. 이공계 하면 과학이나 과학기술과 연관된 분야인 만큼 어떤 의미에서는 시詩와 같은 문학과는 생각이 상반된다 할 수 있지만, 저는 원래 과학은 종교나 문학 같은 예술분야와 떼려야 뗄 수 없는 자매 사이 혹은 형제 사이라고 생각하는 사람이거든요.

다시 본론으로 돌아가서, '경제'라는 신화와 '과학'이라는 신화가 언제까지나 휘황찬란하게 신화로서의 빛을 낼 수 있을지 묻지 않을 수 없습니다.

과학의 진보는 차치하더라도 경제가 이 유한한 우주선 지구호에서 무한하게 발전해나갈 수 있을 것인가 하는 최근 2, 30년 동안의 반성을 새로운 신화로 공유해야 할 시점에 우리는 서있습니다. '과학'은 인간이 살아있는 한 무한하게 발전할 수 있어요. 하지만 '경제'에 무한의 발전이란 있을 수 없습니다. 왜냐하면 경제활동은 자원을 사용하지 않으면 안 되기 때문이죠. 자원을 이용해 그것을 생산물로 만들어 소비하는 것이 경제활동이기 때문에, 자원이 유한한 이상 경제활동은 결코 무한하게 발전해 나갈 수 없어요. 즉 무한한 발전이라는 경제 신화는 명백한 종언을 코앞에 두고 있으며, 그를 대신할 새로운 신화를 찾지 않으면 안 될 시대를 우리는 살고 있습니다.

또 한 가지는 '과학의 진보'라는 신화입니다. 이것은 앞에서도 말했다시피 인류가 살아있는 한 과학은 반드시 진보합니다. 결코 후퇴하지 않아요. 그것은 휴대전화 하나만 보더라도 금방 알 수 있어요. 휴대전화의 기능이 나빠지는 일은 결코 없으니까요. 그것은 가격의 저렴화까지 포함해서 하루가 다르게 발전하고 있습니다.

그와 동시에 핵무기와 원자폭탄 같은 것을 만들어낸 것도 과학이죠. 과학의 기술. 과학이론에 근거한 기술로 과학의 진보는 무한하지만, 그것은 양날의 칼과 같습니다. 우리에게 무한한 편리와 기쁨을 가져다주겠지만 반면에 무한한 위험성도 가지고 있습니다. 그중 최악의 예가 앞에서도 말한 원자력발전이라는 기술입니다. 이것은 과학이론으로 보면 핵물리학으로 그것 자체는 조금도 나쁠 것이 없지만, 그것이 기술에 응용되어 원자력발전 기술이 되고 핵무기 기술이 되면 에너지를 생산할 때마다 몇 만 년이라는 세월이 지나도 사라지지 않을 독성폐기물을 배출하게 됩니다.

그런 예는 우리가 사는 세상을 둘러보면 어디서나 찾아볼 수 있습니다. 휴대전화만 보더라도 그래요. 그것은 상당히 편리하고 좋지만 유해한 전자파를 배출합니다. 그 전자파가 우리 생체에 독이 된다는 건 벌써 몇 년 전부터 지적되어온 사실입니다. 과학이 만들어낸 것은 항상 미지의 것이기 때문에 위험성과 편리성이라는 양날을 가지고 있어요. 과학은 무한하게 진보하겠지만, 거기에는 끊임없이 편리성과 위험성이 동시에 내재되어 있음을 우리는 잊어서는 안 됩니다. 즉 과학 역시 만능의 신화는 아니라는 것이 현대의 상식이 되었다는 애깁니다.

현재 우리를 지배하고 있는 것은 '경제'라는 신화와 '과학의 진보'라는 신화지만, 그들이 더는 완전한 신화일 수 없게 된 현재 제3의 신화가 서서히 모습을 드러내고 있습니다. 지금 환경문제라는 감수성이 새로운 신화로 부각되어 우리의 가슴 언저리까지 차오르고 있습니다. 저는 이것을 '새로운 자연신화'라고 부르고 싶어요. '새로운 자연 지구라는 신화'라고 불러도 좋구요.

이쯤 되면 신화라는 말이 그리 적절한 표현은 아니지 않느냐는 생각이 들지 모릅니다. 지금까지 말한 '신화'라는 말을 '공동환상'이라는 말로 바꿔도 좋습니다. 신화하면 아무래도 고대신화를 떠올리는 사람이 많을 테니까 그것을 '공동환상'이라고 바꿔 말해도 좋을 것 같네요. 공동환상이란 우리 모두가 하나의 사상이나 목표를 가치로써 공유한다는 것을 의미합니다. 따라서 지금 우리가 '경제'를 주제로 이야기하면 우리는 '경제'라는 하나의 공동환상을 가지게 됩니다. 그것이 사회전체 규모로 확대되었을 때 사회전체의 신화가 되고 공동환상이 되는 거죠.

각 시대의 신화. 각 시대의 공동환상. '새로운 자연신화'란 우리가 앞으로 만들어가고 공유해야 할 새로운 공동환상이기도 합니다. 아름다운 자연과 진보하는 과학기술이 공존할 수 있는 아름다운 미래, 자연지구를 절대적 기반으로 하는 새로운 차세대의 문명, 어느 작가의 소설 제목처럼 '멋진 신세계'를 만들어 가야 합니다. 어디까지나 자연에 기초하고 자연에 속한 우리의 미래, 우리의 신화, 우리의 공동환상을 말입니다.

말하지 않아도 알겠지만 신화란 것은 국가가 강요하거나 매스컴이 조작한다고 해서 만들어지는 것이 아닙니다. 과거에 그런 불행하고 비참한 시대가 있긴 했지만, 그러한 과거를 반성하면서 앞으로는 우리 한 사람 한 사람이 진실 안에서 만들어가는 결과가 바로 신화가 될 것입니다.

신화의 본질은 무엇인가? 다름 아니라 한 사람 한 사람의 바람이 모여서 된 것입니다. 우리 한 사람 한 사람이 여전히 경제를 더 발전시키고 싶다, 아니면 부자가 되고 싶다는 바람을 가진다면 사회전체는 필연적으로 그것을 신화로 갖게 될 겁니다. 또 한 사람 한 사람이 과학을 더 발전시키기를 바란다면 다음 사회는 과학이 더 발전하는 사회가 되겠죠. 우리들 바람의 총체가 다음 사회와 미래를 만들어갑니다. 따라서 우리 한 사람 한 사람의 바람이 새로운 신화를 만들어가는 주체가 되는 거지요.

마지막으로 한 가지 부탁이 있는데 여러분 각자의 바람을 명확히 하라는 겁니다. 여러분이 현재 가지고 있는 정보와 지식을 총동원해서 인류의 한 개인으로서 무엇을 진심으로 바랄 것인가를 곰곰이 생각하기 바랍니다.

6

나는 누구인가?

열이레 비 내리는 밤에
한 사람이 달려가듯 그 자리로 돌아가는 것이 보인다
그 사람은
어둠 속에 마음의 불을 밝히고
지친 몸을 격려하면서
진정한 빛을 찾아
어느 산중으로 돌아가는 것이다
오오, 그 사람이 무사히 그곳에 돌아갈 수 있기를

마음으로 마음을 전하다

짧은 시 몇 편을 읽으면서 이야기를 했으면 합니다. 먼저 산에 피는 산다화山茶花, 동백과의 상록수로 늦가을에 흰색 꽃을 피움-옮긴이를 노래한 〈산다화〉라는 시를 읽어보겠습니다.

산다화

가을이 깊어간다
찻잔에 뜨거운 물을 붓고 감사한 마음으로 음미한다

산다화 꽃은 나뭇잎 뒤쪽에 피려고 한다
희고 아름다운 꽃이건만 이파리 그늘에 숨어 아주 조금 꽃잎을
보일 뿐이다
그건 필시 이유가 있을 터이다
산다화의 진한 녹색 잎은 흰 꽃보다 아름답다
산다화의 진한 녹색 잎은 신의 잎이다

가을이 깊어간다
찻잔에 뜨거운 물을 붓고 감사한 마음으로 음미한다

오키나와에도 산다화가 피는지 모르겠습니다. 따뜻한 오키나와에서 산다화를 보기란 쉬운 일이 아니겠지만 적어도 이곳보다 위쪽에 있는 야쿠시마에서는 야생의 산다화를 볼 수 있어요. 보통 꽃 하면 잎보다 앞에 나서서 당당하게 피는데 산다화는 잎 그늘에 숨어서 핍니

다. 무슨 이유에선지 모르지만 그런 습성을 가지고 있어서 산다화 하면 부끄럼쟁이 꽃이라는 이미지가 강해요.

부끄럼이란 말이 나와서 말인데 일반적으로 미국인이나 서양인들은 별로 부끄러움을 타지 않고 당당하게 자기주장을 내세울 줄 아는 사람들이라고 우리는 생각하죠. 반대로 우리를 비롯해 동양인은 부끄러움을 많이 탄다고 여깁니다. 가끔 '난 부끄러움혹은 수줍음이 많아서……'라는 말을 여러분도 사용한 적이 있을 겁니다. 서양의 개인적인 문화 속에서 부끄러움이나 수줍음이 많은 것은 어느 쪽인가 하면 부정적인 평가를 받는 시대입니다. 하지만 세상에는 왠지 모르지만 잎의 그늘에 반쯤 숨어서 수줍게 꽃을 피우는 식물도 있습니다.

그것은 그 식물의 개성일 뿐이지 결코 긍정적이거나 부정적인 무엇이 아니에요. 다만 산다화라는 식물이 갖는 특성일 뿐이죠. 그렇게 생각하면 부끄러움이란 그다지 자신의 개성을 주장하지 않고 한 발 물러서서 대응하는 인간관계를 구축해온 동양인들의 지혜이고, 그런 인간관계 방법은 결코 부정적인 것이 아니라 동양인의 한 특징이라고 생각할 수 있습니다.

유럽이나 미국에 가서 그곳 사람들과 사귈 때 '나는 부끄러움이 많아서……'라며 뒤로 빠지면 손해를 보는 일들이 종종 있으니 개방적이고 당당하게 의견을 내세우려고 노력하는 것도 중요하지만, 그렇다고 동양문명의 특징인 자기는 한 발 뒤로 물러나고 상대방을 세워주는 인간관계가 결코 부정적인 것이 아닙니다.

문명과 문화란 앞으로 점차 글로벌하게 교류될 것이므로, 비단 미국이나 유럽 문화와 문명만이 월등하고 동양은 열등하다는 사고방식은 이제 없어져야죠. 앞으로는 오히려 동양인이 만들어온 사람과 사람 사이에 다소 간격을 두는 인간관계를 장점으로 제시할 필요가 있어요.

또 하나 예를 들어 토론을 뜻하는 Discussion이 서양 세계에서는 매우 중요하게 여깁니다. 토론을 해서 서로의 의견을 교환하는 것은 아주 중요한 일이니까요. 그런데 동양의 선禪 전통 중에 이심전심以心傳心이라는 말이 있잖아요. 이 말은 마음으로 마음을 전한다는 뜻입니다. 따라서 말이 필요 없어요. 토론은 고사하고 한 두 마디 대화도 전혀 필요 없는 오로지 마음으로 마음을 전하는 의사소통 방법이니까요.

이러한 의사소통은 서양의 문화전통에서는 거의 찾아볼 수 없어요. 있다고 해도 극소수에 불과하겠죠. 이심전심으로 하는 의사소통도 아주 훌륭한 방법이라고 생각해요. 아니, 방법이라기보다 선에는 인간관계에서 가장 중요한 것은 말로는 전달할 수 없다는 전통이 있어요. 중요한 것은 말을 초월한 그 무엇이라는 전통이죠.

우리가 전후 수십 년 동안 Discussion이라는 의사소통을 배워온 것처럼 앞으로는 서양 사람들이 이심전심이라는 무언無言의 의사소통을 배울 시대가 올지도 모릅니다. 실제로 미국과 유럽에서도 선이 상당한 인기를 얻고 있어서 많은 서양인들이 이심전심을 배우고 있다고 해요. 저는 토론이라는 의사소통은 아주 좋은 방법이라고 생각하지만, 그와 동시에 이심전심 즉 무언의 마음으로 마음을 전하는 동양의 전통적인 의사소통도 아주 훌륭한 방법 중 하나라고 믿습니다.

어찌됐든 가치관이란 참으로 다양해서 민족이 백이면 백 가지 가치관이 있게 마련입니다. 마찬가지로 백 군데 지방이 있으면 백 가지 가치관이 있을 테고요. 앞으로는 한 사람 한 사람이 그 가치관을 주시하고 보여주는 것이 중요해지겠죠. 그것이 진정한 의미의 세계화라고 생각합니다. 이 지구상에 점점 더 다양한 문화문명의 꽃을 피우는 것이 세계화이다, 그런 뜻에서 부끄럼쟁이 〈산다화〉라는 꽃의 시를 읽어보았습니다.

내가 사는 곳

오늘 점심시간에 학생식당에 가서 저는 처음으로 '유나'라는 꽃을 보았습니다.

여러분은 물론 매일 보는 꽃일지 모르지만 오키나와 방문이 이번이 세 번째에 불과한 제가 그것이 유나꽃임을 알고 본 것은 조금 전 식당에서가 처음이었습니다. 엊그제부터 아주 투명한 노란색의 아름다운 꽃이 피어 있기에 무슨 꽃일까 무척 궁금해 하고 있었는데, 함께 식사한 키노 선생님이 저것이 유나라고 가르쳐줘서 알게 되었어요.

그냥 예쁜 꽃이라고 생각하고 볼 때와 '유나'라는 이름을 알고 볼 때의 느낌은 전혀 달라요. 이것이 바로 유나라는 꽃이구나! '유나'라는 신비로운 이름과 그 자태가 제 안에 하나의 형상이 되어 박혔습니다. 이것이 의미와 말의 시작이라고 생각해요. 오늘 점심시간에는 아주 아름다운 보물, 유나라는 이름의 보물 하나가 제 안으로 들어왔습니다. 산다화도 역시 그와 같은 보물 중 하나지요.

산

해질녘
뭔가에 쫓기듯 산으로 들어갔다
산에서 한아름의 참나무 두 그루를 베었다
건너 산에는 아직 해가 비추고 있지만
이쪽 산은 벌써 저녁 어둠이 짙다
부드러운 땅 위에 주저앉아 한가로이 담배를 피웠다

왠지 이 순간
마음 깊은 곳에서 산이 좋아졌다

조금 전 한 학생이 와서 어제는 농림학과 실습을 나가서 강의에 참
석하지 못했다며 결석계를 제출하고 갔습니다. 농림학과 실습에서
뭘 하는지는 모르지만, 저는 숲속에 사는 사람이라 어떤 의미에서는
매일이 실습시간인 셈입니다.

방금 읽은 시 중에 나온 '참나무'는 직경이 3, 40센티미터 정도로
표고버섯 원목으로 쓰려고 산에서 벌목을 한 것인데 그때를 시로 적
은 것입니다. 숲이나 산은 참으로 고마운 존재입니다. 나무를 심고 자
르는 것은 기분 좋은 작업 중 하나입니다. 그 학생이 실습에서 뭘 했
는지 구체적으로는 모르겠지만, 아마도 그 작업은 제 수업에 오는 것
이상의 가치가 있었을 테니까 출석으로 처리해줬습니다.

자신이 진심으로 좋아할 수 있는 장소를 찾는 것도 여러분에게는

하나의 공부라고 생각합니다. 지금 이곳 오키나와에 살면서 오키나와라는 섬을 진심으로 좋아한다면 더할 나위 없이 좋겠죠. 누구나 평생을 좋아하는 곳에서 살고 싶을 텐데, 이시가키 섬이나 니시오모테 섬 쪽이 좋다고 생각하는 사람도 있겠고 아니면 요나구니 섬에 살고 싶어 하는 사람도 있겠지요. 혹은 규슈나 본토의 수도 근방에서, 혹은 미국에 가 살고 싶다는 사람이 있을지도 모릅니다. 어느 쪽이 됐든 어디에 사는가는 아주 중요한 일이에요. 여러 차례 말하지만 인간이란 식물과 마찬가지로 기본적으로는 자기가 사는 장소에 속해 있습니다. 그렇기 때문에 원하든 원치 않든 자기가 살고 있는 지역에 속할 수밖에 없으므로 좋아하는 곳에 산다는 것은 아주 중요한 일입니다. 그러니까 자기가 어떤 지역을 좋아하는지, 산을 좋아하는지 아니면 바다를 좋아하는지, 그도 아니면 평야를 좋아하는지 도시를 좋아하는지, 도시 중에서도 대도시가 좋은지 그냥 중소도시가 좋은지 등에 대해 끊임없이 의식하면서 평생 살 장소를 찾아야 합니다.

부디 류큐대학에서 공부하는 몇 년의 시간을 포함해서 여러분이 살 장소를 찾아낼 수 있기를 바랍니다. 나중에 다시 이야기하겠지만 코바야시 잇사小林一茶라는 에도시대 하이쿠 시인의 대표작 중에 '이곳이 바로 내 마지막 집인가 쌓인 눈 오 척'이라는 하이쿠가 있어요. 거기에 '마지막 집'이라는 말이 나오는데, 여러분도 그렇게 생각할 수 있는 곳을 찾아낼 수 있기를 바랍니다. 저의 경우에는 야쿠시마라는 제법 큰 섬이긴 하지만 그래도 일본열도의 수많은 섬 중 하나에 불과한 장소를 생의 '마지막 집'으로 결정함으로써 삶이 참 적극적이고 풍요로워졌습니다.

'마지막 집'이란 바로 생사를 함께할 곳입니다. 거기에서 살고 또 거기에서 죽는다. 우리는 특히 죽음의 순간을 생각해야 합니다. 이곳에서 내가 편안하고 행복하게 죽을 수 있을까를 잣대로 해서 살 장소를 선택한다면 틀림없을 거라고 봐요.

다음으로 〈아이들에게〉라는 시를 읽어보겠습니다.

아이들에게

이윽고 열일곱 살이 된 타로
네 안에는 눈물호수 하나가 있다
그 호수는 은색으로 빛나고 있다

열세 살의 지로
네 안에도 눈물호수 하나가 있다
그 호수는 금색으로 빛나고 있다

여덟 살이 된 라마
네 안에도 눈물호수 하나가 있다
그 호수는 신의 기억을 담고 있다

이윽고 아홉 살이 된 요가
네 안에도 눈물호수 하나가 있다
그 호수는 우주처럼 어둡고 파랗다

여섯 살 된 라가
네 안에도 눈물호수 하나가 있다
그 호수는 자기라는 것을 갖지 않았다

아이들아
가난과 어려움을 이겨내고 무럭무럭 자라거라
너희들 안에 있는 눈물호수에 닿을 때까지

이것도 꽤 오래전에 쓴 시인데, 이 시 속에 등장한 다섯 아이들은 이미 어른이 되어 각자의 길을 걷고 있습니다. 제 자신을 포함한 모든 사람의 가슴 속에는 눈물호수가 자리하고 있고, 그 호수에는 여러 가지 풍경이 비춰지고 있습니다. 그것은 그 사람의 개성이라고 생각하는데, 어떤 사람은 금색의 호수를 가지고 있고 어떤 사람은 은색의 호수를 가지고 있겠지요.

이 시를 썼을 때 큰아들의 가슴 속에는 은색의 눈물호수가 있고 둘째의 가슴에는 금색의 눈물호수가 있다고 저는 느꼈습니다. 그런데 어느 날 큰애가 이 시를 읽고 "왜 나는 은색이고 동생은 금색이에요?"라고 항의를 하더군요. 왜냐니? 그냥 내가 그렇게 느꼈을 뿐이지 은색이 금색보다 열등하다는 말은 결코 아니었는데 말입니다. 사람이 사는 건 결코 올림픽이 아니니까요. 올림픽에서는 금이 최고지만 생명의 실체, 즉 산다는 것에서는 올림픽이 성립될 리 없으니까요. 중요한 것은 그 사람의 가슴 속에 개성을 비춰주는 눈물호수가 있다는 사실이죠.

굳이 눈물이 아니라도 좋습니다. 눈물이란 말을 쓴 것은 저의 개
성일 뿐이죠. 여러분 한 사람 한 사람의 가슴속에 세계를 비추고 있
는 거울과 같은 호수가 있을 거예요. 거기에 한 사람 한 사람의 개성
이 깃들어있어요. 그것은 금색일지도 모르고 은색일지도 모르죠. 또
는 신의 기억일지 모르고 우주의 청색일지도 모릅니다. 혹은 무아 즉
내가 없는 모습일지도 몰라요. 설령 세 살이나 다섯 살 먹은 어린 아
이라도 가슴속에는 이미 어떤 슬픔이, 또는 어떤 착한 모습이 비추고
있다고 생각해요. 그 호수를 DNA를 자극하는 새로운 기억이라고 해
도 좋습니다. 그때의 어떤 착한 모습이나 깊은 슬픔을 처음에 말했던
소문자의 'god' 즉 '신'이라고 저는 부르고 싶어요. 그러면 모든 이의
가슴속에는 신이라는 호수가 들어있게 될 테니까요.

지옥도 엄연한 집이다
다음은 〈3월 1일〉이라는 시입니다.

3월 1일

아침에 일어나
문득 보니 새 달력에
'지옥도 엄연한 집이다'
라고 씌어있었다
3월 1일
근방에선 녹나무의 하얀 꽃이 만발하고

복숭아꽃 망울이 부풀어 영락없는 봄이건만

한낱 나그네인 나는

'지옥도 엄연한 집이다'였구나

그리 마음먹고 나니 개운하게

얼굴을 씻는 손에도 지옥이 가득 차더라

어느 해 3월 1일, 달력을 넘겼더니 '지옥도 엄연한 집이다'라는 글귀가 적혀있더군요. 처음에는 좀 놀랐지만 '아, 그렇구나! '지옥도 엄연한 집이구나!' 하는 깊은 감동을 받았습니다. 인생이라는 여행을 하면서 지옥이 엄연한 집이라고 느끼는 날도 때로는 있게 마련이죠. 산다는 건 당연히 그런 거니까요. 이것은 카마쿠라 시대에 정토진종이라는 새 종파를 연 신란親鸞 스님이 한 말입니다. 정토종을 연 사람이 법연法然 스님이라는 것은 역사시간에 배웠을 거예요. 그의 제자인 신란이 정토진종이라는 새로운 종파를 열었죠. 그 신란이 『탄니쇼歎異抄』라는 책을 남겼는데, 이 책은 신란 자신이 쓴 책은 아니에요. 신란의 제자인 유이엔唯円이란 사람이 신란이 했던 말들을 기록한 책이죠. 즉 말은 신란의 말이지만 저서는 신란의 저서가 아니다, 그거죠. 그 책에 '지옥도 엄연한 집이다'라는 말이 적혀있어요. 유이엔이 '죽으면 정말 낙원에 갈 수 있을까요?' 라는 질문을 신란에게 했는데, 그 질문에 대한 대답이 바로 이 말이었답니다. '자신은 법연 스님이 염불을 외면 극락에 갈 수 있다고 하신 말씀을 믿고 이 길로 들어섰기 때문에, 가령 법연 스님에게 속아서 지옥에 떨어진다고 해도 후회하지 않는다. 왜냐면 지옥도 엄연한 집이기 때문이다. 원래 나는 죽으면 지

옥에 떨어질 정도로 신앙심도 없는 크나큰 죄인이기 때문이다.'

말이란 참으로 불가사의한 힘을 가지고 있습니다. 내가 정말 힘든 상황에 처했을 때 '지옥도 엄연한 집이다'라는 이 말이 생명을 가진 말로써 살아 움직이게 됩니다. 행복할 때 이 말은 아무 힘도 갖지 못해요. 이런 말은 있으나 없으나 아무 상관도 없죠. 다만 내가 절망할 정도로 힘든 상황일 때 이 말은 힘을 발휘합니다. 이런 말이 살아 움직이게 될 상황이 아예 생기지 않는다면 더할 나위 없이 좋겠지만, 인간이 사는 동안에 한두 번 어쩌면 몇 십 번 몇 백 번은 이 말이 빛을 내는 순간이 반드시 있습니다. 이 말을 기억해둔다면 언젠가는 빛을 내게 될 겁니다. 불행히도 인간은 그런 순간을 만날 수밖에 없는 존재니까요.

'지옥도 엄연한 집이다'는 말을 그대로 타이틀로 해서 소설을 쓴 이사와타카石和鷹라는 작가가 있습니다. 그는 잘 알려지진 않았지만 일부 전문가들 사이에서는 명성 있는 사람이에요. 이 사람이 어느 해 후두암에 걸렸는데, 후두암 수술을 받은 후 목소리를 잃게 되었답니다. 목소리가 나오지 않게 되고 그 암이 다음에는 내장으로 전이되었어요. 그 순간 이 말이 그 사람 안에서 살아 움직이기 시작했습니다. 그렇게 해서 이 말을 그대로 제목으로 한 소설을 쓴 거예요. 이 소설이 좋은 평을 받게 되고 무슨 상인가를 받게 되면서 그의 대표작이 되었습니다. 상을 받았을 때는 이미 이 세상 사람이 아니었지만, 그가 이 말에서 살아갈 힘을 얻었으리라는 것은 의심할 여지가 없습니다. 살아갈 힘을 받아 자신의 마지막 작품을 완성시킬 수 있었던 거죠.

여러분에게 지금 당장 힘이 돼주는 말은 아닐지 모르지만, 만일의 순간을 대비해서 '지옥도 엄연한 집이다'는 말을 가슴에 새겨두면 좋을 것 같네요. 억지로 외울 것까지는 없지만 자연히 생각나는 때가 올지도 모르니까요.

태양과 물에 기도하라

다음은 〈세 가지 금색으로 빛나는 것〉이라는 시입니다. 아까는 금색이라고 특별한 색은 아니다 라고 말했지만, 이번에는 금색에 중점을 두어 그에 대한 시를 읽어볼까 합니다.

세 가지 금색으로 빛나는 것

아침, 거뭇한 산으로 해가 떠오른다
저 해는 금색으로 빛나고 있다
저녁, 요시다 바다로 해가 저문다
저 해는 금색으로 빛나고 있다
아침 해는 가슴이 상쾌해지는 금색
저녁 해는 가슴이 슬퍼지는 금색
해의 금색이 첫 번째 금색

금색 색종이가 있다
금색 색종이를 쓸 때는 다른 색 색종이를 쓸 때와 조금 다른
기분이 든다
이것은 금색 색종이니까 조심해서 써야지 하는 마음이 든다

저녁 무렵에도 금색 색종이는 소중하게
소원을 쓰고 싶어진다
금색 색종이는 두 번째 금색

아침, 거뭇한 산으로 해가 떠오르면
바다는 금색으로 빛난다
저녁, 요시다 바다로 해가 저물 때
바다는 금색으로 빛난다
칠월칠석 대나무 속에서 반짝반짝 금색 소원이 빛난다
그런데 또 하나 금색으로 빛나는 게 뭐 없을까
잇소의 간센지顧船寺
아미타여래가 금색으로 빛나고 있다

　　이것은 아미타불의 금색을 주제로 한 시입니다. 종교의 세계는 개
성의 세계니까 결코 강요할 생각은 없습니다. 아주 개인적인 이야기
지만 '지옥도 엄연한 집이다'는 말을 한 신란 스님을 저는 제 스승이
라고 생각하고 있습니다. 그래서 저는 아미타불이라는 부처를 특별
히 중요하게 생각하는데, 이에 대해서는 언젠가 꼭 자세하게 이야기
할 때가 있을 겁니다. 지금 읽은 시와 관련해서 하고 싶은 말은 신문
에서 읽은 것인데, 아마미 군도의 중심인 나세 시에 살고 있는 아제치
쇼신이라는 유타무녀에 대해서입니다. 오키나와에서도 유타라는 말
을 사용하지만 아마미에서도 유타라는 말을 씁니다. 이 사람은 유명
한 스승이라 할 수 있는 유타 중 한 사람인데, 스승 유타는 대개 제자

유타를 여러 명 거느리고 있지요. 아제치 쇼신 씨는 서른 명이 넘는 제자 유타를 데리고 있는 사람이라고 신문에 소개된 걸 보면, 상당히 능력 있고 신뢰받는 유타임이 분명해요. 참고로 남자입니다. 유타라는 말은 지금의 문화인류학으로 말하면 샤머니즘에 속하죠. 하늘에서, 혹은 땅일지도 모르지만, 일반적으로 하늘에서 내려주신 신의 말씀을 듣고 그 말씀을 사람들에게 전달하는 것이 그들이 맡은 사명인데, 오키나와 여러 섬에 무수히 많은 유타들이 아직 활약하고 있습니다. 그런 의미에서도 오키나와는 아주 중요한 지역이라고 생각합니다. 어쨌든 아마미에 사는 아제치 쇼신이라는 유타가 이런 말을 했어요. "신에게 기도하는 것은 잊어도 좋으니 태양과 물에 기도하는 것은 절대 잊지 마시오."

이 얼마나 엄청난 말입니까! 종교란 보통 신에게 기도합니다. 아제치 쇼신은 신에게 기도하고 신의 목소리를 듣는 것이 사명인 유타입니다. 제자 유타가 서른 명이 넘을 정도로 신에게 기도하는 것이 전문직인 샤먼이지요. 그런 사람이 감히 신에게 기도하는 것은 잊어도 좋다고 말합니다. 하지만 태양과 물에 기도하는 것만은 절대 잊지 말라고 말하죠. 실로 멋진 말이 아닐 수 없습니다. 이 말은 곧 태양과 물이 신이란 말이 아니고 무엇이겠습니까? 제가 말했던 '신=god'이 바로 이 신입니다.

아전인수가 되는 것 같지만 삼라만상이 모두 신이란 말입니다. 그 중에서도 가장 중심이 되는 것이 태양. 그리고 인류를 탄생시키고 모든 생물을 만들어낸 물이 바로 신이다. 그런 태양과 물에 기도하는 것을 잊어서는 안 된다고 아제치 쇼신은 말하고 있는데, 여기에서는 일

"신에게 기도하는 것은 잊어도 좋으니 태양과 물에 기도하는 것은 절대 잊지 마시오."

반적으로 종교라 불리는 영역과 과학이라는 영역의 경계가 사라져버립니다.

저는 제가 종교적인 개성을 가진 인간임을 잘 알고 있습니다. 그러면서도 근대이성을 중시하는 현대인으로서 종교적 냄새를 풀풀 풍기며 이성을 방기하는 그런 사람은 되고 싶지 않습니다. 뭔가를 광신해서 오로지 그것에만 미쳐 살고 싶지도 않구요. 아니 그렇게 될 수 없는 사람입니다. 따라서 저에게 종교란 과학과 마찬가지로 이성에 부합할 수 있는 것이어야 합니다.

이것은 우리가 앞으로 만들어가야 할 새로운 종교정신과 관련된 것으로, 인간의 근본문제와 깊은 연관을 갖기 때문에 매우 중요합니다. 최근의 중동문제만 보더라도 이스라엘과 팔레스타인이 끊임없이 대립하고 있지만, 지금은 바야흐로 이런 일들을 반복하고 있을 때가 못 됩니다. 종교의 전통이란 가장 뿌리 깊은 문화문명의 전통이기도 하기 때문에 그리 간단히 대립을 극복할 수는 없겠지만, 종교가 중요하면 할수록 그것 때문에 대립이 생긴다는 것은 자기모순입니다.

앞으로 모든 종교는 적어도 대립을 피하는 지평을 필연적으로 쌓아가야 합니다. 그것은 지금 우리가 하는 식의 말로 바꿔 말하면, 지구가 우리의 모든 것을 만들어냈기 때문에 이 지구야말로 가장 크고 가장 오래되며 가장 깊고 가장 새로운 신=god입니다. 그리고 이 지구를 있게 한 것은 태양계이므로 태양이야말로 최대최고의 신이구요. 그리고 이 지구에 생물을 있게 한 원천은 물이므로 그 또한 크고 깊은 신이라 할 수 있습니다. 우리는 그것을 존경하고 언제까지나 숭배해야 합니다.

그런 의미에서 새로운 애니미즘에는 교조教祖가 없습니다. 교조教祖도 없고 교조教條도 원칙적으로는 필요 없습니다. 사원도 필요 없어요. 한사람 한사람이 교조教祖이고 한 사람 한 사람의 생각이 교조教條이며 한사람 한사람의 마음이 그대로 사원이 되면 됩니다. 그런 새로운 종교의 형태가 각각의 전통종교를 소중히 간직함과 동시에 생겨나길 저는 바랍니다. 그런 의미로 시 몇 수를 더 읽어보려고 하는데 '나는 누구인가?'라는 주제를 가진 시입니다.

나는 누구인가?

〈열이레 비 내리는 밤〉이라는 시입니다. 이 시에는 '라마나 마하리쉬에게'라는 부제가 붙어있습니다.

> **열이레 비 내리는 밤 － 라마나 마하리쉬에게**
>
> 열이레 비 내리는 밤에
> 한 사람이 달려가듯 그 자리로 돌아가는 것이 보인다
> 그 사람은
> 어둠 속에 마음의 불을 밝히고
> 지친 몸을 격려하면서
> 진정한 빛을 찾아
> 어느 산중으로 돌아가는 것이다
> 오오, 그 사람이 무사히 그곳에 돌아갈 수 있기를
> 오랜 시간의 여행이 헛되이 끝나지 않기를

그 사람이 무사히 그곳으로 돌아가
그곳에 작은 불을 밝힐 수 있기를
열이렛날 밤 내리는 빗속을
한 사람이 달려가듯 그 자리로 돌아가는 것이 보인다
그 길은 어두워서
길이 있는지조차 모른다
돌아가야 한다
돌아가야 한다
열이렛날 밤 내리는 빗속을
한 사람이 달려가듯 산속으로 돌아가는 것이 보인다

이어서 〈라마나 마하리쉬〉라는 시도 읽어보겠습니다.

라마나 마하리쉬

토끼 토끼 무얼 보고 뛰니
열닷새 보름달 보고 뛰지

이 노래를 미치토를 안고 불렀다
미치토는 팔다리를 버둥거리고
얼굴을 어깨에 부비며 투정을 부리더니
그야말로 잠에 떨어지기 전의 잠투정이었다

토끼 토끼 무얼 보고 뛰니

열닷새 보름달 보고 뛰지

이 아름답고 단조로운 멜로디를
후지이 닛타츠 스님의 사진 앞에서 부르고
라마크리슈나의 사진 앞에서 부르고
라마나 마하리쉬 사진 앞에서 불렀다
그랬더니
아이를 안은 채 나는 어느 틈엔가 보름달빛을 받은 토끼가 되어
아름다운 그 노래를 부르고 또 불렀다

몇 번째인가 라마나 마하리쉬 앞에 왔을 때
문득 목이 메더니 오열로 바뀌었다
라마나 마하리쉬는
완전한 존재, 의식, 지복에 이르기 위해
나는 누구인가? 를 가장 깊게 자문하라고 가르쳐준 스승이었다
미치토를 안은 채 나는 소리도 없는 오열에 떨었다

토끼 토끼 무얼 보고 뛰니
열닷새 보름달 보고 뛰지

이 시 마지막 부분에 나오는 '나는 누구인가?'라는 말은 『라마나
마하리쉬의 가르침』이라는 책을 통해 처음 제게로 왔는데, 1988년
무렵 제가 이 책을 번역할 때의 일입니다. 지금 읽은 시를 보더라도

알 수 있듯이, 저는 그분의 책을 번역할 정도로 라마나 마하리쉬라는 인도의 성자에게 깊이 매료되어 있었습니다. '나는 누구인가'에 대해 말하자면, 그것은 자아의 의미를 묻지 않을 수 없는 인간이라는 사실 즉 인간의 종교성과 깊은 연관이 있습니다.

먼저 라마나 마하리쉬에 대해 설명하기로 하죠. 1879년 남인도에서 태어나 1950년에 죽은 사람입니다.

이 사람이 어떤 사람인가 하면, 남인도의 틸추지라는 작은 마을에서 태어났는데 인도 사람치고는 혜택 받은 가정에서 자랐는지 '마두라이'라는 근처 큰 도시의 고등학교까지 다녔습니다. 인도사람 중에는 거의 학교에도 못가는 사람들이 많은데, 고등학교까지 다녔다는 것은 경제적으로도 상당히 엘리트였음을 말해주지요. 축구부에 들어갈 정도로 스포츠를 좋아하는 쾌활한 소년이었던 것 같습니다. 그런데 열일곱 살 되던 어느 날 갑자기 죽음의 공포에 휩싸이게 됩니다. 그리고 머잖아 학교수업을 받을 수 없을 정도로 고뇌와 공포에 휩싸여 몸부림치게 돼요.

그런데 어느 날 밤 그는 자신을 덮친 공포 속에서 도망치려 발버둥쳐봐야 소용없음을 깨닫게 됩니다. 그리고 반대로 자기가 먼저 그 죽음의 공포 속으로 뛰어들자고 결심하죠.

구체적으로 어떻게 했는가 하면, 자기가 죽는다는 공포의 한 가운데서 실제로 자기가 죽어가는 의식을 치른 겁니다. 지금부터 나는 죽는다, 내 심장이 멎고 맥박이 멈추고 그리고 의식이 점점 희미해져 간다는 식의 연극을 공포 속에서 실제로 해보는 거예요. 그리고 그야말로 가장 두려운 순간에 문득 깨달은 것이 있었습니다. 그것은 전통적으로 인도철학에서 '아트만'이라고 하는데, 그것을 번역하면 '자기 혹은 참나'라는 말이 됩니다. 요컨대 '자기 자신' '자기 안의 자기'를 말하죠. 그리고 자기로서의 아트만을 곧 브라만이라고 합니다.

그렇다면 브라만이란 무엇이냐? 불교에서는 '범梵'이라는 말을 쓰는데, 브라만에 대해 설명하자면 그것만으로도 한두 시간은 족히 걸릴 테니까 여기에서는 간단하게만 살펴보겠습니다. 브라만은 우주 전체를 의미합니다. 우주 전체를 관통하고 있는 진리이자 현상 자체이기도 한 것, 그것을 브라만이라고 생각하면 될 겁니다.

그러니까 '아트만이 그대로 브라만'이라는 말은 자기가 그대로 우주를 관통하고 있는 진리라는 말이 됩니다. 자기, 즉 아트만이 그대로 우주를 관통하는 진리임을 인도철학은 기원전 약 8세기경의 우파니샤드철학 때부터 지금까지 약 3천 년 동안 가르쳐오고 있습니다. 인생을 사는 목적, 인간이 세상에 태어난 목적은 아트만을 실현하여 브라만과 합일하는 것이라는 생각이 3천 년 동안 이어져온 인도철학의 주제입니다.

하지만 아트만을 실현하는 것은 결코 쉬운 일이 아니며, 실제로 아트만 실현에 성공한 사람은 역사상 손에 꼽을 정도밖에 없다고 합니다. 앞에서 잠깐 언급한 라마크리슈나는 그 중 한 사람이라는 평을 받고 있는데, 19세기에 진정한 아트만을 실현한 사람은 전 인도에서 라마크리슈나 한 사람뿐이었는지 모릅니다. 20세기에는 라마나 마하리쉬가 그런 사람이라 할 수 있는데, 아트만을 실현한다는 지극히 힘든 일을 죽음의 공포와 직접 맞선 단 하룻밤 동안에 그는 실현하고 말았습니다.

인도에 가본 사람이라면 누구나 알겠지만, 인도에 가면 몇 천 몇 만 명에 이르는 요기라는 종교인들이 죽을 힘을 다해 아트만 혹은 브라만을 실현하기 위해 밤낮없이 수행에 수행을 거듭하고 있습니다. 그 중 대부분의 사람이 평생 아트만을 실현했다는 자각 없이 죽어가지만, 이 라마나 마하리쉬란 사람은 기껏해야 열일곱 살 어린 나이의 고등학생이, 그것도 그때까지 어떤 수행도 한 적 없던 사람이 고작 하룻밤 만에 아트만을 실현해버립니다.

결코 라마나 마하리쉬를 선전하려는 것이 아닙니다. 라마나 마하리쉬의 자기실현의 근본, 즉 그가 죽음의 공포를 극복한 근본에 무엇이 있었는가를 이야기하고 싶을 뿐입니다. 그 근본에는 다름이 아니라 '나는 누구인가?'라는 의문이 있었습니다. 라마나 마하리쉬는 죽음의 공포와 마주한 순간 그 공포를 느끼고 있는 나는 누구인가? 라는 질문을 스스로에게 던졌습니다. 지금 죽어가는 나는 누구인가? 라는 질문. 생사가 걸린 진지한 질문, '나는 누구인가?'라는 근본적인 질문을 자신에게 던진 겁니다.

이 손은 내가 아니다, 이 팔은 내가 아니다, 이 두 다리는 내가 아니다, 이 몸체도 내가 아니다, 이 머리도 내가 아니다. 그렇다면 지금의 나는 어디에 있는가? 라고 묻습니다. 그렇게 자문했을 때 '나'라는 의식의 본질, 나의 본질은 '나'라는 존재로 나타난 생명 그 자체였습니다. 내가 아니라 생명 그 자체가 나의 본질입니다. 혹은 나라는 의식을 바라보고 있는 또 하나의 의식이라 할 수도 있겠죠.

여러분 스스로 생각해보세요. 스스로 나는 누구인가를 생각하다 보면 그것을 생각하고 있는 나, 그러한 의식이 있습니다. 그 의식을 보고 있는 또 하나의 의식생명 그자체이 있을 겁니다. 그것이 나의 본질이라고, 잘 전달될지는 모르겠지만, 그런 '나'라는 것의 본질인 아트만은 태어나지도 않지만 죽지도 않는 불멸의 것이라는 경지에까지 이르게 됩니다.

이것은 다소 종교기술로써의 요가와 관련된 이야기라서 더 이상 말하진 않겠지만, 이 자료 마지막에 이런 이야기가 나옵니다.

어떻게 하면 마음이 고요해질까? 라는 질문이 나오죠? 마음이 고요해지면 좋다는 것은 알겠는데, 과연 어떻게 해야 마음이 고요해질수 있을까? 라고 물었을 때 라마나 마하리쉬는 '나는 누구인가?' 라고 자문하면 마음은 고요해진다고 대답합니다. '나는 누구인가?' 라는 생각은 다른 모든 생각을 파괴합니다. 자기에게 가장 중요한 것은 바로 나 자신이니까요. 따라서 나는 누구인가? 라는 질문을 진지하게 던진다면 다른 생각은 모두 사라지고 말지요. 그때 비로소 마음은 고요해질 것이다…… 그 부분을 읽어보겠습니다.

나는 누구인가를 물음으로써 마음은 고요해진다. 나는 누구인가? 라는 생각은 다른 모든 생각을 파괴할 것이다. 타고 있는 모닥불을 휘젓는 부지깽이처럼 마침내 '나는 누구인가?' 라는 질문 자체도 파괴되고 말 것이다. 그때 비로소 자기실현이 이루어진다.

이러한 자기실현이 곧 아트만의 실현이 됩니다. 오늘 마지막으로 하고 싶은 이야기는 역시 인간이란 시시각각 여러 가지 국면과 여러

가지 세계와 여러 가지 경우와 직면하기 때문에, 그 안에서 마음이 흐트러지고 고통받고 자신을 잃게 되는 무한의 상황이 있게 마련입니다. 거기에서 만일 원래의 고요한 자기 자신으로 돌아가고 싶다면 '나는 누구인가?' 라는 질문을 스스로에게 던져보기 바랍니다. 나는 누구인가? 고통스러워하고 있는 나는 누구인가? 고요해지고자 갈망하는 나는 누구인가? 슬퍼하고 있는 나는 누구인가? 이 모든 질문에 내가 있습니다. 세상에 대한 모든 질문에 혹은 모든 관계성에 '나'라는 존재가 관계되어 있기 때문에, '나는 누구인가?' 라고 자문함으로써 모든 국면은 다시 180도 달라지게 됩니다.

마음가짐 하나로 세상이 달라진다는 이야기를 어제 유식唯識이라는 불교인식론을 통해 설명했는데, 그것과 똑같습니다. '나는 누구인가?' 라는 질문을 던짐으로써 세상은 다시 변합니다. 그리고 당연한 얘기지만 이 질문에 대한 대답이 어떤 형식으로든 자신에게서 돌아오기 때문에, 그 대답이 이끄는 길로 가다보면 나의 길, 우리 모두가 걸어가야 할 우리의 길이 틀림없이 펼쳐지게 될 것입니다. 모든 종교는 사실 '나는 누구인가?' 라는 이 철학적 질문 속에 내포되어 있고, 그 질문의 결과로 펼쳐지는 삶의 길이기도 합니다.

7

바르고 강하게 산다는 것은

당신은
태양과 흙이 사랑받을 때
흙과 물과 나무가 사랑받을 때
다시 철의 문명도 사랑받게 되리라고
당신 책 속에 썼다
괭이 한자루
그 괭이를 잡은 당신은 행복했다

자아와 자기

어제 오후에 '나는 누구인가?' 라는 것에 대해 말했습니다. 그 여운이라기엔 좀 그렇지만, 오늘은 그 연장선상에서 시 한두 편 읽는 것으로 시작할까 합니다.

나는 누구인가?

황금색 가을 햇살이 주위 사방에 흘러넘치고
길가에는 진한 핑크색의 이질풀 꽃이 피어있다
여기에는 나 아닌 그 누구도 없고
사실은 나도 있지 않다
여기에는
고요한 황금색 가을 햇살이 쏟아지고
이질풀의 작고 진한 핑크색 꽃이 피어있을 뿐이다

다음은 〈하나의 사실〉이라는 시입니다.

하나의 사실 – 스와미 아난드 비라고에게

요기 바잔은 말한다
–인간이여 당신은 자기 자신 속에 들어 있는 신이다
–가서 그것을 깨달으라
이것은 하나의 사실이다

땅거미 지는 산 위에

초승달과 샛별이 나란히 고요하게 빛나고 있다
내 마음은 탁해질 대로 탁해져 있으므로
이런 광경을 보는 것은 오랜만의 일이다
이것도 하나의 사실이다

나는 약한 존재 슬픈 존재 모욕당한 존재의 편에 있다
그 이상도 그 이하도 아닌
그것을 빛으로 삼고 희망으로도 삼고 있다
그러므로 궁극에는 눈물이 있다
이것도 하나의 사실이다

우리들 약한 존재 슬픈 존재 모욕당한 존재는
마음을 합쳐
핵무기도 원자력발전소도 아닌
고요하고 작은 행복의 순간을 맞이하고 싶다
이것 역시 하나의 사실이다

요기 바잔은 말한다
―인간이여 당신은 자기 자신 속에 내재하고 있는 신이다
―가서 그것을 깨달으라
이것은 하나의 사실이다

어제 얘기했던 라마나 마하리쉬란 사람은 남인도 마두라이의 제

법 큰 도시에서 고등학교에 다니던 열일곱 살에 아트만에 도달했고, 그 뒤 도시에서 걸어서 2, 3일 걸리는 아르나차라 산으로 들어가 버렸습니다. 그리고 일흔 살 무렵이 되어 죽을 때까지 그곳에서 한 발짝도 나오지 않았습니다. 자기 자신인 산으로 돌아가 생애를 보내고, 그 산에서 죽은 것입니다.

류큐대학의 게스트숙사가 이시미네 마을에 있는데, 우리는 지금 그곳에 묵고 있어요. 거기에서 여기까지 대학원생이 차로 데려다주고 데려오고 하는데, 오늘은 오면서 니시도마리 시게아키라는 가수의 〈바람의 도난〉이라는 노래를 들으면서 왔습니다. 가사가 정말 훌륭해요. 게다가 멜로디와 창법이 조금 인도적인 냄새를 풍기더군요. 도난이라는 섬을 노래한 것이니만큼 사실은 도난 섬 냄새가 날 테지만, 어쨌든 듣고 있으니까 그대로 녹아내릴 것만 같은 음악이었습니다. 그리고 어제도 얘기했지만, 지금은 유나라는 노란 꽃이 한창인 계절 아닙니까? 거리 어디를 가나 유나꽃을 볼 수 있어요. 유나꽃을 보면서 도난 섬 노래를 들으니까 그야말로 녹아버릴 것 같더군요. 나라는 존재가 사라지고 오키나와라는 풍토에 녹아들 것만 같은 기분, 정말 큰 감동이었습니다.

'나는 누구인가?'는 결코 귀찮거나 어려운 일이 아닙니다. 뭔가에 감동하고 뭔가에 마음을 빼앗겨 이른바 '나'라는 자아가 사라져버린 순간에 진정한 나를 만날 수 있다고 생각합니다. 그런 순간이 자고 있는 동안까지도 계속되는 사람이 성자라 불리는 사람들일 겝니다. 성자가 되고 싶은 사람은 그것을 지향하는 것도 좋겠지만, 모든 사람이 성자일 필요는 없지요.

뭔가에 감동한다. 감동으로 자아가 사라져버린다. 자아라는 개념과 자기라는 개념은 둘 다 '자自'라는 글자를 가지고 있긴 하지만 사실은 180도 다른 세계라고 생각합니다. 자아의 세계는 어디까지나 '고독'의 세계입니다. 이것은 지난 이틀간 내내 했던 얘기지만, 자아가 나쁘다는 얘기는 결코 아닙니다. 고독 또한 인간의 모습 중 하나인 만큼 결코 나쁜 것은 아니지요. 그렇지만 180도 반대쪽 세계에 있는 자기, 어제 말한 것처럼 그것이 아트만이라는 겁니다.

아트만의 세계란, 아까 얘기한 음악을 예로 들면, 멋진 음악을 듣고 있을 때 너무 황홀한 나머지 자기가 사라져 그 안으로 녹아드는 거기에 진정한 자기가 있다고 할 수 있습니다. 그것을 자기, 그것을 아트만이라고 합니다. 오늘은 네 사람이 차를 타고 왔는데, 그 차 안에 있던 네 명이 한 곡의 음악을 공유하고 있었던 셈입니다. 니시도마리의 노래가 요즘 오키나와에서는 상당한 인기를 얻고 있다고 들었는데, 그렇다면 그 노래를 듣고 있는 많은 사람들이 같은 노래를 들으면서 각자 듣는 방식은 다를지라도 같은 세계를 공유하고 있다고 할 수 있습니다. 즉 자기이면서 전체이기도 하다. 자기이면서 세계를 공유한다는 성질을 가지고 있는 거죠. 따라서 자아와 자기란 한쪽은 어디까지나 고독의 세계이고 또 한쪽은 세계 또는 전체를 공유하는 비아非我의 세계라고 볼 수 있습니다.

자아 즉 고독으로 여행을 떠나든 '자기' 즉 비아非我의 아트만으로 여행을 떠나든 인간은 궁극적으로는 세계 전체 혹은 우주로 돌아갈 수밖에 없는 존재가 아닐까 하는 생각을 해봅니다. 즉 비종교성 역시 또 하나의 거대한 종교성이라는 말이죠.

지식과 지혜

지금까지는 어제 이야기에 대한 부연설명이었습니다. 지금부터는 새로운 주제로 들어갈 텐데, 지금까지 읽어온『야자잎 모자 아래서』라는 시집의 새로운 장인 「땅의 정령」 을 보겠습니다. 참고로 이 책의 제목에 나오는 야자라는 식물을 오키나와에서는 쿠바라고 부릅니다. 쿠바의 잎으로 만든 모자가 있는데, 그것이 이 시집의 제목이에요. 그럼 먼저 〈낫〉이라는 시를 읽어보겠습니다.

낫

언제부턴가 낫은 나의 또 다른 손이 되었다
낫을 들고 들판에 서면
내 안에 잔잔한 기쁨이 흐른다
그것은 틀림없이 처음 도구를 사용한 원시 인간의 자랑이
되기도 한다
느낌이 확실한 심오한 기쁨이다
나의 낫은
두툼한 등을 가진 단단한 손잡이가 달린 낫이다
이 낫으로 풀도 베고 나뭇가지도 잘라낸다
낫으로 쳐내면 거기에 자연히 길이 열린다
그 길은 덤불속이면서 더는 사람 발길이 닿지 않는 길이다
게다가 낫은 저 귀찮은 가솔린처럼 볼 때마다 줄어드는
일도 없다
숫돌로 정성껏 갈아주면

아침햇살처럼 산뜻하고 날카로워져 늘 새것 같다
낫을 들고 들에 설 때
이하백도二河白道의 한가운데를 건너는 사람처럼 조심스런
발걸음이 내 안에 있다
낫을 들고 들판에 서면
내 안에 인간의 잔잔한 기쁨이 흐른다

'이하백도'라는 말은 이젠 거의 안 쓰는 말이라 모르는 사람이 많
겠지만, 이 말은 불교용어로 두 개의 강이 흐르고 있다는 말입니다.
인생에는 두 개의 강이 흐르고 있는데 하나는 소용돌이치는 격류이
고, 또 하나는 불길이 치솟는 화염지옥 같은 강이에요. 이렇게 말하면
인생이 그 정도로 무시무시한 것은 아니라고 말할지 모르지만, 옛날
부터 불교에서는 산다는 것은 그 두 강을 건너는 것과 같은 고통이라
고 했습니다. 저도 젊었을 때는 산다는 게 힘들 때도 있지만 그렇다고
그렇게 힘든 건 아니라고 젊은 패기에 그렇게 생각했죠.
그런데 차츰 이런저런 경험을 하게 되면서 역시 산다는 것은, 어느
때는 소용돌이치는 격류 속을 건너는 것 같고 또 어느 때는 화염지옥
을 걸어가는 것 같구나! 실감하게 되는 경우가 종종 있더라고요. 그
두 강의 한가운데로 한 가닥 하얀 길이 나있습니다. 그 하얀 길이 부
처의 길 즉 불도라고 믿는 삶이에요. 불도에 대해서는 다시 말할 기회
가 있을 테니까 여기에서는 도구를 사용하는 인간에 대한 이야기만
하겠습니다.
인간의 특징을 세 가지로 나눠 생각할 수 있습니다. 그 중 하나는

언어를 사용한다는 것. 또 하나는 불을 사용한다는 것. 나머지 하나는 도구를 사용한다는 것입니다. 불과 도구를 하나로 묶어 '도구'라고 해도 좋아요. 언어와 불과 도구를 사용한다는 세 가지 특징이 인간의 기본적인 성격이라고 보는데, 도구를 사용한다는 것은 곧 풍요를 의미합니다.

저는 애석하게도 컴퓨터란 걸 이용할 줄 모르지만, 여러분은 그런 능력을 자연히 갖추고 있어서 컴퓨터에게 이용당하는 일은 우선 없을 겁니다. 저랑 같은 세대의 사람은 빨강파랑 램프가 꺼졌다 켜졌다 하면 그것만으로도 컴퓨터에게 조종당하고 있다는, 내가 이용하는 것이 아니라 반대로 이용당하고 있다는 생각이 들거든요. 컴퓨터가 아니라 가령 낫이나 손으로 켜는 톱이나 삽, 손으로 쓰는 그런 도구라면 얼마든지 능숙하게 사용할 수 있는데 말이죠. 이것은 컴퓨터도 마찬가지겠지만, 사용하면 할수록 능숙해져서 낫이 제2의 손이 되는 날이 반드시 옵니다.

그 기쁨이란 사용해보지 않은 사람은 모를 거예요. 여러분에게 낫을 사용해야 한다고 강요하진 않겠지만, 대신 칼도 좋고 톱도 좋아요. 손을 돕는 도구를 사용해서 세계를 개척하는 일에는 인간성의 원초적이면서 보편적인 기쁨이 내재되어 있다는 걸 말하고 싶을 뿐입니다. 저는 컴퓨터를 안 써서 잘 모르겠지만, 손의 도구 중에는 버튼을 눌러 조작하는 것과는 질이 다른 육체적이면서 직접적인 기쁨이 있다고 믿습니다. 가상이 아닌 실제세계, 정보가 아닌 사실의 세계도 인간성의 특성이란 사실을 잊어서는 안 됩니다. 손의 세계 혹은 발의 세계를 결코 잊지 않기를 바랍니다.

다음은 〈말굽버섯〉이란 시를 읽겠습니다.

말굽버섯

말굽버섯은 산속 썩은 나무에 자생하는 단단한 기둥의 버섯이다
언제부턴가 그 말굽버섯을 좋아하게 되었다
책상 위에 덩그마니 놓인 국어사전 위에 하나
역시 그 옆에 놓인 1928년 간행한 영화英和대사전 위에 하나
올려두고
질리지 않고 매일 바라본다
사전이란 때때로 페이지를 넘기는 것이라서
그럴 때 말굽버섯이 놓여있으면 조금 불편하다
먼저 말굽버섯을 다른 장소로 옮기고
국어사전이면 국어사전 영화대사전이면 영화대사전의
페이지를 넘겨야 한다
하지만 말굽버섯에는
사전의 지식 이상으로 중요한 뭔가가 있다
사전에는 무한한 지식을 주고 무한한 마음을 주는 것이 있지만
말굽버섯에는
그 마음을 진정시키고 깊게 침묵하게 하는 뭔가가 있다
말굽버섯은 하나의 말 없는 지혜이다

두 권의 사전 위에 올려진
두 개의 말굽버섯을 질리지 않고 매일 밤 바라보고 있다

이것은 참 단순한 얘긴데, 지식과 존재의 차이를 말합니다. 지식은 중요해요. 지식의 축적으로 문명이 지금 이만큼 발전해올 수 있었으니까요. 문명의 발전에는 지식의 축적이라는 토대가 있었습니다.

지식은 발전합니다. 문자를 가진 민족도 문자를 갖지 않은 민족도 있지만, 그것을 떠나서 어느 순간 쌓인 지식은 문자가 있으면 있는 대로 없으면 없는 대로 후세에 전해집니다. 지식은 늘어만 갑니다. 하지만 존재 내지 그 존재가 내장하고 있는 지혜는 발전하지 않아요. 지혜란 개개의 존재 안에 내장되어 있기 때문에 하나의 존재물이나 인간이 아무리 깊은 지혜를 가지고 있다고 해도, 그 사람이 죽어버리면 다음 세대는 그것을 처음부터 다시 배우지 않으면 안 돼요.

예컨대 부처의 지혜나 그리스도의 지혜처럼 2천 년 혹은 2천 5백 년 전 사람이 한 말이 현대에도 살아있는 것은 우리가 길어봐야 100년 정도 살다 여기를 떠나지 않으면 안 되기 때문이에요. 부처나 그리스도, 공자나 노자 혹은 장자 같은 사람들이 남긴 말은 내가 몸소 처음부터 다시 체득해가는 수밖에 달리 방법이 없어요. 존재의 지혜란 한 세대가 그 수명의 전부니까요. 그리고 세대마다 순환해서 다시 한 차례 처음부터 배워야 하지요. 그러니까 천 년 전, 2천 년 전의 지혜가 현재의 지혜로 여전히 빛을 발할 수 있는 겁니다.

한편 지식은 오래되면 될수록 힘을 잃고 기능을 발휘하지 못하게 됩니다. 지구가 자전한다는 지식은 발견 당시는 천지가 개벽할 사건이었지만, 지금은 그 지식 자체에 특별한 의미가 없다는 것이 그 좋은 예죠. 여러분이 이렇게 류큐대학이라는 훌륭한 곳에서 공부하는 내용은 참으로 다양할 겁니다.

그 학문의 내용을 자세히 살펴보면 대부분이 존재의 지혜가 아니라 지식들입니다. 전기학이면 전기학이라는 지식, 물리학이면 물리학이라는 지식. 그것도 물론 중요하지만, 그렇다고 존재의 지혜를 배우는 것을 잊어서는 안 됩니다.

부처나 그리스도 같은 성인뿐만 아니라 할아버지 할머니가 존재로써 가지고 있었던 지혜는 대학 선생님들이 가르쳐주는 지식의 집적에 비해 그 가치 면에서 전혀 차이가 없다고 할 수 있습니다. 어떤 때는 사탕수수밭에서 평생을 살아온 할아버지 할머니의 내면에 진정한 지혜가 있을 때도 있거든요.

전 1977년부터 야쿠시마에서 살고 있는데, 대학시절에는 철학 특히 서양철학을 전공했기 때문에 책을 읽거나 사물의 근본을 탐구하는 것을 좋아했습니다. 지금도 물론 그런 걸 좋아하지만, 야쿠시마로 들어가면서부터 낫이나 톱 혹은 삽 같은 걸 들고 몸을 움직여 일하는 세계에 몸담게 되었습니다. 그랬더니 두뇌로 배우는 세계의 기쁨은 저리가랄 정도로 깊이 모를 기쁨의 세계가 바로 거기에 있음을 깨닫게 되었어요. 그로부터 십 년, 이십 년 그리고 지금까지도 그곳 섬사람들한테 여러 형태의 섬 문화랄까, 존재하는 것의 지혜를 배워오고 있습니다.

곧잘 하는 얘기지만 일생을 걸어도 다 배울 수 없을 정도의 보물이 야쿠시마라는 하나의 작은 섬에는 있습니다. 일생은 고사하고 다시 태어나 두 번의 생을 걸어도 역시 다 배울 수 없는, 열 번을 다시 태어나도 어쩌면 배울 수 없을 정도의 보물이 고작 둘레 100킬로미터 정도 되는 작은 섬에 숨겨져 있다고 생각합니다. 말굽버섯은 바로 그런 보물 중 하나지요.

그건 오키나와도 마찬가지에요. 무엇보다 이곳은 류큐왕국오키나와의 옛이름 - 옮긴이이 아닙니까? 그만큼 깊은 전통과 문화를 가지고 있기 때문에, 본토에 비하면 크기는 턱없이 작은 섬일지 모르지만 이 섬의 자연을 포함해 그것에서 배우는 것은 여러분의 일생 혹은 두 번의 생으로 다 배울 수 있는 성질의 것이 아닙니다. 존재하는 것이 감추고 있는 지혜는 거의 무한하다고 할 수 있어요.

물론 그 존재의 지혜를 내 것으로 만들기 위해서는 지식을 많이 쌓아서 그것을 활용하는 것이 중요하겠죠.

흙길을 걷는 행복

다음은 〈밭〉이라는 제목의 시를 몇 편 읽어보려고 합니다.

밭 1

바다가 내려다보이는 넓은 밭에서
오후 내내 당신은 천천히 괭이질을 하고 있었다
바다가 내려다보이는 넓은 밭에서 당신은 느긋하기만 했다
바다와 하늘
태양과 흙 그리고 괭이
당신을 느긋하게 하고, 행복하게 한다는 것을
당신은 진정으로 깨닫기 시작했다

밭 2

바다가 내려다보이는 넓은 밭에서
오후 내내 당신은 천천히 괭이질을 하고 있었다
그런데 당신은 때때로
바다를 뒤로 하고 앞에 보이는 산을 바라보았다
산은
거기에 녹색창연하게 크고 아름답게 존재하고 있었다
당신은 그 산의 아름다움에 탄성을 흘렸다

밭 3

바다가 내려다보이는 넓은 밭에서
오후 내내 당신은 천천히 괭이질을 하고 있었다
곳 쪽에서 솔개가 울었다
그 울음소리가 너무 맑아서
당신 마음이 가볍게 흔들렸다
솔개는 잠시 간격을 두고는
몇 번이고 몇 번이고 울었다
그때마다 당신의 마음도 함께 흔들렸다
당신은 솔개가 되어
눈 아래 바다를 한가로이 날면서 바라보는 듯했다
오후 내내 당신은 천천히 괭이질을 하고 있었다

밭 4

바다가 내려다보이는 넓은 밭에서
오후 내내 당신은 천천히 괭이질을 하고 있었다
그리고 저녁놀 하늘을 올려다보니
하늘 가득 그리운 뭉게구름이 흐르고 있었다
당신은 20년 전
하늘 가득한 뭉게구름을 바라보며
외치고 싶을 정도로 슬펐던 적이 있었다
그것은 그 무렵 당신이 연인을 잃었기 때문이었다
하지만 그날 저녁
당신은 아무것도 잃지 않았다
하늘 가득 그리운 뭉게구름이 흐르고
당신은 그 아래서 천천히 괭이질을 하고 있었다
당신은 행복하였다
행복은 괭이에 있다는 걸 깨닫기 시작했다

밭 5

바다가 내려다보이는 넓은 밭에서
당신은 오늘도 나흘째 괭이질을 하고 있었다
세 시 반쯤이 되자
어김없이 바다에서 하얀 배 한 척이 나타났다

그 배는 화물전용 페리로
네 시가 조금 지나 당신의 섬에 도착하는 배였다
당신은 배가 섬에 도착하는 것을 좋아했다
넓디넓은 바다에서
하얗고 작은 배 그림자가 나타나면
당신은 행복해져서
잠시 괭이질 하던 손을 쉬고 배를 바라보았다
그 배가 이윽고 곶 너머로 사라지고 나면
당신은 다시 괭이질을 시작하였다
당신에게 가장 친숙한 것은 흙이었다
그리고 괭이였다
당신은
태양과 흙이 사랑받을 때
흙과 물과 나무가 사랑받을 때
다시 철의 문명도 사랑받게 되리라고
당신 책 속에 썼다
괭이 한자루
그 괭이를 잡은 당신은 행복했다

밭 6

바다가 내려다보이는 넓은 밭에서
당신은 오후 내내 천천히 괭이질을 하고 있었다

작업은 그날로 닷새째였다

북동풍이 불어왔다

하늘은 하얗게 구름 끼고 바다도 파랗지 않았다

하지만 오후는

당신 밭까지 파도소리가 들렸다

솔개가 역시 좋은 목소리로 울고 있었다

파도소리와 솔개 울음소리를 들으면서

마지막 이랑을 고르기 시작했을 때

마지막 이랑이라고 결코 서둘러서는 안 된다고

당신은 당신에게 다짐했다

그리고 어느새 한 마지기 밭 이랑을 다 골랐다

파도소리가 들렸다

솔개가 좋은 목소리로 울고 있었다

좀 긴 시인데다 아주 개인적인 이야기지만, 괭이를 들고 밭에 서는 행복이랄까 그런 느낌이 조금이나마 전달되었기를 바랍니다. 흙과 함께 하는 것은 인간의 근원적인 행복의 조건 중 하나라고 봐요.

한 가지 예를 들자면 오사카 역 앞에 우메다라는 번화한 거리가 있습니다. 간사이 출신이라면 누구나 알고 있는 곳이죠. 한 평이 그야말로 몇 백만 엔 하는 금싸라기 땅에 해당하는데 최근 여기에 '뉴 우메다 시티'라는 새로운 도시만들기가 추진되었습니다.

건축과 학생이라면 잘 알겠지만 JR오사카역 뒤쪽으로 옛날 국철시대에는 열차 차량기지가 있었습니다. 그런데 국철이 폐지되면서 적

진실한 길은 누가 생각하고 누가 밟았는가의 문제가 아니다
저절로 만들어지는 하나의 길일뿐이다

자변상을 위해 그곳을 매물로 내놓았는데, 그때 미츠이와 미츠비시, 도시바인지 히타치인지 모르겠지만 그런 대기업 사람들 몇몇이 연합해서 그 일등지를 사들였지요. 상당히 넓은 토지인데 거기에 '뉴 우메다 시티'라는 콘셉트로 새로운 거리 만들기를 기획한 겁니다. '일요일에 회사로 놀러 가자!'는 캐치프레이즈를 내걸고 요시무라 모토오라는 건축디자이너가 이끄는 그룹이 거기에 숲과 풀밭, 흙길을 만들었어요.

그리고 또 하나 수로水路, 그러니까 물이 흐르는 길을 만들었습니다. 2만 평이라고 하니 진짜 넓은 땅이죠. 공원부지가 아니라 업무용이니 고층빌딩도 물론 만들었지만, 더불어 숲을 만들고 풀밭과 물길, 흙길을 만든 겁니다.

몇 년 전 저는 일부러 그곳에 가서 흙길을 두세 시간 천천히 걸어보았습니다. 그때 저는 야쿠시마 같은 곳에 살다보면 흙의 가치를 실감하지 못할 수도 있는데, 사실은 흙이 대단한 값어치가 있구나 하는 것을 실감했습니다. 평당 몇 백만 엔 하는 토지, 그 땅에 건물을 지으면 한 평이 또 몇 백만 몇 천만의 돈으로 둔갑할 텐데, 그것을 그냥 걷기 위한 흙길로 되돌린 것입니다. 흙길뿐만 아니라 풀밭도 있고 숲도 있고 물길도 있는데, 그런 것을 오사카 역전의 일등지에 되살려놓았어요. 대체 어떻게 된 일인가?

그것은 인간, 특히 대도시에 살고 있는 사람들에게 흙이란 그 자체만으로도 분명 가치가 있다는 얘깁니다. 현대의 도시디자인이 아직도 땅을 아스팔트로 덮어버리거나 콘크리트 건물로 다닥다닥 채우고 있지만, 한편으론 도시문명의 최첨단에서 그와 정반대의 경우가 이미 일어나기 시작했습니다. 비단 오사카만 그런게 아닙니다. 도쿄에서도 비슷한 일들이 벌어지고 있어요. 도쿄의 에도가와 구區는 에도가와라는 제법 큰 강과 전에 잠깐 언급했던 아라카와라는 역시 큰 강 사이에 있는 지역인데, 앞의 뉴 우메다 시티와는 달리 정부가 앞장서서 구내 곳곳에 '친수親水공원'을 만들고 있습니다.

'친수공원'이란 말 그대로 수로를 만듦으로써 물이나 강에 대한 친숙감을 더해주는 공원을 말합니다. 1960년대 말부터 현재까지 계속 구내에 물길이 흐르게 하고 있지요. 구청 바로 앞에 수로를 만드는데 수로를 만들면 당연히 그 수로를 따라 흙길이 생기게 됩니다. 흙길 옆에 나무를 심어 숲을 만들죠.

그런 숲과 흙길이 있는 수로가 구내 전역에 40킬로미터나 됩니다. 이것은 도시계획의 한 모델로써 여러 가지 상을 받았고 국제적으로도 상당히 높은 평가를 받은 사업인데, 그런 도시재생이 벌써 30년 넘게 주민의 지지를 받아 추진되고 있습니다. 저는 그곳 역시 한나절에 걸쳐 실제로 걸어보았습니다.

그것은 정말 건강한 일이라고 생각해요. 인류는 육상생물이기 때문에 흙에 속해 있고 흙과 더불어 살아가는 생물입니다.

그런 의미에서 오키나와가 차지하고 있는 세계사적인 혹은 지구문명적인 위치는 상당히 중요합니다. 그것은 첫째 미국문명을 좋든 싫든 경험하고 있다는 점입니다. 말도 안 된다, 미군기지 따위는 하루라도 빨리 없애야 한다고 저도 생각합니다.

어쨌든 이곳에서는 일상에서 미국을 체험하고 동시에 일본의 최첨단 기술과 문화도 있습니다. 또 예로부터 있어왔던 류큐왕조 이후의 문화도 빠짐없이 가지고 있지요. 미군기지가 집중되어 있다는 것이 최대의 단점이긴 하지만, 그것만 극복한다면 상당히 긍정적인 미래 문명의 모델이 될 수 있는 지역이라고 생각합니다.

바르고 강하게 산다는 것은

이야기가 조금 빗나갔지만 이 시간 마지막을 장식하는 의미에서 미야자와 겐지의 이야기를 잠깐 하겠습니다.

잘 알고 계시겠지만 미야자와 겐지는 이와테 현의 하나마키에서 태어났습니다. 이와테 현에는 이와테산이라는 크고 아름다운 산이 있는데, 겐지는 그 산기슭에서 태어나 바로 그곳에서 죽었어요. 1933년 서른일곱의 나이였습니다.

지금 우리에겐 좀 오래된 옛사람이지만 젊은이들한테도 많은 사랑을 받고 있으니까 여러분도 시 몇 편 정도는 알고 계실 겁니다. 오늘은 조금 덜 알려진 겐지의 시 두 편 정도 소개하려고 합니다.

『봄과 수라』는 미야자와 겐지의 대표적인 시집인데, 제1집과 2집 그리고 3집이 있습니다. 그 중에 제1집의 『봄과 수라』만 미야자와 겐지 자신이 출판을 목적으로 편집한 것입니다. 2집은 준비는 했지만 끝까지 가지 못했어요. 3집은 그가 죽은 지 몇 년 뒤 후배가 편집한 것이라, 물론 겐지의 작품이긴 하지만, 출판의도는 전혀 없었던 거고요. 지금부터 읽을 '봄과 수라'는 2집에 수록되었던 시입니다.

바르고 강하게 산다는 것은

모두가 은하 전체를
제각기 느끼는 것이다
······꿀벌의 집 안에
폭포의 푸른 안개를 내리게 하고
작은 무지개를 빛나게 하는
어느 자두 철의
눈동자 맑은 사람들이여······
가로수 소나무 건너에서
갑자기 하얗게 휘날리는 것은
어느 동쪽 산지의 능선이다
　　(모서지지 않아도 신에게는 신의 토지가 있다)
들쭉날쭉한 회색 선
　　(진실한 길은 누가 생각하고 누가 밟았는가의 문제가 아니다
저절로 만들어지는 하나의 길일뿐이다)

『봄과 수라』 제2집의 작품 제312번이라 불리는 시인데, 이 시 중
다음의 두 문장은 꼭 기억해두기 바랍니다.

첫 번째는 '모서지지 않아도 신에게는 신의 토지가 있다'이고,

두 번째는 '진실한 길은 누가 생각하고 누가 밟았는가의 문제가 아
니다 저절로 만들어지는 하나의 길일뿐이다'라는 글입니다.

이 말을 따로 설명할 필요는 없겠지만, 아시다시피 오키나와에는

본도本島뿐만 아니라 사키지마 지방이나 아마미 군도를 포함해 가는 곳마다 우간쥬拜所라고 불리는 신성한 장소가 있습니다. 그 우간쥬에 기려진 신은 물론 모셔지는 신입니다. 하지만 모셔지지 않아도 신에게는 신의 토지가 있습니다. 모든 장소가 신의 땅이란 말입니다. 다만 어쩌다 우연히 그곳이 제사지내기 쉬운 장소일 때 사람들은 그곳을 신전으로 모시지만, 모셔지지 않은 곳도 무수히 많습니다. 그 무수히 많은 장소에서 신은 그곳을 신의 땅으로 삼습니다. 제사지내고 기리는 것이 중요한 일이긴 하지만, 모셔지는 장소만이 신의 장소는 아니라는 미야자와 겐지의 생각은 아주 중요한 직감이라고 봅니다. 미야자와 겐지가 짧게나마 활약했던 때는 1920년대입니다. 그 시대에 겐지는 삼라만상이 신이라는 사실을 이미 깨닫고 있었습니다. 우리는 지금에야 비로소 그것을 깨닫고 흙을 신으로 삼고, 물을 신으로 삼고, 나무를 신으로 삼아 살려고 하는데 말이죠.

또 하나, '진실한 길은 누가 생각하고 누가 밟았는가의 문제가 아니다 저절로 만들어지는 하나의 길일뿐이다'라는 글에서 '진실한 길'이 어떤 의미인지 여러분이 한번 음미해보시기 바랍니다. 저는 '저절로 만들어지는 하나의 길일뿐이다'라는 말을 참 좋아합니다.

오후에도 미야자와 겐지에 대해 좀더 살펴보기로 하고, 오전은 이것으로 마치겠습니다.

8

흙이 있는 인생

억새 지붕의 작은 오두막에 살면서/동쪽에 아픈 아이 있으면

가서 간병해주고/서쪽에 지친 어미 있으면

가서 그 볏단 짊어지고

남쪽에 죽음 앞둔 사람 있으면

가서 두려워하지 않아도 된다고 말해주고

북쪽에 싸움이나 소송 있으면

부질없는 일이니 그만두라고 말해주고

가뭄 들 때는 눈물을 흘리고

......

칭찬도 안 듣고/불평도 안 듣는

그런 사람이

나는 되고 싶다

옳고 그름의 기준이란 무엇인가

이 책은 제가 쓴 『들길-미야자와 겐지 회고野の道―宮沢賢治随想』라는 책인데, 1983년 야소샤라는 출판사에서 출간되었습니다.

미야자와 겐지에 대해서는 많은 사람들이 많은 책을 썼기 때문에 이 책만 읽으라고 고집하는 건 아니지만, 이 책을 쓴 저자로써 말하자면 미야자와 겐지는 평생 재야在野였던 사람입니다. 즉 초야에 묻혀 살던 사람인데, 같은 초야에 사는 사람의 눈으로 쓴 책으로는 아마 이 책이 유일할 겁니다.

조금 전에는 『봄과 수라』의 제2집 작품 제312번을 읽었는데, 다음은 『농민예술개론강요』라는 조금 무거운 제목의 소논문 같은 글을 보겠습니다.

미야자와 겐지 생전에 출판사에서 출판된 책은 단 한 권뿐입니다. 그것은 『주문이 많은 요리점』이라는 9편의 작품이 수록된 동화집입니다. 그리고 자비로 출판한 『봄과 수라』 제1집을 제외하고는 모두 출판되지 못한 채 세상을 떠나고 말았지요. 물론 이 〈농민예술개론강요〉라는 소논문도 초고로 남겨진 것입니다. 그 중에서 〈농민예술개론강요〉 서론 부분을 잠깐 읽어보죠.

우리는 모두 농민이다 억수로 바쁘고 일도 힘들다
좀더 밝고 활기 있게 생활할 수 있는 길을 찾고 싶다
우리의 오랜 사부들 중에 그런 사람도 종종 있었다
근대과학의 실증과 구도자의 실험과 우리들 직관이 일치하는
선에서 논하고 싶다

세계 모두가 행복해지지 않는 한 개인의 행복은 있을 수 없다
자아의식은 개인에서 집단, 사회, 우주로 차츰 진화한다
이 방향은 옛 성인이 답습하고 또 가르쳤던 길이 아니던가?
새로운 시대는 세계가 하나의 의식이 되고 생물이 되는 방향에 있다
바르고 강하게 사는 것은 은하계를 자기 안에 의식하고 그를
따라 가는 것이다
세계의 진실한 행복을 찾자. 구도求道는 이미 길이다

이 서문만 봐도 미야자와 겐지의 의식이 얼마나 격조가 높은지 충분히 알 수 있습니다. 이 글 중에서 가장 잘 알려진 부분은 '세계 모두가 행복해지지 않는 한 개인의 행복은 있을 수 없다'입니다. 많은 사람들이 여러 상황에서 이 말을 인용하고는 하는데, 미야자와 겐지 사상의 근간을 이루고 있는 것이 바로 이러한 사고입니다. 이는 오전 중에 자아와 자기라는 두 단어를 통해 잠깐 설명했지만, 자아 즉 나 개인만 좋으면 된다는 생각에 사로잡히려 할 때 끊임없이 떠오르는 말입니다.

'세계 모두가 행복해지지 않는 한 개인의 행복은 있을 수 없다.'

당연한 얘기죠. 우리가 개인임은 분명한 사실이지만, 이 개인은 자기 옆에 혹시라도 아픈 사람이 있으면 아무리 외면하려고 해도 그 사람에게 마음이 쏠리게 됩니다. 그 병든 사람이 회복되지 않는 한 자신의 행복은 있을 수 없어요. 또 지금의 세계정세를 보더라도 아주 멀리 떨어진 코소보라는 지역에 대참사가 일어나고 있습니다. 그것은 신문이나 텔레비전 등의 영상을 통해서만 전해 듣는 뉴스지만, 세계 어

디선가 비참한 일이 벌어지고 있다면 그것만으로 개인은 완전한 행복을 누릴 수 없습니다. 무슨 연유인지 우리 인간의 의식구조는 그렇게 생겨먹었어요. 인간은 그런 동물입니다.

또 한 가지 이 문장에서 중요한 것은, 오전에 읽었던 시에도 비슷한 내용이 있었는데, '바르고 강하게 사는 것은 은하계를 자기 안에 의식하고 그를 따라 가는 것이다'라는 부분입니다. 아주 중요한 말이니까 잠깐 칠판에 적을게요.

'바르고 강하게 산다'는 얘길 하면 지금 같은 시대에는 무슨 도덕 교과서 같은 뻔한 소리냐고 핀잔을 들을지 모르겠습니다. '바르고 강한 사람' 하면 애니메이션 같은 유치한 세계를 떠올리거나 어른들 세계에서는 그것만으로도 웃음거리가 될 것 같은 인상이 느껴집니다. 하지만 미야자와 겐지가 '바르고 강하게 사는 것' 운운한 것은 결코 도덕을 말하는 게 아닙니다. 올바름과 강함은 '은하계를 자기 안에 의식하고 그를 따라 가는 것이다'라고 말합니다. 그것이 올바름의 기준이고 강함의 근거라고 말이죠.

이것은 철학적으로 말하면 윤리학을 초월한 형이상학의 세계입니다. 올바름이라는 하나의 가치판단이란 옳지 않은 것이 있고 옳은 것이 있다고 나눠서 생각하기 때문에, 정사正邪와 선악善惡이라는 확실한 기준을 세워가는 학문이 윤리학입니다. 윤리학은 철학의 한 분야인데 그 올바름의 축을 어느 쪽에 두느냐는 참으로 어려운 일이지요. 상식적인 도덕이나 모럴을 기준으로 한다면 열 명이 있으면 열 명의 올바름이 있고 백 명이 있으면 백 명의 올바름이 있게 마련입니다. 그에 비해 형이상학은 선악과 정사를 초월한 절대적 진리를 추구하는 철학이며 동시에 시詩 자체이기도 합니다.

최근에 저는 옳음이란 문제로 정말 힘들고 슬픈 시간을 보낸 적이 있습니다. 다름이 아니라 아까 말한 코소보 문제 때문이에요. 코소보는 여러분도 알다시피 알바니아계 주민들이 세르비아라는 한 영역에 이주해 살고 있는데, 어쩌면 원래부터 거기에 살았는지도 모르지만, 요컨대 세르비아계 주민들과 싸움이 붙은 겁니다.

다수인 세르비아계 사람들이 소수민족인 알바니아계 사람들을 쫓아낸 거예요. 어쩔 수 없이 알바니아계 사람들은 알바니아 내지는 마케도니아로 탈출할 수밖에 없었습니다. 세르비아계의 폭력이 비인도적이라며 이번에는 NATO라는 더 큰 권력이 나서서 세르비아계를 공격하기 시작했습니다. 세르비아계 사람들은 있는 힘껏 저항했지만 NATO의 힘에는 역시 당해내지 못하고, 결국 알바니아계를 더 이상 억압하지 않겠다며 피해갔던 알바니아계 사람들의 귀환을 묵인했습니다. 그러는 동안 몇 백 몇 천 명의 사람이 목숨을 잃었는데, 우리는 너무 멀리 떨어져있기 때문에 활자나 영상을 통해 그 비참함을 간접적으로 볼 뿐이지만, 그 당사자들이 직면해야 했던 비참함은 얼마나 컸겠습니까.

제가 가장 괴로웠던 것은 모국으로 돌아온 알바니아계 사람들이 이번에는 그곳에 남아있던 로마인들을 공격했다는 사실입니다. 신문에 보도된 거라 여러분도 알고 계시겠지만, 그 로마인들은 집시Gipsy계 사람들로 알바니아계보다 훨씬 더 소수민족으로 코소보에 살고 있습니다. 그런데 세르비아계 사람들이 공격해왔을 때 소수민족 중의 소수민족인 이 사람들은 세르비아에 협력하지 않을 수 없었어요.

결과적으로 세르비아계와 손을 잡고 알바니아계 사람들을 쫓아낸 꼴이 된 거죠. 그랬으니 돌아온 알바니아계 사람들은 오자마자 이 사람들에게 보복차원에서 공격을 한 겁니다.

이것은 인간성의 지옥입니다. 지금까지 피해자였던 그들이 돌아오자마자 이번에는 가해자로 탈바꿈한 거예요. 기껏해야 2개월간의 짧은 시간 동안 그런 일을 저지르고 마는 인간성에 대한 비애요 고통입니다. 지금 한 이야기는 멀리 동유럽에서 벌어진 사건이지만, 그런 인간성은 우리 한 사람 한 사람에게도 잠재되어 있습니다. 우리 역시도 누군가에게 공격을 당하면 기어이 되갚으려 하죠. 나 보다 약한 사람이 있으면 그것을 되풀이하고야 마는 그런 인간성을 우리는 가지고 있어요.

따라서 선악이란 어디에 그 기준이 있고 어디에 절대적 정의가 있다고 단언할 수는 없습니다. 알바니아계가 옳다고 편들기 무섭게 이번에는 로마인들을 공격하는 식으로 순식간에 악으로 탈바꿈하고 말잖아요. 그러니 NATO가 옳다고 누가 감히 말할 수 있겠습니까? NATO는 자기들은 아무 손해도 입지 않고 수많은 세르비아인들을 죽음으로 몰아넣었는데 말입니다. 그런 세계의 모습을 보았을 때 역시 선악의 기준이란, 지금 말한 하나의 예만 보더라도 그렇게 간단히 정의할 수 있는 문제가 아니란 걸 실감합니다.

그런 문제들에 최종적인 해결책을 제시할 수 있는 사람은 아무도 없겠지만, 적어도 최종적인 정의의 근거를 추구할 때 지구 전체 혹은 미야자와 겐지의 말처럼 은하계를 자기 안에 의식하는 겁니다. 즉 은하계 속의 태양계와 지구에서 탄생한 생명의 절대적인 존엄, 바로 거기에 정의의 근거를 둘 수 있다고 믿습니다. 그것을 자신의 근거로 삼는 순간 모든 정의는 사라지고 반대로 부정도 사라지고 선도 사라지며 악도 사라지는 거 아닐까요? 거기에는 오로지 생명의 존엄이라는 지고의 사실만이 남을 뿐이죠.

우리는 지금 우주시대라 일컬어지는 시대를 살고 있기 때문에 은하계라는 말이 친근하지만, 1920년대를 살았던 미야자와 겐지는 그때 이미 자신의 가슴속에 은하계라는 하나의 가치기준, 이를테면 윤리를 초월한 윤리기준이랄까 생명의 기준을 확고부동하게 가지고 있었다는 사실에 놀라움을 금할 수 없습니다. 아니, 놀라울 뿐만 아니라 지식으로써도 이어가고 또한 지혜로써도 본받고 싶습니다.

〈농민예술개론강요〉의 다음을 이어서 읽어보겠습니다. '농민예술의 융성'이라는 부분이에요.

> 옛날 우리의 사부들은 가난하지만 상당히 즐겁게 살았다
> 거기에는 예술도 종교도 있었다
> 지금 우리에게는 그저 노동이, 생존이 있을 뿐이다
> 종교는 지쳐서 근대과학으로 교체되고 게다가 과학은 냉정하고 어둡다
> 예술은 지금 우리를 떠나 게다가 초라하게 추락하였다
> 지금 종교인, 예술가란 진선 또는 미를 독점하여 판매하는 자다
> 우리에게 속죄할 힘도 없고 또 그것을 필요로 하지 않는다
> 지금 우리는 새로이 바른 길을 가고 우리의 미를 창조하지 않으면 안 된다

예술로 저 회색의 노동을 불태워라

여기에는 우리의 부단한 바르고 즐거운 창조가 있다

도시인이여 와서 우리와 함께하라 세계여 딴 마음 없이 우리를

수용하라

　지금 이렇게 읽고 있자니 사탕수수밭에서 일하며 평생을 그곳에서 살다가 그곳 땅으로 돌아간 수많은 선조들의 모습이 자연스럽게 떠오르네요.

　사부란 교사의 사師에 아비의 부父가 만나서 된 말입니다. 연장자나 선조를 미야자와 겐지는 사부라고 불렀는데, '옛날 우리 사부들은 가난하지만 상당히 즐겁게 살았다／거기에는 예술도 종교도 있었다'는 2행이 참으로 아름답습니다.

　겐지는 일본 동북부에 있는 이와테 산기슭의 작은 마을에 살았지만, 오키나와 풍토와 통하는 데가 있습니다. 그것은 일본 어디를 가나 있을 거예요. 지금 그 세계로 돌아가자는 얘기가 아닙니다. 돌아가고 싶어도 문명은 진보하기 때문에 결코 돌아갈 수 없지요. 돌아가자는 것이 아니라 그것을 새롭게 창조하자는 겁니다.

　문명의 진보라는 말을 지금까지 여러 번 했는데 그에 대해서는 내일이나 모레 자세하게 이야기하도록 하죠.

땅의 정령

　미야자와 겐지에 대해서는 이밖에도 읽고 싶은 시가 많고 하고 싶

은 이야기도 많지만 이번에는 이 정도만 하고, 다시 저의 시로 돌아가 '땅의 정령'이란 것에 대해 다른 각도에서 생각해보기로 하겠습니다. 이른바 대지성大地性에 대해 말하려고 하는데, 혹시 이야기 도중에 미야자와 겐지가 다시 거론될지도 모르겠습니다. 그럼 〈땅의 정령〉이라는 시를 읽어보죠.

땅의 정령

땅의 정령이란 것이 있다
땅의 정령이 숨을 쉬니 숲이 있고 삼림이 있고 골짜기가 흐르고 계곡이 흐른다
밭이 생기고 논이 생긴다
땅의 정령의 깊고 고요한 호흡 속에 말굽버섯이 자라고
후추등의 붉은 열매가 열린다
참나무가 무성하고 도토리가 열린다
촌락과 사회를 이루고 한때 일하며 노래하던 사람 역시
후추등의 붉은 열매처럼
땅의 정령의 깊고 고요한 숨 속에 있다

땅의 정령이란 것이 있다

참 신기하죠. 여기는 건물 2층, 우리는 지금 철근콘크리트로 만들어진 건물 2층에 있는데, 이 시를 읽으면서 저는 이땅의 정령이 느껴집니다. 혹시 여러분도 느끼지 않았을까 생각하는데, 이 콘크리트 바

닥을 통해 1층과 그 밑에 있는 지면, 즉 땅의 느낌이 여기까지 전해져 옵니다. 여러분은 그런 느낌 안 듭니까? 여기가 가령 도쿄였다면 있을 수 없는 일입니다. 땅의 정령이 느껴지는 것은 여기가 오키나와이기 때문이에요. 그 말은 곧 이곳에는 땅의 정령이 살아있다는 말입니다. 콘크리트의 2층이나 3층 정도는 간단히 뚫고 올라올 수 있는 땅의 정령이 말입니다.

땅의 정령이라는 물질이 세상에 존재하는지 어쩐지는 모르지만 대지가 가지고 있는 그것 특유의 기운이랄까, 각각의 땅이 품고 있는 특유의 질質이란 반드시 존재하고 있으며, 그것은 콘크리트를 통해서든 뭐를 통해서든 이 2층 정도의 높이까지는 당연히 전달되리라 봅니다. 하지만 도쿄를 예로 들면, 에도시대1603~1868 이래 몇 백 년에 걸친 도시화의 역사가 축적된 결과, 그러한 땅의 정령이 갖고 있는 기운과 질이 끝내 봉인되어버리고 오로지 인공물질만의 세계가 되어버렸습니다.

내가 살고 있는 지역의 지질학

이야기가 옆으로 샜지만, 이곳 오키나와가 땅의 정령이 아직 강하게 남아있다는 건 분명한 사실입니다. 이것은 영적인 것에 대한 것일 뿐 물리학적인 이야기는 아니지만, 좀더 물리학적이랄까 지질학적 측면에서 이야기해볼까 해요. 땅의 정령을 지질학으로 해석하는 것이라고나 할까요?

이것은 야쿠시마를 하나의 샘플로 놓고 하는 말이지만, 야쿠시마라는 섬은 6천 5백만 년 전까지는 바다 밑에 있었다는 것이 지질학에

지질학을 무기로 삼는다는 말은 곧 악기로 삼는다는 의미이다.
지질학이라는 학문은 살거나 혹은 살아가는 데 필요한 악기가 된다.

서 밝혀진 사실입니다. 바다 속이니까 몇 백만 년 몇 천만 년에 걸쳐 퇴적물이 쌓이고 퇴적암층이 생겼겠지요. 그 바다 속에 어떤 원인으로 단층이 생기면서 지하의 마그마가, 야쿠시마의 경우는 화강암 물질의 마그마가 분출하여 퇴적암층의 약한 부분에 침입하면서 조금씩 조금씩 솟아오르게 된 겁니다. 그런 과정을 거치면서 야쿠시마가 지금의 섬 모양으로 완성되었는데, 지금으로부터 약 1400만 년 전의 일이라고 합니다. 약 5천만 년에 걸쳐 섬이 된 거죠.

물론 그 시대에 인류는 아직 존재하지 않았어요. 인류가 출현한 건 고작 5백만 년 전이니까요. 동아프리카의 올드바이 계곡 부근에서 가장 오래된 호모사피엔스의 인골이 발굴되었는데, 그것이 약 5백만 년 전의 것이랍니다. 그러니 1400만 년 전에는 인류가 이 땅에 존재하지 않았다는 얘기죠. 그렇게 형성된 야쿠시마는 섬의 대부분이 화강암입니다. 섬이 생긴 이래 1400만 년이라는 시간동안 풍화와 생물의 침식으로 표토表土라는 것이 그 위에 생겼는데, 그 두께가 평균 30센티미터 정도밖에 안 된다고 해요. 나머지는 대부분이 화강암으로 된 암반입니다. 물론 퇴적암도 다소 포함되어 있지만 말입니다.

그것은 이곳 오키나와 본섬이 류큐 석회암으로 대부분 만들어진 것과는 큰 차이가 있습니다. 언젠가 야쿠시마의 숲속에서 화강암을 한 조각 주운 적이 있어요. 그 화강암 조각은 정장석正長石이라는 화강암에 포함되는 직방체의 결정으로, 상당히 단단하기 때문에 화강암의 다른 부분은 풍화되어 흙이 되어도 이 부분만은 작은 사각형 모양으로 남게 됩니다. 비가 갠 뒤의 숲에서는 길이 2, 3센티 정도 되는 하얀 정장석을 많이 볼 수 있어요. 어느 날 그 중 한 조각을 주워들고

'이 돌은 대체 얼마나 긴 시간을 숨기고 있을까?' 하는 의문을 가져본 것이 제가 지질학에 관심을 보인 출발점이었습니다. 그 화강암 조각은 지금 설명한 것처럼 적어도 1400만 년이라는 시간을 숨기고 있었던 셈이죠.

그 사실을 어느 날 문득 깨닫게 되었습니다. 그 순간 저는 1400만 년이라는 시간이 물리적으로 내 손바닥 안에 쥐어져 있을 뿐 아니라, 사방에 그 만큼의 시간이 퇴적된 화강암 조각이 산재해 있다는 얘기는 1400만 년의 시간 한가운데에 내가 서있는 거나 다름없다는 놀라운 사실을 발견했습니다. 이것을 땅의 정령 이야기와 연관지으면, 1400만 년이라는 물리적인 시간 속에 내가 서있다는 것은 그대로 그와 같은 땅의 정령 안에 내가 서있음을 의미하는 것입니다. 그때의 경험은 어디까지나 제 개인적인 것이지만 사건이라 해도 좋을 만큼 크고 깊은 일생일대의 사건이었습니다.

그것을 알기 전과 알게 된 뒤의 삶의 내용이 확 뒤바뀔 정도로 큰 사건이었지요. 그때까지 저는 필시 야쿠시마에 뼈를 묻게 되리라 생각하고 있었는데, 그 뒤로는 1400만 년이라는 시간 속, 즉 그 땅 속으로 나의 생을 돌려주는 것이라는 생각을 하게 되었습니다. 그랬더니 사는 것이 즐거워졌다고 할까, 달리 말하면 죽음을 두려워하지 않게 되더라 이겁니다.

여러분 중에는 고등학교 때 지리과목을 공부한 사람이 있을지도 모르겠지만, 저는 안타깝게도 고등학교는 물론이고 그 이후로도 지리학을 공부해본 적이 없습니다. 하지만 가끔 이런 사건들과 만난 덕분에 어느 순간 지리학이라는 것에 눈을 뜨게 되었습니다. 정말 대단한 학문이에요.

고등학교 때 지리를 공부했거나 지금도 지질학을 공부하고 있는 사람이 있을지 모르지만, 그 학문분야는 참으로 대단합니다. 여러 분야의 학문이 있고 모두 흥미롭지만 특히 지질학이란 학문은 흙이라는 근본, 육상생물인 우리 인간에게 근본이 되는 대지를 연구하는 학문이기 때문에, 인간성 연구에서도 반드시 필요한 근본적인 학문이라는 생각도 듭니다.

예컨대 국어가 중고등학교에서 필수이듯이, 또는 영어나 수학, 사회가 필수이듯이 중고등학교에서 지질학은 반드시 배워야 하는 필수과목이 되어야 한다고 생각할 정도로, 제 안에서 중요한 분야가 되었습니다. 지질학이 재미있는 것은 우리가 살고 있는 지역의 지질학일 때입니다. 지구 규모의 지질학도 물론 중요하지만, 그것이 리얼리티를 갖게 되는 것은 바로 내가 살고 있는 지역의 지질학일 때죠.

지금 이야기한 것은 야쿠시마라는 하나의 샘플이기 때문에 저에게는 그야말로 친숙하고 익숙한 느낌의 사건이지만, 지금 오키나와에 살고 있는 여러분에게 이것은 거리가 먼 남의 얘기에 불과할 겁니다. 그런데 제가 굳이 이 이야기를 한 것은 오키나와 곳곳의 섬들이 어떻게 생겨났는지 지질학적 관계를 알아보고 여러분도 자기 것으로 삼기를 바라는 마음에서입니다. 분명 이곳 섬들도 1천만 년, 2천만 년 혹은 3천만 년의 오랜 역사를 가지고 있을 겁니다.

조금 전에 류큐 석회암이라는 말이 나왔는데, 옛날에는 오키나와를 우루마라고 불렀다고 합니다. 이때의 '우루'는 산호초를 가리키는데, 그럼 우루마의 생성은 산호초와 깊은 연관이 있지 않을까요? 몇 천만 년이라는 긴 세월을 거쳐 산호초로 퇴적해온 것이 이 섬들의 지질적인 형성과 깊은 연관이 있지는 않을까요? 이 섬을 형성하고 있는 류큐 석회암이라는 주된 암석에 대해 이런 예측을 해보지만, 그 이상의 것은 저도 잘 모릅니다.

그것은 여러분이 각자의 관심에 따라 스스로 공부할 일입니다. 특히 이곳 섬에서 남은 인생을 살고 또 이곳에서 죽겠다는 마음을 가지고 있는 사람에게는 이 섬들의 지질학적 형성을 아는 것이 살아가는 데 아주 중요한 무기가 될 테니까요. 이것은 친구인 키나 쇼키치喜納 昌吉, 음악가의 슬로건인데 '모든 무기를 악기로'라고 그는 항상 말합니다. '모든 무기를 악기로' 라는 말은 오키나와에서 출발하여 일본뿐 아니라 전 세계로 퍼져나간 가장 멋지고 훌륭한 말이라고 저는 생각합니다. 그야말로 모든 무기를 악기로 바꿔야지요.

제가 지질학을 무기로 삼는다는 말은 그와 같은 의미입니다. 곧 악기로 삼는다는 의미입니다. 지질학이라는 학문은 살거나 혹은 살아가는 데 필요한 악기가 됩니다. 그 토지의 정령을 유타 또는 노로라고 하는 사람들의 감각에서 배우는 것도 아주 중요하지만, 과학적인 면에서 지역의 생성과정을 배우는 것 역시 중요한 일입니다.

학문이란 기쁨으로 승화되어야 합니다. 오로지 의무로 배우고 졸업하기 위해 공부하는 것은 결코 안 됩니다. 삶의 기쁨과 깊이를 위해 공부하는 것이 아니라면 공부에 무슨 진정한 의미가 있겠습니까?

불변의 미래

저에게 애니미즘을 가르쳐주신 선생님이 계십니다. 전에 교토대학을 비롯해 여러 대학에서 가르치신 분인데 지금은 이미 은퇴한 이와타 케이지岩田慶治 선생입니다. 이와타 선생은 젊었을 때 지리학을 전공했는데 나중에 문화인류학으로 전공을 바꾼 분입니다. 동남아시아를 중심으로 이곳저곳을 조사하고 다니시는데, 그와 동시에 불교 특히 선禪에도 깊은 관심을 가지고 계세요.

그런데 이 분이 엄청난 말씀을 하셨어요. 자기가 죽으면 그 죽은 날 밤에는 삼라만상이 자신의 죽음을 슬퍼하여 통곡할 것이다, 라고. 그리고 그 밤이 지나면 세계는 다시 아무 일 없었던 것처럼 이전과 똑같은 밝음과 빛을 되찾게 되고, 자신의 죽음은 조금씩 잊히게 될 것이라는 의미의 말씀이었습니다. 그 말씀이 저는 너무너무 마음에 듭니다.

물론 인간이 죽어도 좋다는 말은 아니에요. 인간은 사는 한 열심히 살아야 하지만, 100년 후에는 여기 있는 우리 중 한 사람도 이 세상에 남아있지 않을 겁니다. 하지만 100년 후에도 유나꽃은 7, 8월이 되면 어김없이 같은 빛으로 피어나겠지요. 그 기쁨을 노래하기 위해 우리의 생명이 있는 것은 아닐까 감히 생각해봅니다. 우리는 주어진 생애를 최선을 다해 살고 열심히 배우고 또 세상을 열심히 받아들이다 가면 됩니다. 세상에는 해가 바뀌면 또 각양각색의 새로운 꽃이 핍니다. 그것이 불변의 미래입니다. 나는 나인 동시에 유나꽃이기도 합니다.

그러니까 이번 2, 3일 동안 저에게는 유나꽃의 노란색, 그 색이 바로 신이었습니다. 신이란 별것이 아니에요. 신이란 결코 엄청난 것이 아닙니다. 흔히들 쓰는 대문자의 'GOD'가 아니라도 좋아요. 작은 것, 내 바로 가까이에도 신은 무수히 많습니다. 그 모든 세상을 있게 한 것은 대지, 곧 흙이에요. 그것을 어머니의 대지라고 부르는 것은 영원한 불변의 진리입니다.

다음은 〈원향의 길〉이란 시입니다.

원향의 길

모든 길은 원향原郷으로 가는 길이다
왜냐면
모든 길은 나 자신의 자기에 이르는 길일 뿐이고
당신 자신의 자기에 이르는 길일 뿐이기 때문이다
우리가 가는 길은 우리의 원향으로 가는 길이다
원향으로 가는 길은
원향의 길뿐이다

원향이란 말은 분명 과거의 이미지를 가지고 있습니다. 저는 원향이란 말을 참 좋아하는데, 그 말에서 빛을 느낍니다. 하지만 과거로는 돌아갈 수 없습니다. 우리는 돌아갈 수 없어요. 그래서 미래에 빛을, 원향이라는 말이 가지고 있는 아름다운 말의 영혼=언령을 미래에 투영하는 것입니다. 그곳을 향해 걸어간다. 그 미래란 바로 내 안에 있습니다.

요 며칠 자료복사를 비롯해 여러모로 저를 도와주고 있는 영문과 대학원생이 있는데, 그는 머지않아 미국으로 유학을 갈 계획이랍니다. 그런데 미국으로 간다는 것은 얼핏 봐서 원향과는 전혀 거리가 멀어보입니다. 원향이 아니라 별개의 장소, 별개의 세계 혹은 신세계라고 생각하는 사람이 있을지 모르겠어요. 그곳은 분명 신세계일 수 있지만, 동시에 어떤 사람이 어딘가로 간다고 했을 때 그 어딘가에서 기다리고 있는 것은 바로 그 사람 자신이라는 사실. 자신이 본 빛이 그곳에서 자신을 기다리고 있습니다. 자신의 그 빛이 있는 곳으로 가는 거예요. 그것을 원향이라고 부릅니다. 원향이란 그대로 자신의 뿌리가 있는 곳을 말합니다.

옛날부터 여행을 떠나도 반드시 자신의 그림자가 따라온다는 말이 있는데 정말 그렇습니다. 내가 가는 곳이라면 그곳이 어디든 모든 장소에 나 자신이 먼저 가 기다리고 있어요. 그것은 설령 미국이 아니라도 마찬가집니다. 앞으로 대학을 마치고 어디로든 돌아가거나 가고자 하는 사람이 있다면, 그곳에서 또 다른 자신이 기다리고 있을 것이 분명합니다. 그 미래의 빛을 원향이라는 말로 대신하고 싶습니다.

그 안에는 지혜가 숨어 있습니다. 미래는 미지의 세계지만 과거의 축적, 예컨대 1400만 년이라는 시간의 축적 속에 새겨져 있고, 그것은 DNA가 알고 있습니다. 그 DNA의 감각이 1400만 년의 학습을 이끌어줍니다. 그 연장선상에 미래가 있기 때문에 그것은 원향이라는 말로 표현해도 무방한 세계라고 저는 생각합니다.

비에도 지지 않고

이제 미야자와 겐지 이야기는 안 하려고 했는데 역시 또 미야자와 겐지 생각이 나네요. 여러분도 당연히 알고 계시겠지만 〈11월 3일〉

이라고 제목이 붙은 '비에도 지지 않고'로 시작하는 유명한 시를 읽고
이번 시간을 마치고자 합니다.

이 작품은 사실 시로 쓰인 것인지 어떤지 알 수 없는 작품입니다.
겐지가 죽고 검은색 가죽수첩이 발견되었어요. 세로 15센티, 가로
6.7센티 정도 되는 옛날에 흔히 쓰던 수첩인데, 그 수첩 안에 '11월 3
일'이라고 날짜가 적혀 있고 이 〈비에도 지지 않고〉라는 시가 적혀
있었습니다. 이 시는 중학교, 고등학교 교과서에 나오기 때문에 여러
분도 당연히 읽어본 적이 있을 거예요. 미야자와 겐지의 절창 중 하나
로 너무 아름다운 시라서 그런지 언제 읽어도 좋습니다.

비에도 지지 않고

바람에도 지지 않고
눈에도 여름의 더위에도 지지 않는
튼튼한 몸을 갖고
욕심은 없고
결코 화내지 않고
언제나 조용히 웃고 있는
하루에 현미 네 홉과
된장과 채소를 조금 먹고
모든 일에
자기를 감정에 개입시키지 않고
잘 보고 들어서 알고
그리고 잊지 않고

들판 소나무 숲 그늘

억새 지붕의 작은 오두막에 살면서

동쪽에 아픈 아이 있으면

가서 간병해주고

서쪽에 지친 어미 있으면

가서 그 볏단 짊어지고

남쪽에 죽음 앞둔 사람 있으면

가서 두려워하지 않아도 된다고 말해주고

북쪽에 싸움이나 소송 있으면

부질없는 일이니 그만두라고 말해주고

가뭄 들 때는 눈물을 흘리고

추운 여름에는 갈팡질팡 걷고

모두에게 멍청이라 놀림 받고

칭찬도 안 듣고

불평도 안 듣는

그런 사람이

나는 되고 싶다

그 검은 가죽수첩에 적힌 이 시 바로 뒤에 또 하나의 〈상불경보살〉
이라는 제목의 시 같은 것이 기록되어 있는데, 상불경보살은 사실 법
화경의 제20장에 상불경보살품常不輕菩薩品에 나오는 보살로 항상 합
장을 하고 사람들에게 절을 하며 돌아다닌다는 이상한 보살이에요.
그는 사람들만 보면 '당신들은 마침내 부처가 될 것이다'고 말하면서

반드시 합장을 한답니다. 그럼 합장을 받은 쪽은 기분이 나빠져서 뭐이런 이상한 중이 다 있어! 라며 작대기로 패거나 돌을 던져 쫓아버리죠. 그럼 그 보살은 멀리 도망쳤다가 다시 돌아보고는 '마침내 당신들은 부처가 될 것이다'라고 큰 소리로 외치며 절을 한다는 겁니다. 그래서 항상 업신여길 수 없는 보살이라는 이름이 붙었지만, 미야자와 겐지는 이 상불경보살을 가장 중요하게 생각한 사람입니다. 미야자와 겐지는 법화경의 신봉자로 법화경에 일신을 바친 사람인데, 방금 읽었던 〈비에도 지지 않고〉는 그 상불경보살의 정신을 그대로 시로 노래한 거라고 생각해요.

오늘날 그러한 정신이 가장 농후하게 남아있는 곳은 일본 중에서도 아마 오키나와가 아닐까 생각하는데, 나 이외의 사람을 소중히 여기고 존경하는 정신. 오키나와 본도에만도 몇 백 몇 천 곳의 신전이 있고 그곳에 거하고 있을 각각의 신들, 즉 땅의 정령을 소중히 하고 존경하는 정신이 그대로 선조를 소중히 여기고 존경하며 다른 사람을 소중히 하고 존경한다는 정신으로 반영되고 있습니다. 타인에게 합장하는 행동 자체는 아무래도 좋지만 합장하는 그 정신은 자기 자신 즉 개인을 소중히 생각하는 것 못지않게 중요하지요. 땅의 정령이 강한 이곳 오키나와에 사는 여러분은 자기 자신을 소중히 여기는 만큼 타인을 소중히 여기고 존경하는 정신을 키워나가기 바랍니다. 오키나와는 21세기의 세계적 모델이 되기에 충분한 자질을 갖추고 있는 곳이라고 믿거든요.

9

물이라는 신

당신은 어떤 말을 좋아합니까?
사랑이라는 말을 좋아합니까?
아니면 바다라는 말, 산이라는 말을 좋아합니까?
아니면 상품이라는 말이나 문명이라는 말 국가라는 말을 좋아합니까?
아니면 원자력발전이라는 말이나 핵무기라는 말을 좋아합니까?

물이 흐르고 있다

참고 삼아 먼저 말해두고 싶은데, 혹시 여러분 중에 애니미즘이라는 근원의 세계에 관심을 가지고 있는 사람이 있다면 아까 말했던 이와타 케이지 선생의 저서를 필히 읽어보기 바랍니다. 선생의 관심무대는 대개 동남아시아입니다.

가장 잘 알려진 책이 『초목충어의 인류학草木虫魚の人類学』이에요. 그것과 함께 『신의 탄생ヵミの誕生』과 『god와 GODヵミと神』도 추천하는 바입니다. 본론으로 돌아가 다시 시를 읽겠습니다. 제목은 〈풀이 자라는 길〉입니다.

　　풀이 자라는 길

　　한가운데로 풀이 자라는 길을 걸어간다
　　그 길은
　　이 세상에서 내가 제일 좋아하는 길
　　인간에게는 원향의 길이다
　　어머니여
　　슬픈 어머니여
　　한가운데 풀이 자라는 길을 걸어간다
　　그 길은
　　이 세상에서 내가 제일 좋아하는 길
　　존재가 노래하는 길
　　아주 고요하고 말이 없다
　　풀이 자라고 있는 길

한가운데로 풀이 자라는 길

이어서 비슷한 제목의 〈풀길〉이라는 시를 읽겠습니다.

풀길

풀길을 걸어간다
풀 속의 좁은 길을 괭이를 메고 걸어간다
쓸쓸한 나의 길을 걸어간다
개풀싸리가 들러붙고
대낮부터 귀뚜라미가 우는
풀길을 걸어간다
어머니여
슬픈 어머니여
풀 속의 좁은 길을 괭이를 메고 걸어간다
햇볕이 쨍쨍 내리쬐는
그것은 분명 쓸쓸한 한낮의 길이지만
길이 곧 나이다
내 존재의 길이다
풀길을 걸어간다
풀 속의 좁은 길을 괭이를 메고 걸어간다
이 길
이 길을 더 사랑하라고
당신은 말씀하신다

당신이 그렇게 말씀하시니
그렇게 하지 않으면 안 되리
이 길
가난한 인간의 길
평범한 인간의 평범한 영원의 길
아시아 아프리카의 길 오키나와의 길
야쿠시마의 길
우리들의 길
이 길을 더 사랑하라고
당신은 말씀하신다
당신이 그렇게 말씀하시니
그렇게 하지 않으면 안 되리

일본어의 한자는 읽는 방식에 따라 느낌과 의미가 전혀 달라집니다. 이 시의 '사랑하라' 역시 한자는 '愛'라고 쓰고 읽을 때는 슬퍼하다는 뜻의 소릿값으로'카나시무' 읽고 있어요. 그렇게 읽으면 단순히 사랑한다는 의미보다 '애틋하게 사랑한다'는 느낌이 커지기 때문에, 저는 이 방식의 읽기를 좋아합니다. 이와 비슷한 한자로 핀다는 뜻의 '咲'라는 글자가 있는데, 이것은 가끔 '웃는다'는 의미의 소릿값으로 읽히곤 하죠.

저는 오키나와 말은 잘 모르지만 기원하는 말 중에 '토토가나시'라고 신을 부를 때 쓰는 말이 있습니다. 이 말은 아마도 존경한다는 의미의 '尊토-토'와 애틋하게 사랑한다는 뜻으로 '愛'를 써서 '가나시'

라고 읽는 말의 복합어가 아닐까 생각합니다.

저는 이 '토토가나시'가 아주 훌륭한 말이라고 생각합니다. '가나시'라는 말 속에는 어감에서 오는 긍정적인 면과 부정적인 면이 모두 포함되어 있어요. 결코 단순하지 않죠. '사랑'이 좋은 것만은 아닙니다. 사랑이 지옥일 수도 있다는 말은 전에 '지옥도 하나의 집이다'는 이야기에서도 했지만, 역시 인간의 사랑에는 항상 두 가지 면이 있습니다. 힘들고 슬프기도 하지만 기쁘기도 한, 사랑이란 말에는 그런 양면이 절묘하게 조화를 이루며 존재합니다.

방금 읽은 세 편의 시는 그러한 '愛'의 감각에서 '풀길'과 '이 길'이라는 신=god을 노래한 시였는데, 지금부터는 이 시간의 주제인 '물'에 대한 시를 읽어보겠습니다. 〈물이 흐르고 있다〉는 연작시입니다.

물이 흐르고 있다 1

여기 있는 것은
원래부터 고독이다
이 고독은 언젠가 나무아미타불로 돌아가리
불가사의한 부처로 돌아가리
물이 흐르고 있다
물이
진실을 향해 흐르고 있다
여기 있는 것은
원래부터 고독이다
이 고독은 12월 뜰에 홀로 남겨진 칸나 꽃을 바라보고 있다

붉은 칸나 꽃……
물이 흐르고 있다
물이 진실을 향해
흐르고 있다

여기 있는 것은
그저 하나의 고독이다
이 고독은 분명 울고 있다
울면서 나무아미타불로 돌아가리
불가사의한 부처로 돌아가리
물이 흐르고 있다
물이
진실을 향해 흐르고 있다

물이 흐르고 있다 2

고요한 바닷가처럼
고요히 물이 흐르고 있다
그 소리는
내 온몸을 흐르고
나를 잠기게 한다
멀리 사슴이 울고 있다
한 마리 곤충이 나무아미타불 나무아미타불 하고 운다

물이 흐르고 있다

허리보다 낮게
물이
진실을 향해 흐르고 있다
고요한 바닷가처럼
고요히 물이 흐르고 있다

물이 흐르고 있다 3

산이 있고
그 산기슭을
물이 흐르고 있다
그 물은 의심할 여지없이 나이다
물이 흐르고 있다
물이 진실을 향해 흐르고 있다

물이 세상의 원리다

그럼 오늘 나눠드린 자료를 좀 볼까요? 먼저 탈레스라는 그리스 시
대의 철학자 이야기를 좀 하겠습니다. 그리스철학 하면 여러분은 소
크라테스나 플라톤, 아리스토텔레스 같은 사람을 먼저 떠올릴지 모
르지만, 지금부터 이야기할 탈레스를 비롯한 몇몇 다른 철학자들은

소크라테스 이전 시대 자연철학자들입니다.

서양철학은 대개 소크라테스에서 시작된다고들 보는데, 그것은 소크라테스의 저 유명한 '너 자신을 알라'라는 말의 의미에서 서양철학의 역사가 시작되었다고 보는 견햅니다. '너 자신을 알라'는 앞에서 말한 '나는 누구인가?'와 비슷한 경우인데, 거기에서 서양철학도 시작되었다고 일반적으로 보고 있습니다. 하지만 소크라테스 이전의 철학자들 중에 탈레스라는 사람이 있는데, 그는 서양철학에서는 철학의 아버지라고 불리고 있죠. 탈레스를 알 수 있는 정확한 기록은 없지만, 나눠드린 자료를 잠깐 살펴보겠습니다.

아폴로도로스의 『연대기』에따르면, 탈레스는 제35 올림피아제가 열리던 첫해기원전 640년에 태어났다. 그리고 78세에 그 생을 마감했다. 혹은 소시크라테스의 기술에 따르면 90세. 그는 크로이소스와 동시대의 사람으로, 크로이소스를 도와 하류스 강의 흐름을 옆으로 돌려 다리를 세우지 않고 그곳을 건너게 해줬다고 한다.

『초기 그리스철학자 단편집』야마모토 미츠오 역편, 이하 동일

정확하지는 않지만 기원전 7세기에 태어나 기원전 6세기 전반까지, 제법 오랫동안 살다 간 사람입니다. 부처는 기원전 5세기 사람이니까 부처보다 200년 정도 앞서 살았던 사람이죠. 탈레스의 저서는 하나도 남아있지 않습니다. 탈레스뿐만 아니라 소크라테스 이전 시대철학자들의 특징 중 하나가 저서가 일절 남아있지 않다는 것입니다. 그런데 탈레스를 전후하여 헤시오도스, 아나쿠시만드로스, 아메

쿠시메네스, 헤라클레이토스, 파르메니데스 등 여러 사람이 있었지만, 이들의 공통점은 모두 『자연에 대하여』라는 책을 썼다는 것입니다. 제목이 모두 똑같아요. 『자연에 대하여』라는 제목으로 모든 철학자들이 자신의 자연관을 서술하였습니다.

하지만 그 중 어떤 저서도 남아있지 않아요. 그런데 소크라테스는 그들의 책을 읽었어요. 플라톤도 읽었고 아리스토텔레스도 읽었습니다. 아리스토텔레스나 다른 동시대 철학자들의 저서에서 누구누구는 이렇게 말했고 누구누구는 이렇게 말했다는 식의 기록들이 남아있기 때문에, 탈레스가 어떤 말을 했는지 우리는 아쉬운 대로 알 수 있습니다.

이것은 철학사에 관한 이야기라 너무 자세한 것까지 말할 생각은 없지만, 여기에서 꼭 알아두어야 할 것은 기원전 7세기 혹은 6세기 내지는 5세기라는 시대에 이미 『자연에 대하여』라는 타이틀로 사람들이 각자의 생각으로 자연의 원리를 탐구했다는 사실입니다. 자연의 원리를 탐구하는 것이 철학이었다는 얘깁니다.

우리가 지금 철학이라는 말만 들어도 머리가 지끈거리고 아파온다는 사람이 있을지 모르지만, 자연을 공부하거나 탐구하고 배우는 것이 소크라테스 이전 시대에는 철학 그 자체였습니다. 따라서 요즘 세상의 자연과학은 그대로 철학이었던 셈입니다. 그랬던 것이 소크라테스가 '너 자신을 알라'고 하는 하나의 이론을 내세움으로써 철학의 질이 180도 바뀌고 말았습니다. 즉 철학이 자연학에서 인간학으로 바뀌게 된 겁니다.

필로소피란, 소피는 사랑을 말하고 필로는 안다는 의미입니다. 아는 것을 사랑하는 학문 이른바 애지학愛智學이 바로 필로소피인데, 소크라테스 이후에는 인간에 대한 지혜를 배우는 학문이 필로소피 즉 철학이 되었습니다. 하지만 그 이전의 철학자들은 자연에 대한 공부를 철학의 주제로 삼았지요.

나눠드린 자료 중 15번 '원리'라고 적힌 부분을 읽어보겠습니다. 이것은 물론 탈레스의 원리입니다.

> 최초로 철학에 종사한 사람들 대다수가 다만 질료의 틀에 속한 원리만이 만물의 원리라고 생각했다. 왜냐하면 그들은 모든 존재자가 그로부터 생긴 것 즉 그 질료를 최초의 물질로 하여 그것에서 생겨나고 또 질료를 최후의 것으로 생각하고 그것으로 멸해가는 것이것은 실체는 근저에 머물러 있으면서 오직 양태에 의해서만 변화하기 때문에, 질료를 존재자의 원소이고 원리라고 주장하고 또 그러기 때문에 그 어떤 것도 생성시킬 수도 소멸시킬 수도 없다, 왜냐하면 그런 본성은 항상 유지되기 때문이라고 생각하기 때문이다.

참 길고 복잡한 얘기가 적혀있는데, 요컨대 소크라테스 이전의 철학자들은 형태 있는 모든 세계의 근원에 있는 것질료은 무엇일까를 추구했다는 말입니다. 그 근원에 있는 물질에서 이 세계가 생겨났고 또 그 근원의 물질로 돌아간다는 근원의 원리를 추구하는데, 그것이 자연에 대한 학문으로써의 철학이었습니다. 바꿔 말하면 우리가 살고 있는 세계를 구성하고 있는 것은 무엇인가를 추구했다는 얘기에요. 거기서 탈레스는 세계의 원리는 물이라는 설을 내세웠습니다. 그 부분을 읽어보죠.

철학의 아버지 탈레스는 물이 그것이라고 말한다 그는 또 대지가 물 위에 떠있다는 의견을 가지고 있었다. 그가 이 같은 생각을 갖게 된 것은 아마도 만물의 영양은 습기를 머금고 있다는 것, 또 열 자체는 습기 찬 것에서 생겨나고 그로써 유지된다는 것을 관찰했기 때문일 것이다. '그것에서 만물이 생겨난다'의 '그것'이 만물의 원리이다. 따라서 그런 견해를 그가 갖게 된 것은 이 때문이지만 동시에 또 만물의 종자가 축축한 본성을 가지고 있다는 것 때문이기도 하다. 그리고 물이 갖는 본성의 원리는 축축함이다.

다음은 16번 부분입니다.

대지는 물 위에 가로놓여 있다고 주장하는 사람들이 있다. 즉 이 설은 우리에게 전해진 가장 오래된 주장으로 밀레토스 출신인 탈레스가 한 말이라고 하는데, 그 설에 따르면 대지는 목재나 그 같은 다른 성질의 것과 마찬가지로 (이것들은 모두 본성상 공기 위에는 정지해 있지 않지만 물 위에는 정지해 있기 때문) 뜨는 것이기 때문에 정지해 있다고 한다.

이것 역시 애매한 표현이라서 이해하기 어려울지 모르겠지만, 지중해의 지리를 한 번 떠올려보시기 바랍니다. 그 일대를 다도해라고 부른다는 사실은 알고 계실겁니다. 수많은 섬들로 이뤄진 곳, 밀레토스라는 지역은 그 많은 섬들 중 하나입니다. 탈레스는 거기에서 나고 자란 사람이에요. 섬이란 이곳 오키나와도 마찬가지지만 사방이 바다로 둘러싸여 있는 곳입니다. 그런 지역에서 세계의 원리는 물이라고 하는 탈레스의 설이 탄생하게된 것은 어쩌면 당연한 일일지 모르죠.

탈레스가 관찰한 바에 따르면 모든 존재는 물을 머금고 있다. 축축하다. 나무, 풀, 흙, 산, 대지, 하늘이 됐든, 또한 거기 존재하는 모든 동물이 됐든 물을 머금고 있다는 사실을 그는 두 눈으로 똑똑히 보았을 겁니다. 기원전 6, 7세기의 이런 사고방식이 너무 유치하다고 생각할지 모르겠습니다. 그렇지만 나눠드린 자료의 각주를 보면 알 수 있듯이 오늘날 천문학으로 역산하면 기원전 585년 5월 28일에 발생한 일식을 탈레스는 계산을 통해 이미 예언한 것이 됩니다. 설마하니 영감을 가지고 예언했을 리는 없겠죠. 어느 정도 지구와 달의 운행을 계산하고 그 결과 몇 년에는 일식이 일어날 것이라는 예언을 한 겁니다. 날짜까지는 정확하게 예언하지 못한 것 같지만 말이에요.

그 밖에도 탈레스가 한 일은 여러 가지가 있는데, 예컨대 원은 지름에 의해 이등분된다는 정리를 최초로 증명한 것도 이 사람이라고 합니다.

이렇듯 탈레스는 수학능력을 이미 가지고 있었어요. 원의 직경이 원의 면적을 이분한다는 사실을 증명하는 능력은 물론이고 일식이나 월식이 언제 일어날지 알아맞힐 능력은 현재를 살고 있는 저에게도 없습니다. 탈레스의 지성은 기원전 7세기 내지는 6세기이긴 하지만 이른바 고대라는 시기의 소박함과는 거리가 멀었습니다. 그런 그의 지성 덕분에 아슬아슬하게 이 세계의 근원 즉 원리質料는 무엇일까를 생각했을 것이 분명해요.

그러니까 후세에 철학의 아버지라고 불리게 된 거고요. 탈레스는 '물'이라는 하나의 결론을 내렸는데, 아낙시메네스라는 사람은 '공기'라고 말했고, '아니다 그렇지 않다, 세계의 원리는 불이다'라고 말한 사람도 있습니다. 바로 헤라클레이토스라는 사람이지요. 어쨌든 여러 가지 설이 거론되었는데 거기에는 또 각각의 이유가 있었습니다. 하지만 저는 맨 처음 나온 설 때문은 아니지만 물이 이 세상의 원리라는 설이 맞을 것 같아요. 그것이 정답일 것 같단 말입니다. 왜냐하면 현대의 물리학에서는 세상에서 최초로 구성된 원소가 수소라는 사실이 잘 알려져 있습니다. 그 수소로서 세상은 만들어졌습니다. 수소와 물은 다르지만 물의 기본은 수소잖아요. 어쩌면 그런 사실까지 탈레스는 알고 있었는지 모릅니다. 그만큼 그의 통찰력은 뛰어났던 거죠.

왜 그런지는 모르겠지만 우주먼지가 모여서 만들어졌다는 이 은하계에 태양계가 만들어진 것은 46억 년 전이라는 것이 지금으로서는 상식입니다. 태양계가 만들어지고 그 안에 지구란 하나의 행성이 물을 축적하고 있었습니다. 화성에도 목성에도 얼어있기는 하지만 역시 물이 있다는 것은 지금이야 증명된 사실이기 때문에 지구에만 물이 있다고 할 순 없지만, 액체 상태의 물이 존재하는 곳은 아직까지는 지구뿐입니다. 그 물 속에서 35, 6억 년 전에 최초의 생명이 탄생했다고 전해집니다.

그 생명의 발상은 어떻게 시작되었을까요? 단백질의 기본인 아미노산의 합성까지는 현대화학으로도 증명이 가능합니다. 아미노산의 합성까지는 가능하지만 그 아미노산에서 단백질로, 그리고 거기에서 최초의 DNA는 어떻게 하여 출현했는가 하는 것은 아직 밝혀지지 않고 있어요. 그 최초의 단백질과 DNA 사이에 어떤 의미에선 능가할 수 없는 뭔가가 남아있는 것 같은데, 그것은 틀림없이 연결되어 있어요. 물과 DNA 사이도 물론 물만 있는 것은 아니지만 연결되어 있는 것이 분명합니다.

일반적으로 우리는 생물과 무생물 사이에 하나의 선을 긋고 생각합니다. 인간은 생물이고 물이나 철, 암석 같은 것은 무생물이라는 식으로 선을 긋지요. 하지만 생명이 발생한 시점으로 돌아가면 그 선은 사라지게 됩니다. 생명이란 바로 무생물에서 만들어지기 때문이죠.

물론 또 하나의 설이 있긴 합니다. 우주 또는 은하계 어딘가에 생명체가 있어서 그 생명체의 종자가 지구로 날아와 지구에서 생명이 발생하게 되었다는 설이죠. 하지만 대부분의 과학자들은 태양계 밖에서 날아온 종자로 인해 생명이 발생했을 리는 없다고 믿고 있고, 저 또한 그렇게 생각합니다. 그렇게 본다면 비非생명과 생명은 연결되어 있다. 이 점만큼은 반드시 알아두길 바랍니다. 생명과 비생명이 연결되어 있다는 것만 알면 사는 것이 훨씬 편안해집니다. 모든 동물은 죽음을 두려워하는데 인간도 동물이잖아요? 하지만 생명이란 것이 비생명과 연결되어 있다는 사실을 확실한 지성으로 인식하게 되면, 이 죽음에 대한 공포는 어떤 의미에서 해결되게 됩니다. 생명과 비생명이 연결되어 있다. 비생명이 그대로 생명이 되고 생명이 그대로 비생명이 되는 하나의 연결고리로 연결되어 있는 세계입니다.

거기에 물이라는 원초의 매개물, 즉 원리가 존재합니다. 대부분 사람들이 나는 결코 물 따위가 아니라고 평소에는 생각하지만, 원래 우리는 물입니다. 물에서 만들어졌고 물로 돌아가는 존재. 물론 우리의 영혼이 하늘에서 와서 천국으로 돌아가는 존재라는 해석도 있고, 그것은 그런 대로 의미가 있다고 생각합니다. 하지만 물에서 와서 물로 돌아가는 존재라는 사실을 저는 어느 순간, 아니 방금 읽은 시가 완성되었을 때 실감할 수 있었습니다. 지금도 그 물이 흐르고 있습니다. 그 물이 진실을 향해 흐르고 있어요. 내 생명이란 오직 물이 흐르고 있는 것과 같습니다.

물가에 가면 우리는 왠지 모르게 기분이 좋아집니다. 참 신기한 일이 아닐 수 없어요. 물론 기분이 좋아지는 곳은 그 밖에도 많지만, 물이 있는 곳에 가면 뭔가 근원적으로 기분이 좋아집니다. 히노 케이조라는 작가처럼 사막이 좋다는 사람도 있지만, 아무리 사막이라도 그 사막의 중심은 역시 오아시스죠. 게다가 그 물이 깨끗하고 반짝반짝 빛나기까지 한다면 그것만으로도 무조건 행복해지는 것이 인간성이라고 생각합니다.

물론 그것은 한 순간에 불과합니다. 오랜 시간 물을 보고 있으면 처음 느꼈던 감격도 차츰 사라지겠죠. 그러다가 물가를 벗어나면 다시 물가로 돌아오고 싶어져요. 벗어났다 돌아왔다 하는 동물의 숙명을 인간은 그 내면에 가지고 있습니다. 우리의 생명이 물이라는 하나의 비非생명에서 탄생했다는 것이 생리적인 사실임과 동시에 인간의 애지학적 기쁨도 물에서 옵니다.

물과 관련된 시를 두 편 정도 읽어보겠습니다.

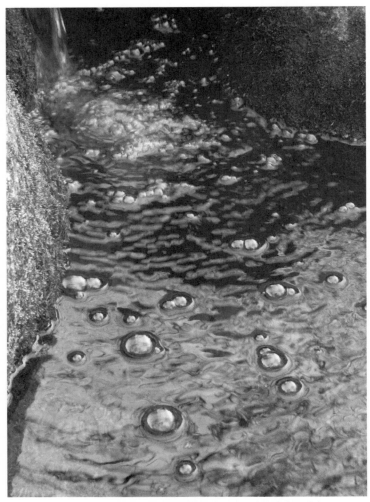

물가에 가면 우리는 왠지 모르게 기분이 좋아진다. 참 신기한 일이 아닐 수 없다.
물론 기분이 좋아지는 곳은 그 밖에도 많지만, 물이 있는 곳에 가면
뭔가 근원적으로 기분이 좋아진다

물소리 1

물소리를 들으며
물소리에 녹아든다
옛날 나를 이끌던 쓸쓸한 서행법사의 뒷모습 지금은 이미
여기에 없다
여기는 물의 고장
물소리가 법이다
살아있는 물의 고장에서 살아있는 물이 법이다
물소리여
물소리여
여기는 고요함의 고장 고요함이 법이다
물소리를 들으며
물소리에 녹아내린다

물소리 2

가을 문턱의
쓸쓸하고 풍부한 물소리만큼
녹아들 수 있는 것
지금까지 내 생활 속에는 없었다
가을 문턱의
쓸쓸하고 풍부한 물소리는

영원 그 자체의 깊은 소리였다
관음보살이라 부를 것도 없는
그 소리였다

여기서 잠깐 야쿠시마 이야기로 돌아가겠습니다. 그 섬은 산이 높고 숲이 깊어서 몇 십 개가 넘는 아름다운 계곡물이 콸콸 소리를 내며 흐릅니다. 저는 그 중 하나인 시라카와白川라는 계곡 바로 근처에 살고 있습니다. 그 계곡물은 급류라서 밤이나 낮이나 둥둥 산을 흔드는 소리를 내며 흐르는데, 20년 넘게 살다보니 그 흐름과 소리가 제 생활 공간이라기보다는 바로 제 자신처럼 느껴지게 되었습니다. 그런 곳에 살고 있는 덕분에 물소리가 저에게는 어느새 법이 되었지만, 그것을 여러분에게 강요할 생각은 추호도 없습니다. 어쨌든 물이 인체의 3분의 2를 차지하고 있어서, 몸은 물을 결코 무시할 수 없습니다.

어제도 말했지만 세계의 모든 물은 오염되어 있어요. 그것은 곧 세계가 오염되어 있다는 말입니다. 물이 세계를 재생시킨다고 하죠? 내가 살고 있는 지역의 물, 여러분 각자가 살고 있는 곳의 물이 더럽혀지지 않게 함으로써 세계를 되살릴 수 있습니다. 물만 깨끗하면, 혹은 공기만 깨끗하면, 또는 흙만 방사능을 함유하지 않으면, 방사능이 모든 공해물질의 대표라 하지만, 인류는 여전히 이땅에서 천 년이고 이천 년 혹은 1만 년 이상 살아갈 수 있을 것입니다. 그런 희망을 가지고 싶어요. 지금 우리 시대는 인류가 100년을 버틸 수 있을지 더 이상 보장할 수 없는 시대입니다. 하지만 물, 공기, 흙 그리고 숲만 있으면 지금까지 500만 년이나 살아온 종족이니만큼 앞으로 적어도 그 두 배는 살아갈 수 있을 것입니다.

좀 과장된 이야기지만 태양계의 수명은 앞으로 50억 년은 끄떡없는 것으로 계산되는데, 단순하게 계산해도 태양계의 수명은 아직 반도 안 되었다고 나옵니다. 따라서 인류가 자연환경 즉 물과 흙과 공기를 정상적으로 잘만 보존한다면, 우리에게는 아직 50억 년이라는 방대한 시간이 남아있는 셈입니다. 그만큼의 시간 동안 이 지구에서 우리는 태어나고 죽고, 태어나고 죽고, 태어나고 죽는 역사를 반복할 수 있습니다. 하지만 어디선가 그 균형이 깨지면, 특히 물과 오존층의 파괴를 포함한 공기가 무너지면 100년도 채 버티지 못하겠죠.

또 플루토늄, 핵무기뿐만 아니라 원자력발전소도 마찬가지지만 현재 원자력발전소의 폐기물로 유출되는 플루토늄의 독성은, 그것이 반으로 줄어드는 데만도 2만 4천 년이라는 시간이 걸린다고 합니다. 반으로 감소하는 데 걸리는 시간만 해도 2만 4천 년. 그런 것들을 우리는 지금 시시각각 만들어내고 있습니다. 그러므로 적어도 2만 4천 년 후까지, 플루토늄의 독성이 모두 사라지는 것이 그 백배인 2백 40만 년 후라고 한다면, 적어도 그때까지는 우리의 책임이라고 할 수 있습니다. 오키나와에는 원자력발전소가 없기 때문에 오키나와 사람들은 그에 대한 책임이 없다고 할지 모르지만, 전체 문명의 향유자로서 우리 한 사람 한 사람은 모두 플루토늄에 책임이 있습니다. 그것은 우리가 원자력발전소뿐만 아니라 모든 종류의 화학적 독성물질을 지구에 매일같이 배출하면서 살고 있기 때문입니다. 그들의 상징이라 할 수 있는 플루토늄이 반감하는 데만 2만 4천 년이라는 정신이 아득해질 정도의 시간이 걸린다니, 무슨 일이 있어도 원자력발전소를 지금 당장 멈추게 하지 않으면 안 됩니다. 이런 것을 비롯해 맑은 물을 지키고, 이미 오염된 것이 사실이라면 그것을 재생시키는 방향으로 나아가야 합니다. 물론 오키나와의 미군기지 문제는 극단적으로 말하면 또 하나의 원전문제이고 또 하나의 수질오염문제라고 생각합니다.

잠시 환경문제로 이야기가 흐르고 말았는데, 마지막으로 물과는 상관없기는 하지만 철학적으로 그것과 깊은 연관이 있는 〈말〉이라는 시를 읽어보겠습니다. 이것은 여러분에게 던지는 질문입니다.

> 말
>
> 당신은 어떤 말을 좋아합니까?
> 사랑이라는 말을 좋아합니까?
> 아니면 바다라는 말, 산이라는 말을 좋아합니까?
> 아니면 상품이라는 말이나 문명이라는 말 국가라는 말을
> 좋아합니까?
> 아니면 원자력발전이라는 말이나 핵무기라는 말을 좋아합니까?
> 나는 지금
> 원향原鄕이라는 말과 절실하다는 말이 너무나 좋습니다
> 원향이라는 말에는 나의 빛이 있습니다
> 절실하다는 말에는 나의 눈물이 있습니다
> 당신은 당신대로
> 나는 나대로 우리 다 같이
> 정말 마음으로 좋아하는 말을 찾아
> 그 말을 소중히 하고

그 말을 따라 살아가는 것이 인간이고
인간사회라고 나는 생각합니다

당신은 어떤 말을 좋아합니까?

　부디 자신이 정말 좋아하는 말을 찾아내기 바랍니다. 오늘은 탈레스 이야기를 좀 했는데, 철학이란 사실은 어려운 것이 아니에요. 문장이 조금 난해한 자료이긴 했지만, 자신이 정말 좋아하는 말을 발견하는 것이 원래의 철학입니다. 그리고 그것을 이미 찾았다면 그 사람은 이미 철학자입니다. 철학이란 결코 어려운 것이 아니에요. 탈레스가 물이라는 원리를 발견한 것은 탈레스라는 사람이 물을 정말 좋아했기 때문에 물을 세계의 원리라고 주장할 수 있었던 거죠. 그러므로 물뿐만 아니라 모든 존재가 세계의 원리가 될 수 있습니다. 여러분 한 사람 한 사람이 자신이 좋아하는 말을 찾고 그것을 자기 혼자 소유하는 것이 아니라 다 같이 공유할 수 있도록 그 말을 친구나 부모 누구에게든 전하세요. 그리고 그 말을 따라 살아가면 됩니다.

10

나의 마지막 집

숲은
흙과 나무들을 끌어안고
침묵하며 살아가고 있다
사람은 그 숲으로 돌아간다
숲은
하나의 커다란 어둠이고
자비이다
사람은 그곳으로 돌아간다

평생 직업

오늘은 7월 15일, 앞으로 이틀 남았네요.

아침에 《오키나와 타임스》를 보는데 요나미네 사다与那嶺貞, 1909~2003 선생에 대한 기사가 실렸더군요. 올해 아흔 살이 되신 분으로, 요미탄잔 하나오리読谷山花織라는 직물織物장인으로서 인간국보로 지정되셨다고 합니다. 그에 대한 축하모임이 어제 있었다는 뉴스였어요.

요나미네 사다 선생이 하나오리를 처음 시작했을 때가 쉰다섯 살 때였다고 적혀 있더군요. 그 전까지는 학교 선생님을 하셨대요. 그때 당시에는 쉰다섯이 정년이었는지 모르겠지만, 어쨌든 그때부터 하나오리를 시작해 35년간 오로지 외길만 걸어오시다 결국 인간국보라는 영예를 얻게 되신 겁니다.

그 기사를 보면서 이런 생각을 해봤어요. 요나미네 선생은 교사시절 분명 교사가 자신의 천직이라고 생각하셨을 것이다. 그러나 정년이 되자 앞으로 무엇을 할까 고민하다 하나오리에 뛰어들게 되셨을 텐데, 막상 아흔 살이라는 나이가 되고 보니 요나미네 선생의 평생 직업은 교사가 아니라 어쩌면 하나오리가 아니었겠는가 하는 생각을 해봤습니다. 이것은 물론 저 혼자만의 생각이지만, 그녀가 평생 직업을 만난 것은 쉰다섯의 나이였다고 생각합니다.

지금 여러분은 스무 살쯤 됐을 테니까 지금부터 평생 직업을 생각할 때라고 보겠지만, 쉰다섯 살에도 늦지는 않다는 겁니다. 진정한 천직을 만날 수만 있다면 쉰다섯 살 때부터라도 충분히 성공할 수 있어요. 그 얼마나 멋진 일입니까? 물론 20대에 그런 천직을 찾을 수만 있다면 더할 나위 없이 좋겠죠. 요미탄 마을에는 또 한 사람의 인간국보가 있는데, 츠보야야키 도자기를 만드는 킨죠 지로金城次郎라는 장인이 바로 그 분입니다. 한 마을에서 다른 분야의 인간국보가 두 명이 나온다는 건 아주 대단한 일이에요. 어쩌면 요미탄이라는 마을 풍토 속에 그런 문화를 키우는 강한 땅의 정령이 깃들어 있는지도 모르죠. 하긴 인간은 살아 있는 이상 누구나 인간국보라고 말하는 사람도 있긴 하지만요.

그 이야긴 차치하더라도 오늘 무엇보다 먼저 하고 싶은 말은, 진정한 직업 즉 천직은 쉰다섯 살에도 찾을 수 있다! 서른 살에 평생 직업을 발견할 수 있다면 그건 정말 빠른 편이죠. 마흔도 빠를지 모르고 쉰 살이라고 결코 늦은 게 아니에요. 지금 이 강연을 녹음해주시는 출판사 사장님이신 이시가키 씨하고 오늘 아침에 이런 이야기를 했어요. 우리 둘 다 적당히 좋은 나이들이 됐는데, 이제부터라도 늦지 않았다, 이제부터라도 평생 직업에 최선을 다하자 뭐 그런 약속 같은 이야기였어요. 여러분도 서두르지 말고 진정으로 원하는 평생 직업이 무엇인지 여러분 각자가 지금부터라도 찾아보기 바랍니다. 이번 저의 강의가 여러분이 그것을 찾는 데 조금이나마 힌트가 될 수 있다면 더 바랄 게 없겠습니다.

각설하고, 시란 어떤 의미에서 특수한 세계이고 또 삶 자체의 세계이기 때문에 그다지 좋아하지 않는 사람에게는 고통일지도 모르겠어요. 고통인 사람은 흘려들어도 좋습니다. 학점에 반영되는 수업이라 재미가 없다고 졸거나 도중에 나가거나 하면 안 된다는 규칙상의 문제는 있겠지만, 전 추호도 그럴 마음이 없기 때문에 졸아도 상관없어요. 그래도 5일 간의 강의 중에서 여러분이 이거다! 하는 빛을 발견하고 하나라도 얻어갈 수 있으면 고맙겠습니다.

그럼 나눠드린 자료의 시를 먼저 읽어보도록 하죠.

첫 번째 시는 〈다섯 개의 뿌리리조마타〉라는 십니다. 이 '뿌리'라는 말에 '리조마타'라는 말을 덧붙였는데 그리스어에요. 전 그리스어에 대해 전혀 아는 바가 없지만 왜 알지도 못하는 그리스어를 썼는가 하면, 어제 말했던 탈레스라는 사람의 물이라는 세계관에 영향을 받았기 때문입니다. 좀더 정확히 말하면 소크라테스 이전의 자연철학자라 불리는 사람들의 세계관에 깊이 매료되어버린 바람에 리조마타라는 그리스어를 좋아하게 되었고, 그러다보니 저도 모르게 시 제목에 그 말을 덧붙였더라고요.

말이란 알아둬서 손해 볼 건 없으니까 여러분도 가슴 한쪽에 간직해두면 좋을 거예요. 내친김에 제가 알고 있는 그리스어가 하나 더 있는데, 그것도 가르쳐드리죠. 영혼을 그리스어로 프쉬케라고 하는데, 20대 후반쯤에 『프쉬케』라는 동인지를 낸 적이 있어요. 프시케라는 말은 psychology=심리학이라는 말의 어원인데, 이것도 참 좋은 말이라고 생각해요.

저도 오늘 오래된 오키나와 말을 하나 더 배웠습니다. 요즘에는 별로 사용하지 않는다고 하는데, '니헤데비르'라고 고맙다는 뜻의 말이랍니다. 살면서 새로운 말 하나를 배운다는 건 그만큼 내 영혼의 재산이 늘어나는 일입니다. 좋은 말은 보물과도 같거든요. 그 보물의 세계, 재산의 세계를 점점 더 넓혀가서 돈 많은 부자가 아니라도 그런 보물이 많은 부자 인생을 살았으면 좋겠어요.

다섯 개의 뿌리 - 리조마타

물은
물의 진실을 흐르고 있다
흙은
흙의 진실을 보듬고 있다
나무는
나무의 진실을 키우고 있다
불은
불의 진실에 머물러 있다
그리고 대기는
대기의 진실을 스스로 호흡하고 있다
그리고 모든 것을 감싸고 모든 것의 바닥에
물이 흐르고 있다
물이 진실로 흐르고 있다

이것은 어제 읽었던 물이라는 테마의 속편이라 할 수 있는데, 이 시 중에 '흙은 흙의 진실을 보듬고 있다'라는 부분이 나옵니다. 흙에 대해서는 놀라운 사실이 있는데, 그것을 지금 말할까 해요.

1그램의 흙, 1그램 하면 손바닥에 네 손가락으로 살짝 집어 올려놓은 정도의 양인데, 그 1그램의 흙 속에 박테리아 즉 눈에 보이지 않는 미생물이 5억에서 10억 개가 살고 있다고 전문서적에 적혀 있어요. 그 말은 흙이란 일반적으로는 무생물로 인식되고 있지만 실제로는 그렇지 않다, 미생물 덩어리고 생명 덩어리다 이 말입니다. 그 숫자를 처음 알았을 때 얼마나 놀랐는지 몰라요. 흙은 살아있다는 표현을 농업관련 서적에서 곧잘 보지만, 살아있는 정도가 아니라 생명 덩어리가 바로 흙이더란 말입니다. 그 박테리아들이 온갖 작용을 해서 식물을 키우고 식물은 다시 꽃을 피우고 열매를 맺고. 그 꽃이나 열매를 동물들이 먹고 살죠. 그 가장 깊은 근간에 흙이라는 형태로 5억 내지 10억의 생물들이 살고 있고, 그들의 작용으로 우리는 무생물 세계와 연쇄적으로 관계를 맺고 있는 거죠. 뿌리 즉 리조마타란 생물이 무생물로 융합해가는 구체적인 장소인 셈입니다.

숲

숲은
흙과 나무들을 끌어안고
침묵하며 살아가고 있다
사람은 그 숲으로 돌아간다
숲은
하나의 커다란 어둠이고
자비이다
사람은 그곳으로 돌아간다
숲의 밑바닥에는
물이 흐르고 있다
그 물 역시 숲이다
사람은 그곳으로 돌아간다 그 숲으로 돌아간다

어제 점심시간 때였을까요? 연구실 창문으로 밖을 내다보고 있는데, 숲이라고 하기에는 좀 뭣하지만 어쨌든 나무들이 서있고 거기에 돌로 된 둥그런 테이블이 놓여있는데, 거기서 한 남학생이 낮잠을 자고 있는 모습이 보이더군요. 그게 얼마나 기분 좋아 보이던지 나도 10분만이라도 좋으니 저렇게 자봤으면 하는 생각이 절로 들대요. 개인적인 얘깁니다만 사실 그젯밤에는 한숨도 못 잤어요. 새벽 3시 정도에 눈이 떠졌는데 도대체 잠이 오질 않아요. 결국 그대로 여기에 오게 되었는데, 덕분에 어제는 엄청 힘들더군요. 그런 제가 점심시간에 나무그늘에서 낮잠을 자는 학생의 모습을 봤으니 얼마나 부러웠겠습니까? 5분이라도 좋으니 저기 가서 잠들어봤으면…… 나무그늘에서 자는 것이 얼마나 편안한지, 숲이랄까 혹은 나무가 가지고 있는 편안함을 그 풍경에서 절실히 느꼈습니다.

생명의 울림

왜 이 이야기를 하는가 하면 오늘은 잠깐 고바야시 잇사小林日茶18세기 일본의 가인-옮긴이에 대해 말하고 싶어섭니다. 고바야시 잇사란 사람은 여러분도 이름 정도는 들어봤겠지만, 전 어떤 계기로 잇사의 세계에 관심을 갖게 된 지 10년 정도 됩니다. 약 10년 간에 걸쳐 이번 강의와 같은 애니미즘이라는 테마로 고바야시 잇사의 생애와 하이쿠俳句를 소재로 한 책을 썼습니다. 조만간 책으로 나올 텐데 혹시 여러분 눈에 띄거든 관심 있으신 분들은 한번쯤 읽어봐 주시기 바랍니다.

'애니미즘'이라는, 즉 삼라만상에 영혼이 깃들어있다는 사상 안에 앞으로 인류가 살아가기 위한 희망의 근원이 있다고 저는 믿습니다. 하지만 애니미즘 하면 대개는 원시적인 세계, 스산하고 이상한 주술이나 토템을 숭배하는 세계라고들 생각하기 때문에, 고바야시 잇사라는 비교적 최근의 인물을 인용해서 지금도 살아있는 시의 형식인 하이쿠에서 애니미즘이 살아있음을 증명하기 위해 책을 한 권 펴내게 되었습니다.

제가 잇사를 인용한 것은 그의 하이쿠가 아주 이해하기 쉽기 때문인데, 하이쿠의 세계는 여러분도 알다시피 계절어季節語를 기본으로 합니다. 잇사의 것은 아니지만 바쇼芭蕉1644~1694의 하이쿠 중 '고요함이여 바위로 스며드는 매미 소리'라는 것이 있는데, 여기에서 계절어는 '매미 소리' 즉 매미가 계절어가 됩니다. 지금이 딱 온 사방에 매미 소리가 울려 퍼지는 시기죠. 현대의 하이쿠에서는 계절어가 필요 없다는 주장도 있지만, 전통적으로 하이쿠에 계절어가 없으면 안 된다는 규칙이 있습니다. 이때의 계절어가 그야말로 애니미즘에서 말하는 신=god이라는 얘기를 하고 싶었습니다. 이 근방에서 우는 매미는 보통 곰매미라는 아주 시끄럽게 우는 매미인데 냄비 바닥 긁는 소리라고 엄청 싫어한다고 하니 제가 예를 잘못 든 것 같긴 하지만, 어쨌든 바쇼는 야마가타 현의 야마데라山寺 절에서 이 하이쿠를 지었는데, 그때가 하이쿠 기행1689년 3월부터 9월까지의 여행길에 지은 하이카이를 엮은 '깊은 오솔길'이란 뜻의 『奧の細道』기행 ─ 옮긴이 도중이었다고 해요.

여름에도 시원한 토호쿠東北지방의 산사를 상상해보세요. '고요함이여'라고 읊은 뒤 '바위로 스며드는' 하고 '매미 소리'로 끝나고 있어요. 깊고 고요한 산사를 둘러싼 우거진 숲으로 울려 퍼지는, 뭐라 형용할 수 없는 조용한 매미의 울음소리가 들려옵니다. 그 소리를 듣고 있는 바쇼에게 그 순간만큼은 매미 소리가 고요함을 알리는 신의 소리였던 거죠. 계절어란 그런 신의 감각들이 축적된 끝에 정착된 것입니다.

고바야시 잇사는 1763년에 신슈信州, 지금의 나가노 현 카시와바라라는 작은 마을에서 태어났습니다. 1763년은 메이지 원년이 1868년이니까 그보다 약 100년 전에 태어난 에도시대 후기의 사람입니다. 만 열네 살 때 에도지금의 도쿄로 남의집살이를 가게 되는데, 계모하고 사이가 나빴다고 하니 제 발로 나왔는지도 모르죠. 어쨌든 그때 신슈의 산길을 걸어서 가야 하는데 에도까지는 적어도 일주일은 걸어야 했을 겁니다.

그 후 어디서 뭘 했는가는 자료상으로는 전혀 기록된 바가 없는데, 스물다섯 살 무렵에 '잇사'라는 이름으로 홀연히 문헌에 등장하게 됩니다. '키쿠메이보 잇사'라는 이름으로. 그렇게 스물다섯이 된 잇사가 이미 하이카이俳諧, 일본 전통시 형식인 하이쿠와 렌쿠의 총칭-옮긴이 세계에 입문해서 그 당시 에도에 모두 몇 십 명은 되었을 하이카이 시인의 한사람으로 활약하고 있었음을 알 수 있습니다. 그리고 스물일곱 살 때 지금의 동일본 일대에 해당하는 오슈奧州 지방을 순례하는 여행을 떠납니다. 바쇼를 흉내 낸 거죠. 그리고 서른 살이 되자 이번에는 에도를 떠나 서쪽으로 길을 떠나는데, 규슈의 쿠마모토 현 남쪽에 있는 야츠시로라는 도시까지 내려갔다고 해요. 그 여행은 무려 7년이나 계속됩니다. 여기저기 하이카이 시인들을 찾아가 몸을 의탁하면서 수행을 계속하다 에도로 돌아온 것은 서른여섯 살 때였지요. 정확히는 서른 살 되던 해 3월에 출발해서 서른여섯 살 여름에 에도로 돌아온 거죠. 그때부터 에도에서 한 사람의 엄연한 하이카이 시인으로 활동을 시작합니다.

하이쿠에 관심이 없는 사람한텐 지루한 이야기일지 모르지만, 그 시대 하이카이 시인은 크게 고하이業俳와 유하이遊俳 두 종류로 분류했습니다. 여러분은 에도시대 하면 하이쿠가 그렇게 성행했을 리 없다고 막연하게 생각할지 모르지만, 실제로는 바쇼가 등장한 1600년대 후반부터 하이쿠라는 장르가 엄청난 기세로 일본 방방곡곡으로 퍼져나가기 시작했어요. 고작 열일곱 글자로 자신의 마음을 표현해내는 문학형식이기 때문에 너나 할 것 없이 글만 좀 쓸 줄 아는 사람이면 누구나 하이쿠를 썼고, 덕분에 하이카이 인구는 엄청났죠. 잇사가 무려 7년씩이나 일도 안 하고 여행을 다닐 수 있었던 것은 가는 곳곳마다 에도에서 온 하이진俳人, 하이쿠 시인이라는 이유로 밥은 물론이고 하이카이를 읊을 자리를 제공해주는 사람들이 많았기 때문이었습니다.

그러한 현상은 바쇼의 『하이쿠 기행』 시대에도 마찬가지였어요. 토호쿠 지방의 가장 외진 벽촌에도 하이카이를 즐기는 사람들이 있어 바쇼를 맞아주었는데, 당시 하이카이를 하는 사람들 중에서 고하이란 그것을 직업으로 삼고 있는 하이진을 말하고, 또 하나 유하이는 그런 문학을 취미로 즐기는 정도의 사람이기 때문에 어느 정도 생활에 여유가 없으면 불가능했죠. 생활에 여유가 있다는 말은 곧 무사거나 절의 스님, 의사, 혹은 마을의 촌장 정도는 되는 사람을 뜻하지요. 그런 사람들이 취미 삼아 하이쿠를 짓는 겁니다. 그처럼 재미 삼아 하이쿠를 짓는 사람들을 유하이라고 불렀는데, 고하이들은 그런 사람들을 찾아가 끼니와 거처할 곳을 제공받으며 하이쿠를 짓지요. 하이카이를 가르치면서 여행을 계속하는 시스템이 이미 정착되어 있었어요.

잇사는 에도로 돌아와 한 사람의 고하이로서 속된 말로 잘 나가게 되는데, 마흔아홉 살 되던 해에 '달과 꽃이여 헛되고 헛되도다 마흔아홉 해'라는 하이쿠를 짓습니다. 스물다섯 살부터 하이쿠를 짓기 시작해서 죽어라 하이쿠로 먹고살았던 거렁뱅이 시인 같던 그가, 하이쿠니까 달을 노래하고 꽃을 노래하긴 하지만, 그 달을 노래하고 꽃을 노래하면서 살아온 지난 49년이 헛되고 헛되다는 하이쿠를 지은 거예요. 마흔아홉이면 쉰이 코앞인 나이죠. 잇사가 평생 스승으로 받들었던 바쇼는 쉰 살에 죽었습니다. 그 시절엔 인생 오십이 고작이었으니까 마흔아홉이면 마지막에 가까운 나인데, 더 이상 이렇게 살 순 없다는 생각이 잇사의 마음에 새록새록 생겼던 거겠죠.

그래서 무슨 생각을 했나? 신슈의 카시와바라로 돌아갈 결심을 한 거예요. 그의 나이 쉰 살 되던 해인데, 그해 11월 17일에 에도를 출발합니다. 그리고 11월 24일에 카시와바라에 도착. 마침내 고향으로 돌아온 겁니다. 이 날짜는 음력인데, 음력 11월 24일이면 신슈는 이미 겨울이 깊었을 때라 잇사가 고향에 도착한 그날 눈이 엄청 내립니다.

그리고 그날 새로운 하이쿠가 탄생하게 되죠. '이곳이 바로 내 마지막 집인가 쌓인 눈 오 척'이라는 하이쿠로, 지난 시간 잠깐 소개했었죠. 이것은 잇사의 하이쿠 중에서도 가장 유명한 것 중 하나라 모두 알고 계실 겁니다. 한 사람의 생애를 이렇게 짧은 시간에 어찌 다 말할 수 있겠습니까만, 그야말로 간략하게 한두 마디로 요약하자면 에도의 고하이로 여기저기 불려다니며 하이쿠를 짓고 그에 대한 사례금을 받아서 먹고살던 것이 그때까지의 잇사의 생애였습니다. 그런 생활 속에서 이것은 헛되다는 하나의 결론에 도달하고 자신의 고향으로 돌아갑니다. 그리고 그 고향을 '이곳이 바로 내 마지막 집인가 쌓인 눈 오 척'이라고 노래한 순간부터 잇사의 진정한 하이쿠세계는 시작됩니다. 전반의 인생도 물론 하이진이었기 때문에 어느 정도 훌륭한 작품이 있긴 하지만, 귀향한 쉰 살에서 예순여섯에 죽을 때까지인 16년 동안 이른바 잇사만의 하이쿠 세계가 화려한 막을 펼치게 됩니다.

왜 이런 이야기를 하는가 하면 역시 인간에게는 '장소'라는 것, '살 곳'이라고 해도 좋겠죠, 어쨌든 그 장소와 맞지 않으면 거기에서 아무리 열심히 살아도 결실을 맺을 수 없다는 겁니다. 잇사와 거의 같은 시대에 활약했던 사람으로 오타 난보太田南畝라는 쿄카狂歌, 풍자와 익살을 노래한 일본고유의 단가―옮긴이 시인이 있었습니다. 이 사람은 에도에서 태어난 무사였어요. 그 사람은 죽을 때 '지금까지 죽음은 다른 사람 일이라 생각했는데 내가 죽다니 참을 수 없다'는 쿄카를 남겼죠. 자신의 죽음을 익살스러운 쿄카로 노래하고 있는데, 그 사람에게는 에도가 바로 '살 곳'이었다고 할 수 있습니다. 오타 난보는 에도에서 이와 같은 쿄카를 노래하면서 죽어갔지만, 잇사에게 에도는 맞지 않았던 거죠. 에도에서 30년이란 세월을 살았지만 결국 신슈의 산속으로 돌아갔잖아요.

'마지막 집' 하니까 말인데 저의 경우는 서른일곱 살 때까지 도쿄에서 살았지만 아무래도 도쿄 물이 저한테는 안 맞는다고 할까, 아니

안 맞는 건 아니었지만 개인적으로 아름다운 바다가 보이는 곳에서 죽고 싶더라고요. 그리고 또 아름다운 숲이 있는 곳에서 죽고 싶었어요. 그것이 내 삶이고 죽음이란 생각이 들어서 지금도 도쿄를 좋아하긴 하지만, 저로서는 잇사와는 정반대로 태어난 고향을 버리고 야쿠시마로 들어갔죠. 야쿠시마라는 장소가 저에게는 맞았던 겁니다. 야쿠시마가 저에게는 '마지막 집'인 셈이죠. 아까 자신의 평생 직업을 찾는 것에 대해 말했는데, 그것과 '마지막 집'을 찾는 것은 분명 깊은 연관이 있다고 생각해요.

잇사의 경우 스물다섯 살 무렵 하이카이라는 평생 직업은 찾았지만 그 장소는 쉰이 다 되도록 살아온 에도가 아니라 고향인 카시와바라였단 말입니다. 카시와바라에 돌아온 시점 즉 '마지막 집'을 발견한 시점부터 진정한 하이카이가 시작된 거죠. 하이카이는 결국 노래이고, 노래는 결국 마음에서 우러나오는 하소연입니다. 하소연의 노래 즉 마음에서 우러나는 울부짖음이 노래의 기원이기 때문에 그것이 우러나지 않는 한 진정한 노래는 완성되지 못해요. 저는 3년 전쯤에 잇사가 태어난 마을을 찾아가 쿠로히메라는 깊은 산기슭에서 하룻밤 묵은 적이 있는데, 진짜 산골짜기더군요. 그 산속 마을에서 전 잇사의 진정한 생명의 울림을 느꼈고 또 그것을 노래로 부를 수 있었습니다.

행복의 근원

전 그것을 통틀어 '고향성 존재'라고 부릅니다. 그렇다고 꼭 나고 자란 고향일 필요는 없지만, 태어난 고향이 그대로 자신이 죽어갈 '마지막 집'이 될 수 있는 사람이 제일 행복한 사람이겠죠. 태어난 고향 산천에 그대로 자신의 삶을 묻고 자손을 남기고 저세상으로 떠날 수 있는 사람, 잇사는 그것을 성취한 사람으로서 가장 행복한 사람이었지만 그렇지 못한 사람도 있습니다. 제가 바로 그런 사람이죠.

그렇다면 '고향성 존재'란 무슨 말일까요? 그 장소와 호흡이 잘 맞는다고 할까, 감각이 딱 들어맞는다고 할까, 영어로는 Sense of Place 즉 장소 감각이라고 부르는데, 요컨대 사람이 살아가는 삶의 내용과 장소는 떼려야 뗄 수 없는 밀접한 관계에 있다는 것이지요. 아니 저는 차라리 밀접한 정도가 아니라 같은 것이란 생각이 들어요. 어제 물과 사람은 같다는 이야기를 했는데, 생물과 무생물이 연결되어 있는 것과 마찬가지로 사람과 그 사람이 살고 있는 장소는 같은 것이며 하나로 연결되어 있다는 말입니다. 저는 그것을 '고향성 존재'라는 말로 부릅니다. 즉 사람은 원초적으로 안심하고 살 수 있고 또 안심하고 죽을 수 있는 장소를 추구하는 감각을 갖고 있다는 얘기에요.

그런 곳을 찾을 수 있다면 거기서부터 진정한 인생은 시작된다고 봐요. 진정한 인생이 시작된다는 것은 그대로 행복해진다는 것과는 다릅니다. 물론 행복해지기도 하겠지만, 어떤 장소에 살든 하나의 장소에서 산다는 것은 일상적인 고통과 슬픔과 고뇌가 반드시 따르게 되어있어요. 그렇기 때문에 그곳에서 무작정 행복했노라는 결코 있을 수 없지만, 대신 삶의 내실이 싹트기 시작합니다. 아까 말한 요나미네 씨를 예로 들면 요미탄이라는 마을에서 요미탄잔 하나오리라는 일과 만났을 때 그의 진정한 생애와 삶이 시작된 것처럼 말이지요. 그

희로애락의 나날을 알고 있는 사람은 물론 요나미네 씨 혼자뿐이겠죠. 잇사의 경우도 전형적으로 그런 예라 할 수 있어요. 쉰이라는 나이에 고향으로 돌아온 잇사는 다음해에 결혼까지 하고 아이들을 낳습니다. 하지만 그 아이들이 차례차례 죽고 말아요. 실제로 네 명의 자녀가 죽고 결국에는 아내마저도 죽고 맙니다. 그야말로 비참한 일이긴 하지만 '고향성 존재'로서의 잇사의 존재성은 기본적으로 눈곱만큼도 흔들리지 않습니다.

귀향 이후에 지은 잇사의 하이쿠 한 수를 소개하겠습니다.

딱 지금 같은 계절의 하이쿠인데 '시원함'이라는 계절어가 들어 있어요. '척박하기 이를 데 없는 하국의 시원함이여'라는 하이쿠인데 그의 나이 쉰하나에 지었지요. 이 하이쿠를 처음 봤을 때 저는 정말 행복했습니다. 아하 그렇구나! 라고 탄성이 절로 나올 정도였으니까요. 하국下國 율령제에서 나라를 대, 상, 중, 하 4계급으로 나누었는데 그 중 최하급에 속하는 지역을 가리킨다. 이 하이쿠에서는 잇사의 고향 신슈를 가리킴-옮긴이 위에 군림하는 상국上國이 물론 있어요. 아마 거기가 에도일지 모르겠습니다만, 어쨌든 그런 상국이 있지만 '밑도 밑도 한참 밑인 하국의 시원함이여'라고 노래합니다. 전 야쿠시마에 와서야 그것을 절실히 깨닫게 되었는데, 한참 밑에 존재하는 하국이 아니고는 통하지 않는 존재의 시원함이란 것이 있거든요. 저는 잇사라는 인물을 공부하면서 한참 밑에 존재하는 하국에 대해 엄청난 사실을 알게 되었습니다. 잇사의 대표작 중에 『칠번일기七番日記, 1801년 정월부터 1818년 12월까지의 기록-옮긴이』라는 것이 있는데, 이것은 생전에는 출판되지 않았지만 출판을 의도하고 쓴 하이쿠 형식의 일기입니다. 그 『칠번일기』에 '척박하기 이를

데 없는 한국의 시원함이여'라는 하이쿠 앞에 가시연꽃을 노래한 하이쿠가 다섯 편 정도 연이어 실려 있습니다. 가시연꽃이란 오키나와에는 없는 것으로 아는데 직경 2미터 정도 되는 가시투성이의 큼지막한 잎이 달린 연꽃으로 줄기에도 가시가 돋아있어요. 연꽃은 연꽃인데 가시투성이의 가시연꽃이지요. 갑자기 불교이야기를 해서 미안하지만 『관무량수경』이라는 경전에 구품왕생九品往生이라는 말이 나와요. 구품왕생은 간단히 말해 아미타불 세계로 왕생하는 데는 아홉 가지 품계가 있다는 얘깁니다.

최상의 것은 상품상생의 왕생으로 평소 행동거지가 올바르고 부처님도 아침저녁으로 잘 모셔서 이 사람들은 무조건 극락왕생하리라는 것이 상품상생입니다. 그 다음이 상품중생이고 그 다음이 상품하생이에요. 그 다음은 품성자체가 중으로 내려가서 중품상생, 중품중생, 중품하생으로 이어집니다. 그리고 마지막으로 하품상생, 하품중생, 하품하생이 오죠. 아홉 단계로 나뉘어 극락왕생한다는 것이 『관무량수경』에 적힌 왕생관이에요. 그러니까 하품하생이 가장 낮은 거죠. '척박하기 이를데 없는 한국'이라는 이 말은 바로 하품하생에서 온 말입니다. 연꽃은 흔히 정토淨土의 연좌蓮座를 상징하는데, 잇사는 자기는 아무래도 맑고 깨끗한 정토의 연좌에는 못 앉을 것 같고 가시투성이인 가시연꽃으로 된 연좌라면 그나마 앉을 수 있지 않을까 하는 마음을, 가시연꽃이 가득 피어있는 연못가에서 노래한 겁니다.

전에 신란 스님에 대해 말한 적이 있는데 그 스님은 정토진종을 창설한 사람이에요. 그 신란 스님이 자신을 하품하생의 몸이라고 말씀하신 적이 있습니다. 신란 스님의 스승이 법연 스님이신데, 법연 스님은 품행이 방정하고 그야말로 청렴한 스님이었지요. 그런데 신란 스님은 당시로 말하면 파계승으로 고기도 먹고 결혼도 하고 자식도 둔 사람입니다. 그러니 당시 상식으로 보면 파계승이었던 거죠. 그런 처지라 신란 스님도 어디를 가나 자신은 '하품하생의 몸이오'라고 말하고 다녔던 겁니다. 전에 얘기했죠? '지옥은 하나의 집이다'라고 신란 스님이 한 말. 그 말도 그런 자각을 가지고 한 말이겠죠. 자기는 최하 중의 최하다 라는 자각이 있었던 겁니다. 이것은 잘 알려진 사실이라 정토진종의 열렬한 신자였던 잇사도 당연히 알고 있었을 테고, 그랬기 때문에 '척박하기 이를데 없는 한국의 시원함이여'라고 노래했던 거겠죠. 거기다 또 하나 역시 신란이 말한 '선인도 왕생하는데 하물며 악인이야'라는 유명한 말이 있습니다. 선인조차도 왕생하는 걸 보면 슬픈 악인이 왕생 못할 리 없다는 신란의 대역전大逆轉의 사상인데, 그 또한 잇사는 알고 있었습니다. 제가 한 10년에 걸쳐 잇사를 공부하다보니 이 모든 것들을 자연히 알게 되었고, 그러다 보니 점점 이 말이 저에게는 의지가 되고 진실이 되더군요.

이렇게 잇사의 세계에 들어온 것도 인연인데 하이쿠 한 수 더 소개하겠습니다.

이건 1814년, 그의 나이 쉰두 살 되던 해 세밑에 지은 하이쿠입니다.

'무를 뽑아 무로 길을 가리켜 알려주네'

이것도 제가 아주 좋아하는 하이쿠입니다. 여기서 신이라 할 수 있는 계절어는 물론 '무'입니다. 사람이 길을 물어오자 무를 뽑고 있던 사람이 그 무로 "저쪽이오"라면서 길을 가르쳐줬다는 소박하다면 소박한 노래죠. 농부가 무로 길을 가르쳐주고 있는 풍경을 노래한 단순한 것이지만, 잘 음미해보면 또 그것만은 아니란 말입니다. 무를 뽑고 있는 사람이 여자인지 남자였는지는 확실하지 않지만, 흙과 함께 하는 인간의 모습, 추운 겨울 신슈의 대지에서 살아가는 사람의 모습을 무를 매개로 보여주는 풍경이 눈앞에 펼쳐집니다. 이 하이쿠에서 잇사는 '마지막 집'으로 선택한 신슈의 생명의 구체적인 실체를 만나게 됩니다. 무라는 존재는 평범하기 짝이 없는 미물이지만, 그 풍경을 만난 순간 잇사가 거기에서 신을 실감하고 있음을, 저의 부족한 설명은 무시하고라도, 여러분은 느낄 수 있을 겁니다.

잇사는 열다섯 살에 에도로 상경했는데, 농부의 아들이 열다섯이면 당시에는 이미 어엿한 일꾼이라 할 수 있습니다. 저도 전쟁 중에 야마구치 현의 조부모님 댁으로 네 살에서 여덟 살까지 햇수로 5년 정도 피난을 가 있었는데, 그 나이에도 이미 보리 베고 밭일 거들고 목욕물 데우고 다 했습니다. 기초적인 농사일은 거의 다 거들었으니까요. 그러다 보니 저도 모르게 농부기질이 몸에 배게 되더군요. 그러니 열다섯 살이면 어엿한 어른농부나 다름없죠. 잇사는 자신이 하이카이 시인이고 진정한 농사꾼이 아니라는 사실에 평생 부채감을 안고 산 사람인데, 그런 사람이기에 에도의 공허한 달과 꽃의 세계가 헛되고 헛되이 느껴졌던 게 아닐까 생각합니다.

신슈의 농사꾼 세계로 돌아와서도 역시 잇사는 배우는 사람이었습니다. '무를 뽑아 무로 길을 가리켜 알려주네' 라고 보다 깊게 그 땅에서 사는 것을 배웁니다. 배운다고 하면 무슨 대단한 공부라도 하는 것처럼 들리지만, 그게 아니라 감동을 받는다는 말입니다. 말로써가 아니라 아무 말 없이 대지에서 산다는 것, 즉 인간의 '고향성 존재'의 구체성을 이 하이쿠는 말해주고 있습니다.

이어서 한두 수 더 보겠습니다.

'꽃 아래서 새빨간 남남은 없다'

여기서 말하는 꽃은 아시다시피 벚꽃입니다. 잇사라는 사람은 평생 아주 고독한 사람이었습니다. 아까도 잠깐 말했지만 신슈로 돌아와 쉰두 살에 결혼해서 첫 번째 아이가 태어나지만 아이는 죽습니다. 두 번째 아이가 태어납니다. 그 아이도 죽습니다. 셋째 아이가 태어납니다. 그 아이도 죽습니다. 넷째 아이가 태어나고 그 아이도 죽습니다. 그리고 부인마저 죽어버립니다. 재혼을 합니다. 재혼한 여자는 아이를 낳을 수 없는 몸이라 이혼합니다. 세 번째 부인을 맞이합니다. 세 번째 부인이 임신했을 때 이번에는 잇사가 죽습니다. 그리고 잇사가 죽은 뒤 태어난 아이는 이번에는 장수하여 현재까지도 그 자손이 남아있지만, 살아있는 동안의 잇사는 에도에서 살 때도 신슈로 돌아와서도 줄곧 불행의 연속이었습니다. 그렇지만 이 세상 벚꽃 아래서는 새빨간 남남은 없다고 합니다. 그 순간 벚꽃은 신이 되고, 그 꽃 아래에서는 농사꾼도 무사도 스님도 시인인 잇사 자신도 한통속의 똑같은 존재가 된다는 겁니다.

마지막으로 세상에 이별을 고하는 사세辭世 하이쿠를 소개할까 합니다. 잇사는 예순여섯 살에 세상을 떠났는데 마지막에 남긴 하이쿠는 바로 이겁니다.

'꽃그늘에 잠들지 않으리라 미래가 두려워'

이것은 기존에 모태가 되는 노래가 있고 그 노래에 이어 회답하는 식으로 짓는 '모토도리'라는 형식의 하이쿠입니다. 잇사의 이 하이쿠

의 모태가 되는 노래는 사이쿄西行, 1118~1190, 헤이안 시대와 카마쿠라 시대의 무
사이자 승려-옮긴이법사의 '원컨대 꽃 아래서 죽고 싶네 보름달 뜨는 이월
봄날에'라는, 그러니까 원컨대 벚꽃 아래서 보름달 뜨는 음력 이월의
봄날에 죽고 싶다는 노랩니다. 그리고 사이쿄는 정말 이월 보름날 죽
게 됩니다. 사람의 염원이란 게 참 신기하지요. 그런 전설이 줄곧 에
도시대까지 전해오고 있었고 잇사도 물론 알고 있었을 거예요. 그리
고 그 노래에 반대하는 내용의 '꽃그늘에 잠들지 않으리라 미래가 두
려워'라는 하이쿠를 읊고 눈을 감습니다.

이 하이쿠는 처음에 소개한 '달과 꽃이여 헛되고 헛되도다 마흔아
홉 해'라는 하이쿠와 연결됩니다. '꽃 아래서 새빨간 남남은 없다'에
서 꽃은 긍정적인 신=god이지만, 마지막 하이쿠인 '꽃그늘에 잠들지
않으리라 미래가 두려워'의 꽃은 다릅니다. 같은 꽃이지만 '달과 꽃
이여 헛되고 헛되도다 마흔아홉 해'와 이어지는 꽃입니다. 그 꽃에는
죽을 수 없다, 죽으면 미래가 두렵다, 그러니 달과 꽃 같은 환상적인
세계에서는 죽을 수 없노라고 반항하기라도 하듯 노래한 겁니다. 농
부의 피를 이어받은 하이카이 시인으로서 대지의 품에서 죽겠노라,
그렇지 않으면 미래가 두렵다고 노래하며 죽어간 거죠. 잇사는 마지
막이라 생각하고 이 하이쿠를 지은 것은 아닙니다. 어쩌다 그런 노래
를 읊었는데 그것이 마지막이 되었을 뿐인데, 그야말로 잇사다운 마
지막이었다고 할 수 있죠.

그렇다고 제가 사이쿄 법사의 '원컨대 꽃 밑에서 죽고 싶네 보름달
뜨는 이월 봄날에'의 세계를 부정하는 건 아닙니다. 잇사도 물론 그
세계를 부정했던 것은 아닐 거예요. 다만 자기는 그 세계에서는 죽을

수 없다는 거죠. 그럼 어떤 세계라야 잇사가 안심하고 죽을 수 있었을까? 제 나름대로 상상해보면 아까 말했듯이 그것은 추상적으로는 대지의 품, 즉 고향성 존재로서 대지로 돌아가듯 죽는 것인데, 구체적인 예로는 '무를 뽑아 무로 길을 가리켜 알려주네'와 같은 해에 지어진 '눈이 녹아 마을 가득 아이들 뛰노네'를 들 수 있습니다. 결혼한 해니까 아직 자신의 아이는 태어나지 않았지만, 잇사는 '눈이 녹아 마을 가득 아이들 뛰노네'라는 소박하기 이를 데 없는 하이쿠를 지었습니다. 그런 풍경에서라면 잇사는 그 어떤 두려움도 없이 편안히 죽어갔으리라 생각합니다. 그런 잇사의 미학을 이번 강의의 주제와 연관 지어서 말하자면 신=god이란 이런 거겠죠. '눈이 녹아 마을 가득 아이들 뛰노네'. 이것이 바로 잇사에게는 신이었던 겁니다. 신=god이란 저기 하늘 높은 데 있는 것이 아닙니다. 하늘 높은 데도 있을지 모르지만, 눈앞에 보이는 세계에도 분명 있습니다. 예컨대 아이가 바로 그 신입니다.

'눈이 녹아 마을 가득 아이들 뛰노네'

있는 그대로의 소박한 '고향성 존재'의 세계입니다.

11

신의 뜻대로

존재는 하염없이 흐른다
물의 진실처럼
그러나 존재는 하염없이 정지한다
돌의 진실처럼
존재는 태어나 죽지만
태어나지도 않지만 죽지도 않는다
고로 존재는 기도의 한 표현이고
기도의 모습이다

달을 중심으로 살다

오전 중에는 잇사에 대해 이런저런 이야기를 많이 했습니다만, 그것은 〈숲〉이라는 시에서 비롯된 이야기들이었습니다.

이곳 오키나와에서는 이 숲을 '우타키御嶽'라 부르기도 하고 우간쥬拜所라고 부르기도 하고 때로는 카미야마神山라 부르기도 하면서 예로부터 성스러운 곳으로 신성시해왔습니다. 그것을 원초적 에너지로 삼아 이 지역에서는 무수히 많은 매력적인 문화가 전승되어오고 있습니다. 그것은 이 지역의 후진성이 아니라 그야말로 차세대를 바로잡아 나갈 열쇠가 될 보편성이라고 저는 믿습니다.

이 시간에는 〈숲〉에 이어지는 〈달〉이란 시를 읽어보겠습니다.

> 달
>
> 달은
> 생과 사를 반복한다
> 갓 태어난 금색의 달을
> 우리는 초승달이라는 오랜 이름으로 부른다
> 죽어가는 금색의 달을
> 우리는 그믐달이라는 이름으로 부른다
> 달은
> 생과 사를 반복한다
> 빛나면서 태어나고 빛나면서 어둠으로 돌아간다

그것은 달이 초승달에서 점점 커져 보름달이 되고 또 점점 작아져서
마침내 캄캄한 어둠으로 돌아간다는 순환에 비유되는 인간의 삶과 죽음이다.

말할 것도 없이 달은 순환을 반복합니다. 매월 1일을 보통 초하루라 하지만 월단月旦이라는 말로도 부르는데 이는 달이 떠오름을 의미합니다. 그리고 그 달의 마지막 날을 그믐이라 하고 그 무렵 뜨는 달을 그믐달이라고 부르죠. 초하루에서 그믐까지 정확히 계산하면 29.51일, 즉 29일 하고 12시간 44분 2초 8이라고 합니다. 달이 차서 기우는 한 달을 삭망월朔望月이라고 부릅니다. 그리고 그것이 열두 번 반복되면 일년이 되는 거예요. 단 12×29.5하면 날짜가 남아버리기 때문에 몇 년 만에 한 번씩 윤달을 끼워 넣어 일년을 13개월로 하는 것이, 달을 중심으로 하되 거기에 태양지구의 공전과의 관계를 추가한 태음태양력음력이라는 겁니다.

태음태양력은 중국의 황하 중하류 지역에서 은나라 시대기원전 1500~1200년에 만들어진 것으로 이것이 일본에 들어와 정식으로 채용된 것은 아스카飛鳥, 552~645년시대 때입니다. 쇼토쿠聖德태자 시대인 604년 즉 7세기 초 무렵의 일이니까, 1872년에 현재의 태양력이 채용될 때까지 태음태양력은 약 1300년 동안이나 사용되어온 셈이죠. 1300년 동안이나 말입니다. 그 말은 곧 태음태양력으로도 아무 문제가 없었단 얘기잖아요. 약 1300년 동안. 그랬던 것이 1872년에 요컨대 문명개화라는 미명 하에 서양의 달력인 태양력으로 바뀌게 된 겁니다. 메이지 정부가 동양에서는 처음으로 이것을 채용했어요. 그때까지는 초하루에 시작해서 그믐에 끝나는 달의 순환에 따른 달력으로 1300년간 아무 불편 없이 써왔는데 말이죠.

태음태양력에는 또 하나 24절기節氣와 72후候라는 것이 포함되어 있습니다. 이것 역시 중국 은나라 때 만들어진 건데, 24절기 72후에서는 일년이 입춘立春부터 시작돼요. 입춘이란 것은 태양력에서는 대충 2월 4일 정도인데, 이날부터 일년이 시작되죠. 입춘이 약 15일간 계속됩니다. 그리고 그 다음이 우수雨水라는 절기, 우수 다음이 경칩驚蟄 등등 해서 각각 15일 정도씩 스물네 번의 절기가 있어요. 그리고 입춘이면 그 기간을 다시 5일씩 세 번으로 나눕니다. 입춘 초후가 5일, 중후가 5일, 마지막 말후가 5일. 그렇게 한 절기 당 3후씩 해서 24절기니까 총 72후가 됩니다. 그러니까 이 달력을 24절기 72후력曆이라고 부르는데, 이미 눈치 채셨겠지만 오키나와의 정월은 지금도 이걸로 쇠죠. 2월 4일 입춘이 시작되는 날을 기준으로 해서 오키나와의 설날이 옵니다. 오키나와의 달력은 태음태양력의 24절기 72후에 근거해서 지금도 계속 사용되고 있어요. 오키나와만 그런 게 아니에요, 타이완도 중국도 이 달력을 아직 채용하고 있어요. 오키나와에는 우시미御淸明라는 축제가 있는데 이것은 춘분春分 다음에 오는 청명淸明 4월 5일~19일 경에 치러지는 축제로, 봄이 진짜 왔음을 축하하는 기쁜 날이죠.

저는 태양력이 잘못됐다고 말하는 게 아닙니다. 또 태양력을 버리고 24절기 72후의 태음태양력으로 돌아가자고 주장할 생각도 없어요. 다만 24절기 72후라는 달력에도 아주 훌륭한 점이 있다는 것을 말하고 싶을 따름입니다. 그런 의미에서 설명을 좀더 하겠습니다.

지금의 태양력에서는 일년을 그냥 아라비아숫자로 1월, 2월, 3월 하는 식으로 12개월로 나누고 있는데, 그것을 입춘, 우수, 경칩, 춘분, 청명……등 약 15일간씩 나누는 달력과 비교해볼 때 명실공히 이쪽이 세밀하거든요. 세밀할 뿐만 아니라 넉넉하기도 해요. 저는 요 몇 년 동안 24절기를 생활 속에 의도적으로 도입하고 있는데, 예컨대 지금은 입춘이다 지금은 우수다 하고요. 경칩이 되면 곤충들이 흙을 갈거든요. 경칩은 벌레들이 땅속에서 꿈틀대기 시작하는 계절. 그리고 다음으로 춘분이 찾아옵니다. 청명은 방금 설명했으니까 건너뛰고, 오늘날의 7월 15일이란 날은 소서小暑의 중후에 해당합니다. 드디어 소서 말후인 7월 23일부터는 대서大暑가 시작되고요. 이런 얘길 듣고 복잡하고 성가시다고 생각하시는 분들도 있겠지만, 오키나와 사람들을 비롯해 일본인은 1300년 동안이나 이 달력과 함께 살아오면서 성가셔하기는커녕 그 절기의 변화를 큰 즐거움으로 여기고 살아왔습니다. 오키나와 정월을 맞이하는 즐거움이나 청명을 맞이하는 기쁨이 그 증거입니다.

야쿠시마에 살고 있는 저에게는 우수가 아주 행복한 절기 중 하나입니다. 야쿠시마에서는 우수가 시작되면 진짜 봄이 꿈틀대기 시작하거든요. 뿐만 아니라 그것이 초후, 중후, 말후로 닷새씩 나뉘게 되고 그때마다 계절의 변화를 아주 미묘하게 감상할 수 있거든요. 이 7월 15일 전후의 절기를 좀더 살펴보면 6월 6일부터 20일까지를 망종芒種이라고 하는데, 이것은 씨를 뿌린다는 의미에요. 그리고 다음이 하지夏至. 하지라는 말은 지금도 많이 회자되는 말이죠. 이것이 6월 21일부터 7월 6일 무렵까집니다. 그 다음이 아까 말한 대로 지금 이 시기의 소서. 7월 7일부터 21일까지죠. 다음은 대서인데 가장 더워지는 7월 20일 이후부터 8월 초순까지로, 그때가 되면 지금이 대서구나 몸소 실감할 수 있을 겁니다. 이것과 정반대되는 것이 1월 하순부터 입춘까지의 대한大寒이겠죠. 이것도 대서가 끝나면 입추가 오듯 정반대가 되겠죠, 대한이 끝나면 입춘.

5, 6년 전부터 이런 24절기 72후라는 달력이 있다는 걸 알고 조금씩 학습하고 있는데, 학습한다는 게 뭐냐면 지금이 무슨 절기지? 생각했다가 모르겠으면 달력을 보고 아아, 지금이 소서구나! 하는 식으로 확인하는 거예요. 그렇게 하면 지금의 소서라는 절기의 계절감이 몸에 솔솔 스며드는 것 같거든요. 그것만으로도 기쁨이 하나 또 늘어나요. 그냥 7월 중순이구나 하는 것보다는 지금이 소서의 중후에 해당하지! 하고 몸으로 느낄 수 있다는 게 그렇게 크고 압도적인 기쁨이 아니라 작고 소박한 기쁨의 단편일지 모르지만 그런 것이 진짜 내 것이 됩니다. 그것이 바로 학습이에요.

적어도 제 경우만큼은 이 24절기 72후라는 달력을 생활 속에 도입한 후부터 적어도 그것을 알기 이전과 비교했을 때 분명히 기쁨의 수가 늘었어요. 예를 들어 조금 전에 말한 우수는 대개 2월 19일에 시작되는데, 그것을 몰랐을 때의 2월 19일은 저에게 아무 의미도 없는 그저 달력상의 하루에 불과했어요. 그런데 우수라는 기쁨이 제 몸 안으로 들어온 뒤부터는 2월 19일이 진심으로 기다려지는 하루가 되었다 이겁니다. 일년 중에 하루라도 그런 날이 늘어난다는 것은 말하자면 생일이 하나 늘어난 것과 같은 거예요. 그만큼 기쁨이 하나 늘어나게 되지요.

또 한 가지 우수와는 반대되는 계절인데 제가 정말 좋아하는 절기가 있어요. 입추立秋 뒤에 오는 처서處暑라는 절기가 있고, 그 다음으로 백로白露라는 절기가 찾아옵니다. 9월 중순에 해당하는데 이 백로 다음이 추분秋分이에요. 그런데 백로라는 계절이 또 진짜 좋아요. 흰 백白자에 이슬 로露 자를 쓰는데, 진짜 백로가 되면 우수와는 반대로 알게 모르게 시원해집니다. 추분에 들어서면 물론 더위도 그때까지라고 확실히 시원해지긴 합니다만, 그 직전인 백로가 시작될 무렵이면 역시 미묘한 시원함이 찾아옵니다. 그것을 백로라는 이름이 표현해주고 있어요.

이렇게 우수와 백로라는 두 절기를 소개했는데, 이것을 더 정확히 학습해서 자기 몸속에 하나하나의 절기를 받아들이면 일년에 스물네 번의 기쁜 날이 늘어나게 될 겁니다. 한 달의 반인 보름마다 변해가면서 그것을 매년 반복하는 거예요. 24절기 72후라는 태음태양력은 달의 생과 사를 기준으로 한 문화입니다. 달의 생과 사 속에 인간의 생과 사도 사실은 포함되어 있다고 생각해요. 태음태양력은 지구상에 참 많은 역법曆法 중 하나지만, 오전 중에 말씀드린 '계절어'라는 신=god을 만들어낸 사상이고 그 자체가 달력이라는 신의 체계 자체이기도 합니다. 일본의 신도神道에서는 그것을 오직 신의 뜻 그대로의 길이라고 부릅니다.

불생불멸
다음은 〈존재〉와 〈기도〉란 시를 읽어보겠습니다.

존재

존재는
하염없이 흐른다

물의 진실처럼
그러나
존재는
하염없이 정지한다
돌의 진실처럼
존재는
태어나 죽지만
태어나지도 않지만 죽지도 않는다
고로 존재는
기도의 한 표현이고
기도의 모습이다

기도

기도는
갓 태어난 금색의 초승달이다
기도는
금색 초승달의 의지이며
그 신비로운 시작이다
달이 이윽고 죽을 때
기도가 멈출 때
존재는 존재하는 것을 멈췄다고 말한다
하지만

존재는 존재하는 것을 멈추지도 않지만 시작도 않는다
고로
기도는
갓 태어난 금색의 초승달이다
정지靜止한 울림이다

　지금 읽은 두 시에서 기도라는 말이 여러 번 나오는데, 기도한다고
하면 일반적으로 손을 모아 기도하거나 혹은 박수치며 기도하는 행
위를 떠올릴지 모르지만 지금 이 시에서 제가 노래하고자 했던 것, 혹
은 여러분께 말하고 싶었던 것은 '우리가 여기 존재한다는 것 자체의
본질이 이미 기도다'라는 사실입니다. 우리가 여기 있다는 것 자체가
손을 모으고 박수를 치지 않아도, 물론 그것도 기도지만, 이렇게 마냥
숨 쉬고 그저 살아있는 것 자체가 기도의 모습이고 기도의 실체라고
생각합니다.
　그것은 달이 초승달에서 점점 커져 보름달이 되고 또 점점 작아져
서 마침내 캄캄한 어둠으로 돌아간다는 순환에 비유되는 인간의 삶
과 죽음입니다. 어느 순간 하늘에 뜬 초승달을 보고 진심으로 아름답
다고 느껴본 경험은 누구나 가지고 있을 겁니다. 아름답다고 느낀 그
순간은, 이 시에서의 표현대로라면 달이라고 하는 하나의 존재가 기
도로써, 기도란 것은 다른 말로 표현하면 생명의 절정 즉 가장 깊은
생명으로써 달이 이쪽을 꿰뚫는 순간인 것입니다. 갓 태어난 달의 생
명력을 받아 보는 이의 생명도 그와 더불어 더 깊게 빛나게 됩니다.
어쩌면 이쪽이 달을 꿰뚫고 있는지도 모르지만요.

달리 말하면 달이 순환이 시작할 때 생로병사의 순환을 시작하는 이쪽도 가장 생생한 생명으로 시작하게 됩니다. 순환하니까 달이죠. 태어났으니 인간이고. 한 달이 지나면 달은 죽지만 그 다음 날에는 다시 새로운 달로 되살아납니다. 인간의 일생을 달은 매달 반복해서 보여줍니다. 있다는 것과 없다는 것의 신비로움을 가장 전형적으로 보여주는 것이 달의 차고 기움이라고 생각합니다.

그것을 불교에서는 불생불멸이라고 합니다. 태어나지도 죽지도 않는다는 말이죠. 태어나지 않았으니 죽을 리도 없다. 달이 어느 순간 태양계와 마찬가지로 태어났지만, 그 이후 다시는 태어나는 일도 없고 죽는 일도 없습니다. 하지만 현상적으로는 다달이 초승달로 태어나고 보름달로 찼다가 그믐달로 기울다 아예 죽습니다. 인간도 그와 마찬가지로 태어나 자라고 또 늙어서 이 세상에서 사라지죠. 그렇지만 달과 마찬가지로 그 모습이 사라질 뿐 다시 다른 모습으로 태어나게 됩니다. 그것을 윤회전생이라고 부르는데, 그것이 정말인지 아닌지는 별개라 치더라도 부모님에게 물려받은 이 몸과 자손에게 물려줄 이 몸, 조상과 자손이라는 형태야말로 윤회라는 것의 정체라고 할 수 있지 않을까요?

에도시대에 반케이盤珪, 1622~1693년라는 스님이 있었습니다. 이 사람은 '불생不生'이라는 두 글자만 되뇌던 선승입니다. 그래서 반케이의 선禪을 불생선이라고 불렀답니다. 에도시대 초기 사람으로 대충 바쇼와 같은 시대의 인물인데, 나는 불생이다 즉 나는 태어나지 않았다는 깨달음을 얻은 사람입니다. 저는 학창시절에 『반케이선사어록盤珪禅師語録』이라는 책을 읽었는데 오랫동안 그 '불생'에 대해 이해하지 못했습니다. 읽기는 학창시절에 읽었는데 20년이 지나고 30년이 지나도 모르겠더라고요. 왜 불생인가? 태어나지 않았다고 하지만 우리는 이미 태어나지 않았는가? 여러분도 태어났고, 태어난 인간이 태어나지 않았다니 도통 모를 소리죠.

이에 대해서는 더 말하진 않겠지만 태어나지 않았다는 뜻의 '불생'이란 말은 방금 읽은 〈존재〉라는 시와 〈기도〉라는 시 안에 그 힌트가 들어있습니다. 나눠드린 자료에서 시를 잘 읽어보시면, 관심이 있으신 분들에게는 〈달〉을 포함해서 모두 힌트가 되어줄 겁니다. 그것은 한마디로 순환이란 말로 귀결됩니다. 존재란 오로지 돌고 돌 뿐, 시작도 끝도 없이 그저 돌면서 지금은 이런 모습으로 여기에 있을 따름이죠. 자료 마지막에 나와있는 〈바닥〉이라는 시를 읽어보겠습니다.

바닥

바닥으로 가라앉으면
그곳에 깊은 물이 있다
물이 흐르고 있다
그 물을 대비大悲라 부른다
바닥으로 가라앉으면
그곳에 깊은 물이 있다
물이 흐르고 있다
그 물을 대자大慈라 부른다

우리는 일상생활에서 앞으로 나아가는 일 즉 전진과 진보에만 마음을 빼앗기고 있지만, 지금까지 말한 것처럼 우리라는 존재의 원천은 물입니다. 존재 그 자체의 바닥에는 한 발짝도 앞으로 나갈 수 없는 '순환' 그 자체인 물이 흐르고 있다는 말입니다.

풍경이 아니라 사건이다

이어서 몇 편의 시를 더 읽어보겠습니다. 시는 이제 그만! 하시는 분들도 있을지 모르겠는데, 그런 분들은 주무셔도 좋으니까 자장가라 생각하시고 들어주세요.

도깨비부채 1

성실한 사람은
항상 깊고 슬픈 듯한 얼굴을 하고 있다
4월의 느긋한 바람 속에
도깨비부채의 파란 꽃이 피었다
그 바다보다 깊은 파란 색을
성실한 사람이라 부른다

도깨비부채 2

도깨비부채 꽃이 피었다
그 바다보다도 깊은
파란 색은

존재가 슬픔의 절정에 내뿜는
신비로운 기쁨의 빛이었다
오, 나여! 라고 부르면
그 파란 꽃이
휘청 흔들렸다

도깨비부채 3

슬픔이 깊어지면
물이 된다
물이 깊어지면
바다가 된다
도깨비부채의 파란 꽃은
그 바다에서 이 지상으로 돌아와
슬픔을 갖지 않는다

달밤 1

달밤에는
달을 바라본다
달 아래서 검은 산들이 깊게 호흡하는 것을 바라본다
물이 흐르는 소리를 듣는다
달밤에는

달이 본원本願이다
달밤에는
달을 바라본다
달 아래서 검은 산들이 깊게 호흡하는 것을 바라본다

달밤 2

인도의 카이라사 산에 있는 마노와사로 호수는
관음의 눈물에서 태어났단다
세상의 비참함을 구원하기 위해
관음은 세상에 오셨으나
세상의 슬픔과 참혹함이 너무 많고 깊어서
그것을 구원할 수 없음을 알고
관음은 눈물을 흘렸다
그 눈물에서 새파란 마노와사로 호수가 태어났단다

달밤에
그런 이야기를 친구에게 들었다

달밤 3

달밤에
달을 바라본다

달을 향해 손을 모은다
그저 그뿐인 일에 불과하지만
그때 사실 존재는 신비의 문 안쪽에 있다
달밤에
달을 바라본다
달을 향해 손을 모은다

짧은 시를 몇 편 읽어보았습니다.

미야우치 카츠스케宮內勝典라는 작가가 있는데, 1998년『나는 시조새가 되고 싶다』는 대작을 오랜만에 발표했습니다. 이 사람은 저의 친구이기도 한데 뉴욕에 약 10년을 살면서 NASA에도 다니고 여러 분야의 예술가나 전문가들과 교류하면서, 가장 첨단의 미국문명을 접하면서 동시에 아메리칸인디언의 세계에도 깊은 관심을 가졌던 사람입니다. 1970년대에 중남미에 있는 니카라과에서 정치분쟁이 일어났을 때, 그는 아메리칸인디언들의 지원군에 참가하여 니카라과 혁명군의 게릴라가 되었습니다. 그리고 그런 그가 안 죽고 살아 돌아왔는데, 그때의 일을 소재로 한 작품이『나는 시조새가 되고 싶다』입니다. 그 작품 속에 '사건'에 대해 아주 흥미로운 이야기가 등장하는데, 잠깐 말할까 합니다.

이것은 본인에게 직접 들은 이야기입니다. 어느 날 그는 아메리칸인디언의 한 부족의 추장을 만났는데 그 사람 맘에 들었던 모양입니다. 지금부터 의식이 있으니까 너도 따라와도 좋다고 하더랍니다. 그래서 함께 그 현장으로 갔다고 해요. 아메리칸인디언들은 여러분도 아시다시피 미국대륙의 원주민인데도 불구하고 자유롭게 살지 못하고 거류지居留地라는 특정거주지역 안에서 살아야 했습니다. 그 거류지 근처 산속에서 전통의식을 치르는데 함께 갔던 거죠. 아무튼 같이 걸어가는데 저 멀리 커다란 바위산이 보이더랍니다. 그리고 그 바위산이 점점 가까워졌을 때 추장이 바위산을 가리키면서 저걸 보라! 하더래요. 그러더니 저 바위산은 풍경이 아니라 '사건'이다는 내용의 이야기를 했다고 해요. 이건 정말 뜻 깊은 말입니다. 우리는 일반적으로 어딘가 밖에 나가면 이른바 풍경을 바라보지만, 풍경이란 사실은 단순한 풍경이 아니에요. 풍경의 본질은 우리 가슴 속에 일어나는 '사건'인 거죠. 풍경을 자신의 외부에 존재하는 경치라고 생각하고 바라볼 때 그것은 단순한 풍경에 지나지 않지만, 자신의 의식이 거기에 비춰지는 존재물 즉 자기 내면이 비춰지는 거울이라고 생각하면 그것은 '사건'이 됩니다. 거기에 풍경이 갖는 비밀이랄까 진실이 있습니다.

우리는 살면서 여러 가지 풍경을 접하게 됩니다. 그 풍경은 지금까지 여러 차례 말했듯이 사실은 우리의 마음을 반영하고 있습니다. 아까 점심시간에 저는 두 가지 보물을 더 얻었습니다. 아주 짧은 시간이었는데, 그 중 하나는 데이고라는 나무입니다. 여러분에게는 너무나 익숙한 나무일지 모르지만 저에게는 지금까지 이름만 알고 있었지 한번 본 적 없는 동경의 대상이었습니다. 오키나와를 상징하는 나무 중 하나죠. 그러니까 전 점심시간에 데이고 나무라는 풍경을 본 것이 아니라 데이고 나무라는 '사건'을 만난 것입니다. 그리고 또 하나, 이것도 나무인데 상사수相思樹라고 부른다더군요. 어떻게 그런 이름이 붙여졌는지는 모르겠지만 어쨌든 이름이 상사수랍니다. 두 사람이 서로 사랑하는 나무라니 이 얼마나 멋진 이름입니까! 데이고란 나무와 상사수라는 나무를 만남으로 해서 저는 두 개의 보물을 이곳 오키나와에서 더 얻게 되었습니다.

이것이 바로 풍경의 본질입니다. 만일 풍경이 풍경이기만 하다면 그대로 지나쳐버리겠죠. 오키나와에 와서 참 좋은 나무의 풍경을 보았다, 이걸로 끝이겠죠. 하지만 '사건'은 나에게 충격을 줍니다. 충격을 주기 때문에 풍경이라 부르지 않고 '사건'이라 부릅니다. 풍경을 '사건'으로 받아들이는 또 하나의 감수성, 그것을 심화시키면 만남이 사건으로써의 만남이 됩니다.

만남이란 풍경뿐만 아니라 사람과 사람의 경우도 그렇습니다. 이렇게 여러분과 만났지만 하루하루 시간이 지날수록 여러분과의 관계성이 점점 친숙해져서, 사건까지는 아닐지 모르지만 적어도 처음의 청강자와 강연자였던 관계와는 달라진 변화가 일어났다고 봅니다. 말하자면 지금 우리의 만남은 사건의 성질을 띠기 시작했다는 말입니다. 여기서 더 친해지면 더더 농밀한 사건이 되겠죠. 그런 식으로 풍경은 풍경으로써가 아니라 '사건'으로써 존재한다는 사실을 아메리칸인디언들은 이미 알고 있었던 겁니다. 왜냐하면 그들에게 그 바위산은 풍경이 아니거든요. 그 바위산이 없으면 의식을 치를 수 없는 엄청 중요한 보물 중 하나인 겁니다. 그런 보물, 즉 신=god의 존재를 주변에서 하나라도 발견하는 것, 바로 그것이 지금까지 쭈욱 말씀드려온 애니미즘이라는 새로운 사상입니다.

춤, 생명의 폭발

그럼 다시 시로 돌아갈까요? 좀 긴 시인데 〈달밤 4〉를 읽어보겠습니다.

달밤 4

마당에서는 불이 타오르고
하늘에는 보름달이 있었다
바로 옆을 커다란 계곡이 소리 높게 흐르고
우리는 춤추고 있었다
나는 춤추고 있었다
니제르에서 온 킹 서니 아데가
EMAJO!
에·마·조~! 더욱더 춤을 춰!
외치고 있었다
EMAJO!
더 춤춰라!
굵은 불줄기는 타닥타닥 새빨갛게 불꽃을 올리고
불 바닥에는 깊은 심지가 있었다
깊은 슬픔과 풍요로움이 있었다
참나무는 거뭇거뭇 밝은 달빛 하늘을 가로지르고 있었다
그 검은 참나무의 그림자는 나의 눈이었다
그 검은 그림자는 슬픔과 풍요로움의 덩어리였다
EMAJO!

더 춤춰라!

우리는 춤추고 있었다

나는 춤추고 있었다

밝은 하늘에는 보름달이 있었다

투명한 보름달이

거무스름한 나무 위를 천천히 위치를 바꾸며 지나갔다

달이야말로

슬픔의 정점이었다

정점이야말로 슬픔이 깊다는 것을

아프리카여

당신은 알고 있다!

EMAJO!

더 춤춰라!

야츠 씨가 춤추고 있었다 진구 군이 춤추고 있었다 겐지가 춤추

고 있었다

그런데 어느덧 동이 트기도 전에

다른 사람들은 모두 지쳐 쓰러져 잠들어버렸다

불이 타닥타닥 타오르고 있었다

강이 소리 높이 흐르고 있었다

달도 이윽고 산등성에 걸리고

새벽 첫닭이 울었다

EMAJO!

더 춤춰라!

슬픔과 풍요로움이 하나 될 때까지
하나 될 때까지
EMAJO!
더 춤춰라!
생명의 밤이 샐 때까지
우리 아프리카의 밤이 샐 때까지

읽으면서 생각났는데, 오키나와에도 역시 에이사나 카차시 같은 여러 가지 춤이 있지요. 춤이란 노래와 마찬가지로 영혼의 외침이죠. 영혼의 외침, 영혼의 발로라고 생각해요. 저는 에이사도 좋아하지만 카차시를 너무너무 좋아합니다. 카차시는 형태가 정해져있지 않죠. 자유롭게 추는 것이 카차시예요. 거기다 뭔가를 흉내 내는 춤입니다. 흉내 낸다는 건 가령 농사꾼의 카차시라면 밭을 일구는 동작으로 춤을 춥니다. 어부의 카차시면 그물을 잡아끄는 동작으로 춤을 추고. 뭔가를 흉내 내서 춤추는 행위에는 대단한 의미가 있습니다. 저는 여러분보다 한참 구식인 사람이라 춤춘다는 것이 영 서툴고 어색한 세댑니다. 춤추는 것을 부끄러워하는 세대에 속하죠. 물론 세대뿐만 아니라 개인차도 있겠지만요.

서른 살쯤 됐을 때였나요, 춤을 안 출 거면 차라리 죽는 편이 낫다고 단단히 결심을 한 적이 있습니다. 그래서 뭘 했냐 하면, 지하실 방을 하나 빌려서 오디오 볼륨을 있는 대로 높여놓고 춤을 췄습니다. 오키나와하고는 달리 산신三線 같은 악기문화가 없는 도쿄에서는 대개 춤출 때 턴테이블을 틀어놓고 출 수밖에 없었거든요. 그렇게 해서 아주 초기의 록음악을 틀어놓고 춤을 배웠는데, 지하실에서 매일 밤 미친듯 춤춘 결과, 1969년쯤인가 일본 최초의 록 전문 카페를 열기도 했습니다. 친구 중에 한 녀석이 미국에서 수입해온 록 음반을 몽땅 수집해놓고 있어서 그것을 자본 삼아 시작했죠.

제가 제일 좋아했던 것은 제퍼슨 에어플레인이라는 그룹이에요. 아마 여러분은 모를 겁니다만. 〈이상한 풍차〉라는 노래가 있었는데 그 곡이 춤추기에는 딱이에요. 알고 있어요? 와~ 아는 사람도 있군요! 그 뒤로 컨트리 조 앤 피시나 그레이트풀 데드 등 여러 그룹이 나오게 됩니다. 그 제퍼슨 에어플레인의 여자보컬 이름이…… 이름은 까먹었네요. 어쨌든 그 곡을 틀어놓고 진짜 미친 듯 춤을 췄어요. 지하실에서. 정말 대단했어요. 일주일이고 2주일이고 매일 밤 춤을 췄으니까.

그때 춤이란 것에 눈을 떴다고 생각합니다. 춤춘다는 것이 얼마나 즐거운 일인가, 얼마나 신나는 일인가, 그야말로 생명의 폭발이에요. 멈출 수가 없어요. 밥 먹을 시간도 아까울 정도였지요. 밀폐된 지하실이라 춤을 추고 있으면 먼지가 부우 하니 올라오니까 춤을 다 추고 나면 몸은 말할 것도 없고 콧구멍까지 시커매져요. 저 혼자가 아니에요. 몇몇 사람들이 모여 죽어라 춤추는 행복한 시간이 한 반 년 정도 계속됐습니다.

그때 춤이란 정말 대단하다, 춤은 생명의 근원에서 드러낸다는 사실을 몸소 깨달았습니다. 그러니까 여러분 중에 춤을 춰본 적이 없는 사람이 있다면 춤만큼은 무슨 일이 있어도 배워두세요. 아까 말한 고바야시 잇사의 하이쿠 중에 이런 게 있어요.

'오십 평생 춤추는 밤도 없이 지나갔구나'

잇사가 이런 쓸쓸한 하이쿠를 지은 걸 보면 에도시대에는 역시 에도시대의 춤이 있었겠죠. 물론 춤추는 것만이 사는 전부는 아니니까 평생 춤 한 번 안 춰보고 사는 인생도 있겠지만, 제 경험으로 봐서는 온몸으로 춤을 춘다는 것은 말을 한다는 것과 마찬가지로 인간성의 심연이란 생각이 들어요. 특히 이곳 오키나와에 전해오는 카차시라는 춤의 형태는 그야말로 자유인만큼 끝 모를 깊이를 감추고 있다고 봅니다. 그것은 신에게서 온 춤이고 또 신에게 바치는 춤이라고 생각해요.

12

영원히 살아 숨쉬는 불

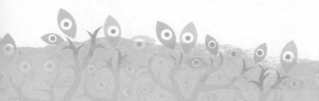

이 세상에서 가장 소중한 것은
고요함이다
산은 고요하다
구름은 고요하다
흙은 고요하다
돈벌이가 안 되는 것은 괴롭지만
이 세상에서 가장 소중하고 필요한 것은
고요함이다

삼라만상

먼저 〈고요함에 대하여〉라는 시를 읽어보겠습니다.

고요함에 대하여

이 세상에서 가장 소중한 것은
고요함이다
산에 둘러싸인 작은 밭에서
허리가 끊어질 듯 아플 정도로 괭이질을 하고
때때로 그 허리를
녹색 창연한 산을 향해 쭈욱 편다
산 위에는
작고 하얀 구름 셋이 천천히 흘러간다
이 세상에서 가장 소중한 것은
고요함이다
산은 고요하다
밭은 고요하다
그래서 태어난 고향 도쿄를 버리고 농사꾼이 되었다
이것은 하나의 의견이지만
이 세상에서 가장 소중한 것은
고요함이다
산은 고요하다
구름은 고요하다
흙은 고요하다

돈벌이가 안 되는 것은 괴롭지만
이 세상에서 가장 소중하고 필요한 것은
고요함이다

흙

흙은 고요하다
흙의 고요함은 깊다
인간의 어떤 침묵보다도
흙의 침묵은 더 깊다
괭이라는
도구를 의지 삼아
침묵을 판다
마치 꿈처럼 마치 기도처럼
오로지 하나의
아직 알려지지 않은 고요함을 판다

달을 우러르며

산으로 달이 잠긴다
산으로 달이 돌아간다
그 마지막 빛에서
나의 생명이 시작된다

거무스름한 산으로

달이 진다

달이 돌아간다

그 마지막 빛에서

나의 진실한 이름이 시작된다

산으로 달이 진다

산으로 달이 돌아간다

그 마지막 빛에서

불가사의광불이 시작된다

　비슷한 내용의 시들을 몇편 연이어 읽었습니다만, 이 시간에는 어제도 잠깐 이야기했던 브라만이라는 인도철학의 개념에 대해 이야기하고자 합니다.

　브라만이란 개념은 설명하기 어려운 면이 있습니다만, 저는 이것을 진리眞理라고 표기하고 있습니다. 『야쿠시마의 우파니샤드』라는 책을 1995년에 출판했는데, 그 책에서 저는 브라만을 세 가지 의미로 사용했습니다. '진리' 외에 '진실재眞實在'라고 표기하는 경우도 있는가 하면 '삼라만상'으로 표기하는 경우도 있습니다.

　이 개념이 인도철학에서 확립된 것은 기원전 11세기 무렵입니다. 기원전 11세기 경 『리그베다 찬가』라는 책이 편찬되었는데, 이 책은 인도에서 가장 오래된 책일 뿐 아니라 아마도 인류사에서도 가장 오래된 책이 아닐까 싶습니다. 그 『리그베다 찬가』에서 이미 브라만이라는 단어가 사용되고 있습니다. 그때의 브라만이란 단어는 기도라는 의미가 강했는데, 기도라는 주체적 행위가 어떻게 해서 진리라는 객관적 존재로 승화하게 되었는가에 대해서는 분명히 나와 있지 않습니다.

다음으로 기원전 8세기경이 되면 『우파니샤드』라는 성전들이 편찬되기 시작합니다. 거기에서는 브라만이 처음부터 실재개념으로 등장합니다. 『우파니샤드』 성전들은 몇 십 종류나 되지만 그들 모두가 브라만을 추구하고 있다는 공통점을 가지고 있고, 우파니샤드철학은 동시에 브라만 철학이기도 하다는 성격을 가지고 있습니다.

지금부터 하려는 이야기는 그 『우파니샤드』 성전들 중 가장 오래된 『찬도기아 우파니샤드』에 나오는 겁니다.

『찬도기아 우파니샤드』 중에 〈사티야카마가 수소에게 들은 진리〉라는 이야기가 나오는데, 대강 줄거리를 말하면 이렇습니다. 어느 곳에 사티야카마라는 소년이 살았습니다. 기원전 8세기라는 아주아주 오래된 먼 옛날, 지금으로부터 2천 8백년 전의 일이죠. 그렇게 오래된 옛날이지만 그때의 인도사회에서는 이미 일정한 나이가 되면 아이들은 학교에 다니게 되어 있었던 모양입니다. 학교라곤 하지만 여기 류큐대학 같은 설비가 갖춰진 것도 아니고 옛날로 치자면 서당 같은 것으로 어느 한 스승 밑에서 공부를 시작하는 겁니다. 그렇게 공부를 시작하는 것을 브라마차리아가 된다고 말합니다. 번역하면 브라만이 진리기 때문에 진리를 추구하는 사람이 됩니다. 학교에 다니는 행위를 진리를 추구하는 사람이 된다고 표현하는 것은 참 대단한 일이라고 생각해요. 어느 한 스승에게 가서 그 스승에게서 진리=브라만을 배우기 시작하는 겁니다. 그런 사회적인 시스템이 기원전 8세기에 이미 인도에는 있었단 얘깁니다.

아마도 여덟 살이나 열 살쯤 된 사티야카마라는 소년이 자신은 브라마차리아가 되겠다는 결심을 합니다. 입문하기 위해서는 여러 가지 규칙이 있었다고 하는데, 먼저 자신의 정식 이름을 반드시 알아야 합니다. 그래서 어머니에게 달려가 "어머니 저는 지금부터 브라마차리아가 되고자 하오니 저의 진짜 이름을 가르쳐주십시오"라고 묻습니다. 그러자 어머니는 사실 어려서부터 이 집 저 집 돌아다니며 잡일을 거들었는데 어쩌다 보니 임신을 했고 그래서 널 낳았는데 너의 아버지의 성이 무엇인지 모른다, 하지만 나의 이름은 지아바라이니 너는 너의 이름을 지금부터 사티야카마 지아바라로 부르도록 하라고 말씀하십니다.

그래서 사티야카마는 스승에게 달려가는데, 스승은 고타마라는 사람으로 고타마 붓다와 같은 이름을 가진 스승이었어요. 고타마 붓다가 입멸한 것이 기원전 500년 무렵이니까 그보다 300년 정도 앞선 시대의 이야기인 거죠. 그 무렵에 이미 고타마라는 이름이 있었던 모양이에요. 그 고타마라는 스승에게 가서 자신을 제자로 받아달라고 부탁하게 됩니다. 그러자 고타마 스승은 너의 이름은 무엇이더냐? 라고 묻습니다. 사티야카마는 사실은 이러저러해서 자기 이름은 정확히 모른다, 하지만 어머니가 말씀하시기를 저의 이름은 사티야카마 지아바라로 하라고 말씀하셨습니다라는 식의 대답을 합니다.

인도사회는 아시다시피 4개의 사회계층으로 분류되어 있습니다. 제일 위의 상류계급이 브라만이라는 성직자들입니다. 그 다음이 크샤트리아라는 왕족이나 행정직 등 지배계급에 있는 사람들입니다.

그리고 세 번째가 바이샤라는 농업과 상업에 종사하는 직인들, 즉 일 반인들의 계급이죠. 그 아래에 수드라라는 계급이 있어요. 그것은 노 예계급이라 하여 그 위 계급 사람들의 몸종과도 같은 사람들입니다. 지금도 인도에는 그런 계급제도가 남아있는데, 수드라 중에서도 사 티야카마는 아버지가 누구인지 모르는 아이이므로 그보다 더 아래 계급에 속하게 됩니다.

그런 신분을 가진 사람은 원래 브라마차리아가 될 수 없지만 그는 진리를 배우겠다는 일생일대의 결심을 한 겁니다. 스승으로서는 당 연히 쫓아버릴 일이지만 고타마라는 스승은 남달랐던 모양입니다. 너는 거짓말을 하지 않았다, 너는 브라만을 배울 자격이 있다, 널 제 자로 받아주겠다고 했으니 참으로 위대한 사람이었던 거죠. 정식으 로 제자가 될 때는 장작다발을 가지고 가서 스승에게 그것을 바치는 의식을 치렀다고 하는데, 고타마 역시 사티야카마에게 제자로 삼을 터이니 장작을 가져오라고 명령했습니다. 사티야카마가 장작을 모아 서 헌상하고 제자가 되자 고타마는 이어서 400마리의 야윈 소를 사티 야카마에게 주었습니다. 400마리의 소를 키우라고 말이죠. 알겠다고 대답한 사티야카마는 그 소들이 1천 마리가 될 때까지는 돌아오지 않 으리라 결심하고 소들을 끌고 여행을 떠납니다.

그로부터 몇 년이 지난 어느 날 저녁, 한 마리의 수소가 사티야카 마에게 말을 걸어옵니다. "사티야카마여, 오늘 우리는 1천 마리가 되 었다. 그래서 너에게 브라만의 다리 하나를 가르쳐주겠다." 소는 다 리가 네 개 있습니다. 브라만에도 4가지의 진리가 있는데 그 중 한 가 지를 가르쳐주겠다는 겁니다. 그 전후 줄거리를 『우파니샤드』 본문에 나온 대로 지금부터 읽어보겠습니다.

"제자여, 우리는 천 마리가 되었다. 우리를 스승님의 거처로 데려가 다오. 그러면 너에게 브라만의 다리 하나를 가르쳐주겠다."

"존귀하신 자여, 부디 가르쳐주십시오."

"동쪽방위가 진리의 16분의 1, 서쪽방위가 브라만의 16분의 1, 남쪽방위가 브라만의 16분의 1, 북쪽방위가 브라만의 16분의 1, 이상 브라만의 16분의 4가 브라만의 한쪽 다리를 이루니 이것이 곧 '광휘로운 것'이니라. 16분의 4로 이루어진 브라만의 한쪽 다리를 '광휘로운 것'으로 알고 존경하는 자는 이 세상에서 광휘로운 자가 될 것이며 사후에는 광휘로운 세상을 얻게 되리라. 다음은 불이 너에게 브라만의 한쪽 다리를 가르쳐줄 것이다."

브라만을 진리라고 해석하면 동쪽 방위가 진리다. 서쪽방위가 진리다. 남쪽방위가 진리다. 북쪽방위가 진리다. 요컨대 동서남북 어디에나 진리는 있다는 것을 그 수소는 가르쳐준 겁니다. 그것이 광휘로운 것이라 함은 동서남북 어디에나 광휘로운 진리가 존재하고 있음을 의미합니다. 살아있는 동안에 동서남북 모든 공간을 광휘로운 것으로 여기고 존경한다면 사후에도 그 광휘로운 세상에 다다를 수 있다고 수소가 가르쳐준 거죠. 이것이 진리=브라만의 구체적인 한 모습입니다.

다음날 저녁 다시 사티야카마는 모닥불을 피웁니다. 거기에도 규칙이나 의식이 있었는지 동쪽을 향해 불을 피우게 됩니다. 동쪽을 향해 모닥불을 피우고 있는데 이번에는 그 불이 사티야카마에게 말을 겁니다. 그 부분을 읽어보겠습니다.

그러자 불이 "사티야카마여!"라고 이름을 부르자 "네 존귀하신 자여!"라고 대답해요.

"제자여, 너에게 브라만의 다리 한쪽을 가르쳐주겠다."

"존귀하신 자여, 가르쳐주십시오."

"땅의 세계가 브라만의 16분의 1, 공기의 세계가 브라만의 16분의 1, 천계天界가 브라만의 16분의 1, 대해大海가 브라만의 16분의 1. 이상 브라만의 16분의 4가 한 다리를 이루니 이것이 곧 '무궁한 것'이니라."

무궁한 것. 대지와 공기와 하늘과 바다를 무궁한 것으로 섬기는 자는 이 세상에서는 무궁한 것이 될 것이고 사후에는 무궁한 세상을 얻게 되리라, 라고 그 불이 가르쳐주죠.

그 다음날 저녁, 이번에는 한사라고 하는 일본에는 없는 새가 등장하는데, 일단 백조라고 하겠습니다, 그 한사라는 새가 날아와 세 번째 다리에 해당하는 진리를 가르쳐줍니다.

그것은 불이 브라만의 16분의 1, 태양이 브라만의 16분의 1, 달이 브라만의 16분의 1, 그리고 천둥번개가 브라만의 16분의 1이라고 한사라는 새가 말해줍니다. "이것을 '광명한 것'으로 알고 존경하는 자는 이 세상에서 광명한 것이 될 것이며 사후에는 광명한 세상을 얻게 되리라"라고 『우파니샤드』는 적고 있습니다.

그 다음날 저녁에는 또 다른 새가 찾아왔습니다. 마도그라는 새인데 이것은 잠수조潛水鳥라고만 적혀있지 어떤 새인지 구체적인 것은 안 나와 있습니다. 마도그라는 새가 와서 나머지 16분의 4를 가르쳐주게 됩니다.

"호흡이 브라만의 16분의 1, 눈이 브라만의 16분의 1, 귀가 브라만의 16분의 1, 의식이 브라만의 16분의 1. 이상의 16분의 4가 한 다리를 이루니 이것이 곧 '근거되는 것'이니라. 그렇게 알고 이 16분의 4를 존경하는 자는 이 세상에서 근거되는 것이 되고 사후에는 근거되는 세상을 얻게 되리라."

호흡하는 것을 산스크리트에서는 프라나라고 부르는데 이 프라나가 진리의 16분의 1, 그리고 눈 즉 보는 것이 진리의 16분의 1이고 듣는 것이 진리의 16분의 1, 마지막으로 사람으로 하여금 생각하게 하는 의식을 마나스라고 하는데 이 마나스가 진리의 16분의 1이라는 것을 마도그라는 새가 가르쳐줍니다.

동서남북이라는 방위, 지계地界와 공기와 하늘과 바다라는 무궁, 그리고 불, 태양, 달, 번개라는 광명, 호흡과 눈, 귀, 의식이라는 기능이 모여 16분의 16이 됐으니까 브라만의 모든 것을 알게 된 겁니다.

사티야카마는 1천 마리가 된 소들을 데리고 스승인 고타마에게 돌아갑니다. 그러자 고타마가 잘 돌아왔구나, 어서 오너라 하며 반갑게 맞아줍니다. 맞아주는데 딱 보면 알죠, 사티야카마가 다른 사람이 되어 왔다는 것을. 너는 이미 진리를 알고 있는 사람의 얼굴을 하고 있다, 누구에게 브라만을 배웠느냐? 라고 묻습니다. 사티야카마는 동물들이 가르쳐주었다고 대답합니다. 그것이 어떤 진리=브라만였는가를 스승이 묻지만 사티야카마는 대답하지 않습니다. 다만 "저는 많은 스승들로부터 저의 진짜 스승님께서 하신 말씀만이 브라만이라는 이야기를 들었습니다. 그러니 스승님께서 직접 브라만을 가르쳐주십시오"라고 부탁할 뿐입니다. 그러자 고타마가 그래 알겠다! 라면서 자신이 터득한 진리 즉 브라만을 말하는데, 그 말씀이 조금 전에 말했던

16분의 16의 브라만하고 글자 하나 틀리지 않더라는 이야기로 〈사티야카마가 수소에게 배운 브라만〉은 끝이 납니다.

브라만에 대해서 오늘 처음 들어본 사람도 있을 것이고 무슨 얘긴지 통 모르겠다는 분도 있겠지만, 진리란 단순합니다. 참으로 단순하면서 소박한 것이 진리라고 생각해요. 동서남북이라는 방위가 진리고, 땅과 공기와 하늘과 바다의 무궁함이 그대로 진립니다. 또 불과 태양과 달과 번개의 광명이 그대로 진리고, 호흡과 눈과 귀와 의식은 우리가 믿고 의지하는 근거로써의 진리라고 말합니다.

이 열여섯 가지가 하나가 되어 이루어진 진리는 단순하고 소박하긴 하지만 이것을 실제로 실현하기란 참으로 힘든 일입니다. 하지만 진리는 단순한 지식으로써 그것을 아는 것뿐만 아니라 몸소 실현해야 할 지혜이기 때문에 어려운 것 중에서도 가장 어려운 일이 아닐 수 없습니다. 그것이 얼마나 어려운가는 사티야카마가 400마리 소를 데리고 몇 년이 걸릴지 모를 여행을 떠났다는 설정에서 알 수 있습니다. 진리를 배운다는 것은 지식이 아니라 인생의 궁극적 진리를 배우는 겁니다. 여러분도 부디 오늘 일을 계기로 400마리의 야윈 소들을 끌고 길을 떠나시기 바랍니다.

인도의 힌두민족은 처음에 말했듯이 기원전 11세기라는 먼 옛날에 이미 완벽에 가까운 성전을 가지고 있던 민족이고 '0'이라는 수학 개념을 세계에서 처음으로 발견한 민족입니다. 힌두민족과 중남미의 마야민족. 이 두 민족이 거의 같은 시기에 '0'이라는 개념을 발견했다고 해요. 그리스나 중동, 이집트 문명도 오래되었고 중국문명도 오래되었지만 '0'의 개념은 모르고 있었죠. '0'이라는 개념을 알았다는 것 하나만으로 얼마나 철학적인 민족이었는가를 알 수 있어요. 소박한 사고만으로는 '0'이라는 개념을 깨달을 수가 없거든요. 그런 민족이 만들어낸 브라만이라는 개념에 대해서 유명한 격언이 있습니다.

'브라만은 처음에는 소문으로 알게 된다. 그 뒤에야 실제로 몸을 일으켜 브라만을 찾아 나선다. 그리고 마지막에 브라만은 실현된다.'

아마도 여러분은 오늘 처음으로 브라만이라는 말을 들었을 겁니다. 그러니까 여러분은 오늘 그 소문을 들은 셈이죠. 지금부터 그것을 추구하느냐 마느냐는 여러분에게 달렸습니다.

깊이 숨어있다

오늘은 내내 달을 노래한 시를 읽었는데, 달은 브라만의 16가지 진리 중에 포함되어 있습니다. 그리고 흙을 노래한 시도 읽었는데 흙 역시 16가지 진리 중 하나입니다. 그리고 바다의 시도 있었죠. 태양의 시도 있었고. 어디를 봐도 진리 아닌 것이 없습니다. 제가 말씀드리고 싶었던 게 바로 이겁니다. 진리라고 하면 아주 대단한 것처럼 들리기 때문에, 그것을 애니미즘 혹은 신=god이라는 말로 바꿔서 달은 신이다, 흙은 신이다, 바다는 신이다, 태양은 신이다 라고 몇 번이고 반복해 말씀드린 겁니다. 동쪽이라는 방향 자체가 신이고 서쪽이라는 방향 자체가 신이라고 말이죠. 그렇게 생각하면, 오키나와 풍토에 그 어느 곳보다 농후하게 남아있지만, 오키나와뿐만 아니라 일본전역에 삼라만상이 곧 신이라는 감성의 전통이 있습니다. 이른바 8백만의 신이 사는 세계가 바로 일본이라는 나라 아닙니까? 나무 한 그루에도 신이 깃들어있고 바위 하나에도 신이 있다고 믿는 세계. 브라만이라는 말을 쓸 것인가, 신神=GOD이라는 말을 쓸 것인가, 신=god이라는 말을 쓸 것인가? 그건 어쩌면 다 같은 말일지 모릅니다.

그래서 지금부터 신神, 일본어에서는 '카미'라고 읽는다 - 옮긴이이라는 일본어에 대해 잠시 생각해보고자 합니다. 보통 신이라고 하면 '神'이라는 한자를 써서 '카미'라고 읽는데, 이 말의 어원을 생각할 때 당연히 위를 뜻하는 '上이 역시 일본어에서 카미라고 소리남 - 옮긴이'이 떠오릅니다. 그래서 上=카미을 神=카미의 어원으로 보는 건 당연할지 모릅니다. 하지만 최근 급진전을 보이고 있는 일본어의 어원학 분야에서 神=카미라는 말이 원래는 隈=쿠마가 아니었겠는가 하는 설이 제기되고 있습니다. 이것은 현대 일본어학에서 유력한 정설로 거론되고 있는 이야깁니다. '쿠마'라는 말은 틀어박히다 혹은 숨다는 의미의 말입니다. 신神 전문가인 타니가와 켄이치谷川健一 씨의 설을 소개하겠습니다.

神=카미는 평소에는 어두컴컴한 곳에 틀어박혀 있어 모습을 드러내지 않던 존재였다. 그렇게 추측할 수 있는 것은 카미와 隈=쿠마라는 말이 관련이 있기 때문이다. 쿠마라는 말은 사람 눈에 잘 띄지 않는 장소, 예컨대 길이나 강의 굽이진 곳 혹은 계곡의 낭떠러지 등을 가리킨다. 키슈紀州, 지금의 와카야마 현과 미에 현 일부로 일본의 킨키近畿지방을 가리킴 - 옮긴이의 쿠마노熊野나 히고肥後, 지금의 규슈지방의 쿠마모토 현 - 옮긴이의 쿠마가와球磨川 또는 쿠마球磨분지가 그렇다. 한편 신에게 바치는 벼를 '쿠마시네'라고 한다. '시네'는 벼를 가리킨다. 신에게 바칠 벼를 재배하는 논을 '쿠마시로'라 부른다. 그것은 지명이 되기도 하였는데,『와묘쇼和名抄-헤이안 중기의 한화漢和사전-옮긴이』에는 이와미노구니石見国, 지금의 시마네 현 일부에 해당하는 지역-옮긴이의 오우치邑知 군과 아와지노구니淡路国, 지금의 아와지시마의 옛이름-옮긴이의 미하라三原 군에 각각 쿠마시로神稲라고 기재되어 있다. 이것을 보더라도 카미와 쿠마는 틀림없이 관련이 있다.

이것은 최근에 나온『일본의 신들』이라는 책에 나온 내용인데, 여기에서 중요한 것은 神=카미의 어원이 '숨다'는 의미를 내포하고 있다는 사실입니다. 깊이 숨어있는 것, 거기에서 카미라는 말이 생겨났다는 사실이 저에게는 아주 중요합니다. 그렇게 되면 아까 말한 브라만과 神=카미라는 말이 무관하지 않다는 게 분명해지니까요. 브라만이란 사물 속에 숨어있으면서 그 사물을 구성하고 있는 것이므로 神=카미와 같은 것입니다. 삼라만상을 구성하고 있는 요인이면서 삼라만상 그 자체=형상이기도 한 브라만과 隈=쿠마에서 온 카미=神는 동종의 것이라고 저는 생각합니다. 신이 됐든 브라만이 됐든 그것이 몸에 배어 자신의 테마가 되는 것은 처음에 읽은 시에서 보았듯이 '고요한 마음'에서 가능한 것이라고 봅니다.

인간의 불
시를 몇 편 더 읽어보겠습니다. 이번에는 〈불을 지피다〉라는 연작시입니다.

불을 지피다 1

불을 지핀다
지금은 산사람이 되어
고요히 고요히 불을 지핀다
소리도 없이 타오르는 밝은 불꽃 속에는
그것이 나다 때時가 없는 때가 있다
나무불가사의광불
나무진십방무애광여래
고요히 마음을 담아 불을 지핀다
밝은 불 빛깔 속에는
나의 성취이자 나의 나다
태곳적부터의 생명이 있다
불을 지핀다
지금은 한 사람의 산사람이 되어
고요히 고요히 불을 지핀다

불을 지피다 2

불을 지핀다
지금은 한 사람의 농부가 되어
이 세상에 어떤 즐거움이 있는 것도 아니고
고요히 고요히 불을 지핀다

소리도 없이 타오르는 밝은 불꽃 속에는
그것이 나다 기쁨의 순간이 있다
나의 죽음 그 순간에도
나로 하여금 생각하게 할 그 내가
밝은 불꽃 속에서 모조리 불사르고 있다
밤마다 행해지는 죽음의 연습
불을 지핀다
지금은 한 사람의 농부가 되어
고요히 불을 지핀다
나무불가사의광불을 지핀다

어제도 잠깐 말했듯이, 별로 관심이 없는 사람에게 강요할 수는 없지만, 죽는 연습도 하나의 삶의 방법이라고 생각해요. 현대 일본에서는 거의 대부분 사람이 죽으면 화장터로 보내집니다. 그렇게 재가 되는데 바로 그 연습을 하는 겁니다. 시체가 된 자신이 불 속에서 태워지는 모습을 상상하는 거죠. 그런 게 무슨 소용이냐는 사람은 굳이 그렇게 할 필요는 없지만, 만일 여러분 중에 자신의 죽음에 관심 있는 분이 계시다면 죽음은 연습하는 것 이상 좋은 게 없다는 것을 알게 될 겁니다.

무섭다고 도망쳐 봐야 어차피 그것은 다시 쫓아올 테니까요. 우리의 육신도 의식도 언젠가는 다 타고 한 줌의 뼈와 재가 될 테니까. 구약성서 창세기에 '너는 먼지이니 먼지로 돌아가리라'라고 적힌 그대로입니다. 재로 돌아가는 겁니다. 가톨릭 의식 중에 '성회聖灰수요일'

이라는 것이 있는데 그것도 죽어서 재가 되는 연습을 하는 셈이에요.

어쨌든 오늘은 그에 대한 이야기보다는 살아있는 불에 대한 이야기를 하려고 합니다.

어느 날 오랜 친구가 찾아와서 둘이 불을 지핀 적이 있습니다. 꽤 오래전의 일인데 그때 당시에는 술도 좋아하고 해서 소주를 마시면서 이런저런 이야기를 나누고 있었어요. 밤이 점점 깊어 열두 시가 넘은 시간이었을 거예요, 그때 갑자기 친구가 이 불은 조몬시대繩文時代 일본 선사시대에서 BC 1만 3천 년경부터 BC 300년까지를 말함 - 옮긴이에 피웠던 불과 같은 불이겠구나 라고 말하더군요. 그때 저도 문득 깨닫게 되었어요. 그때까지 저는 불은 지금 피우고 있는 지금의 불이라고만 생각했거든요. 그런데 그 친구가 조몬시대와 같은 불이라고 말한 순간 아하! 그렇구나! 하는 생각이 들더군요. 그 순간 우리는 조몬시대의 불과 같은 불을 지피고 있었던 겁니다. 그것을 깨닫고 난 후 방금 읽은 시집 중 한 챕터의 제목을 〈조몬의 불〉이라고 지었습니다. 불을 피우면 그 순간 누가 피우든 간에 조몬시대의 불과 같은 불이 타오르게 되죠. 오키나와의 풍토는 겨울이 되어도 그다지 춥지 않기 때문에 모닥불이나 화롯불 문화가 그다지 없을지 모르지만, 그래도 추워지면 불이 있다고 큰일 날 건 없을 테니까 조몬의 불을 한번쯤 감상해 봐도 좋지 않을까 싶습니다. 조몬의 불은 삶의 불이자 죽음의 불입니다. 곧 인간의 불이라 할 수 있지요. 신=god의 불이자 브라만의 불이지요. 나머지 시도 읽어보겠습니다.

불을지피다 3

불이 타오르지 않을 때
화로는 오로지 재의 세계다
불이 타오를 때
그곳에는 불이 찾아와 타오른다
밤이 깊어
이윽고 불은 따뜻한 재가 되고
아침에는 차가운 재가 된다
그것을 반복한다
반복하고 배우는 것이 즐거워
저녁이 되면
매일 불을 지핀다
마음을 담아 고요히 불을 지핀다

불을 지피다 4

집안에 화로가 있으면
어느 틈엔가 화로가 집의 중심이 된다
화롯불이 타고 있으면
어느 틈엔가 집안에 무아無我 의 따뜻함이 번지고
자연의 따뜻함이 번진다
집안에 화로가 있으면

어느 틈엔가 화로가 집의 중심이 된다
화롯불이 고요히 타고 있으면
집안에 무아의 따뜻함이 번지고
평화가 번진다
그것은 긴 세월 내가 애타게 찾아 헤매던 것
집안에 화로가 있고
거기에 밝은 불꽃이 타고 있으면
어느 틈엔가 그 무아가 집의 중심이 된다

불에는 물론 '나' 즉 자아가 있을 리 없죠. 무아에요. 태양에도 나는 없습니다. 그러니 당연히 무아겠죠. 달에도 내가 없는 무아의 세계이고, 번개에도 나는 없습니다. 역시 무아. 자아, 즉 내가 있는 것이 중심이 되면 세계는 혼란해집니다. 그것이 힘이 되고 권력이 되죠. 자아가 없는 것이 중심이 되었을 때 세상에는 평화가 옵니다. 집의 중심에 무아無我의 불이 있으면 그것만으로도 왠지 평화가 번집니다. 따뜻함의 평화뿐만 아니라 무아의 중심이라는 평화가 번집니다. 그것이 바로 신이고 브라만입니다.

불이 세상의 원리다

아까부터 고대 인도에서 브라만으로 여겨 온 불 이야기를 했는데, 거의 같은 시기에 서양에서도 헤라클레이토스라는 사람이 불을 주시하고 있었습니다. 그 이야기를 이 시간 마지막 이야기로 할까 합니다.

이 세상은 신이 됐든 인간이 됐든 그 누가 만든 것이 아니다.
오히려 그것은 영원히 살아 숨 쉬는 불로써,
정해진 만큼 타다가 정해진 만큼 꺼지면서 항상 있었고 있고 또 있을 것이다

물을 원리라고 했던 탈레스. 공기를 원리라고 한 아낙시메네스. 세 번째로 불을 원리라고 한 사람이 헤라클레이토스. 네 번째로 불과 공기와 불에 흙을 더해 종합한 사람이 엠페도클레스, 이렇게 소크라테스 이전의 자연철학자들은 자연의 원리를 탐구해왔습니다.

헤라클레이토스는 기원전 500년 경에 전성기를 보냈다는 기록이 있습니다. 그것으로 보아 기원전 6세기에서 5세기에 걸쳐 살았던 사람으로 추정됩니다. 아까 말한 우파니샤드 시대는 기원전 8세기였으니까 헤라클레이토스는 그보다 2, 300년 정도 이후에 등장한 사람으로 부처와는 거의 같은 시대를 산 사람이라고 할 수 있습니다. 이 사람은 그리스의 에페소스라는 지방출신인데, 지금부터 읽게 될 몇몇 문장이 헤라클레이토스가 남긴 말들입니다.

그 중에 '나에게가 아니라 로고스에게 물어서 만물이 하나임을 인정하는 것이 지혜이다'라는 말이 있습니다. 로고스라는 말은 서양철학에서는 보통 이성을 의미하지만 신약성서에서 '말씀이 곧 하나님이다'고 할 때의 말이 로고스였다고 기억합니다. 그리스어인 로고스도 원래는 말이라는 의미인데 헤라클레이토스가 말한 로고스는 이법理法이라는 의미에 가까운 것 같습니다. 나, 즉 자신의 이기적인 마음이 아니라 이법에게 물어서 만물이 하나라는 사실을 인정하는 것이 지혜라고 헤라클레이토스는 말했던 겁니다.

헤라클레이토스는 이런 말도 남겼습니다.

'원주圓周에서는 처음과 끝이 같다.'

당연하다고 하면 당연한 얘긴데, 삶을 하나의 원이라고 생각했을 때 탄생과 죽음이 같다는 말이고 그 말의 의미는 한층 깊어집니다.

또 '생과 사, 각성과 수면, 젊음과 늙음은 다 동일한 것으로 우리 안에 존재한다. 이것이 전하여 저것이 되고 저것이 전하여 이것이 된다'는 말도 했습니다. 그것이 바로 원주의 사상입니다.

그리고 지금부터는 불에 대한 얘깁니다만 '이 세상은 신이 됐든 인간이 됐든 그 누가 만든 것이 아니다. 오히려 그것은 영원히 살아 숨 쉬는 불로써, 정해진 만큼 타다가 정해진 만큼 꺼지면서 항상 있었고 있고 또 있을 것이다'라고 말합니다. 아주 중요한 말이니까 잠깐 칠판에 적어보죠. 이 말 때문에 헤라클레이토스는 불을 원리라고 주장한 철학자로 기록되고 있는 겁니다.

불에 대한 말이 또 하나 있는데 '만물은 불의 교환물이고 불은 만물의 교환물이다. 마치 물건이 황금의, 황금이 물건의 교환물인 것처럼'이란 말입니다. 세계원리로 불을 주장하고 있음을 명백히 보여주는 말이죠. 하지만 저는 이 말보다 여기 칠판에 쓴 이 말이 더 아름답다고 생각합니다.

헤라클레이토스는 어려운 말만 해서 그런지 '어둠의 사람'이라는 별명을 가지고 있어요. 어둠의 사람, 이 말을 잘 음미해보면 태양계의 기원에 대해 헤라클레이토스는 뭔가 느끼고 있었던 게 아닐까 하는 생각이 들어요. 이 세상은 신이 됐든 인간이 됐든 그 누가 만든 것이 아니다, 라고 말합니다. 오히려 그것은 영원히 살아 숨 쉬는 불로써 타오르고 있을 뿐이다, 라고 말합니다.

지구를 포함한 태양계는 영원히 사는 불로써 정해진 만큼 타고 정해진 만큼 꺼집니다. 50억 년쯤 지나면 그것은 꺼지게 되겠죠. 하지만 또 우주먼지들이 모여서 새로운 태양계가 만들어질 텐데, '항상 있

었고 있고 또 있을 것이다'는 부분까지 읽어보면 헤라클레이토스가
태양계라는 세계를 직관하고 있었을 가능성은 충분해집니다. 태양
계 자체를 직관했다기보다 어쩌면 그는 아까 읽은 눈앞에서 타고 있
는 화롯불 같은 불을 바라보면서, 우주전체의 어둠을 보고 태양이라
는 엄연한 불까지 보았기 때문에 이 세계가 태양의 전환물이라는 이
치를 간파해낸 거라고 생각합니다.

이 말은 현대의 우주론으로 통용될 정도로 태양계라는 불의 이법
=로고스에 딱 들어맞는, 한치의 틀림도 없는 인식이죠. 그런 것을 기원
전 5, 6세기라는 까마득한 옛날에 생각해낸 사람이 있었다니 놀랍지요.

마지막으로 헤라클레이토스가 한 불에 대한 말을 하나 더 소개하
겠습니다.

'모든 만물에 불이 다가와 심판하고, 선고할 것이다.'

이 말은 그야말로 태양계의 종언을 예고하는 말이며, 또 원자력이
라는 인간의 불이 폭주하여 지상의 모든 생명을 삼켜버릴 것을 예고
하는 말처럼 들립니다. 어떻게 심판하고 어떻게 선고할 것인가를 밝
히고 있지 않다는 데에 '어둠의 사람' 헤라클레이토스다운 공포가 있
다고도 느껴집니다.

하지만 인간이라는 생명이 태양계라는 불의 최적의 균형점에서 발
생하고, 태양이라는 불이 생명의 원천을 가지고 있다는 것은 물리학
상의 사실입니다. 그것을 단지 물리학상의 사실 혹은 지식으로만 볼
것인가, 생명의 근원으로써 존경하고 찬미할 것인가는 우리 한 사람
한 사람의 삶의 방법에 달려있습니다.

저로서는 헤라클레이토스가 말하는 로고스 즉 이법물리학을 어디까

지나 존중하면서도 그 불, 그 태양을 '어머니의 태양'이자 '신의 태양'
이라 부르고 브라만이라는 삶의 방식을 저의 인생으로 삼기를 원합
니다.

　처음 읽었던 시의 테마로 돌아가서, 인생에 대한 그런 바람은 고요
한 마음에서 가져지는 것입니다. 그런 의미에서 우리가 그런 바람을
가질 수 있게 하는 '고요한 마음' 자체 또한 하나의 신=god이라 할 수
있겠지요.

13

사랑과 업은 같은 것

몇 만 년 지나도 사라지지 않는
쓰리마일아일랜드와 체르노빌의 잿더미를 발밑에 밟으며
서른세 기 일본원자력발전소의 폐기물을 발아래 밟고 서서
더욱 더 인간을 희망이라 믿고
나로서는
더 깊게 그저 여기 이렇게 있을 수밖에 없다
야자잎 모자 아래서
절망이라는 말을 결코 사용해서는 안 된다

요가의 다섯 가지 길

오늘로써 마지막 강의가 되겠군요.

오늘은, 지금까지 몇 번인가 얘기했던 라마크리슈나와 라마나 마하리쉬라는 두 성자가 성스러움에 이르는 방법에는 큰 차이가 있는데 그 얘기를 하겠습니다.

라마크리슈나는 '신을 구하며 울어라'라는 말을 남겼고, 라마나 마하리쉬라는 '나는 누구인가?'라는 물음을 우리에게 남겼습니다. 이 두 말은 방향이 전혀 다르지요.

인도에서 3천년 내지 3천 5백년이라는 종교전통 속에서 배양되어 온 성스러움 혹은 진리에 이르는 방법론은 크게 다섯 가지로 나뉘지요. 그런데 제가 지금 이런 얘기를 하는 것은 인도의 전통을 배우자는 게 아니라 이 방법이 지금 우리의 삶에 당장이라도 적용할 수 있기 때문입니다. 그런 의미에서 지금부터 두 성자의 방법론을 비롯한 다섯 가지 길에 대해 이야기하려고 합니다.

라마크리슈나처럼 시종 신을 사랑하는, 그야말로 울 정도로 신을 사랑하는 것을 박티Bhati 요가라고 합니다. 박티 요가란 일본에는 그런 성향이 별로 없기 때문에 적절한 번역어를 찾기 어렵지만 일반적으로는 '믿음과 사랑信愛의 길'이라고 번역됩니다. 기독교에도 박티 요가의 성향이 나타나는데, 성 테레지아나 아시시의 성 프란시스코의 그리스도에 대한 사랑 즉 믿음과 사랑에서 상징적으로 나타나는 것처럼, 깊게 사랑함으로써 성스러움에 이르는 길이 하나 있습니다. 일본의 경우에도 법연法然 스님이 시작한 정토종이나 법연과 같은 시대의 화엄종 승려인 명혜明惠 스님이 부처에 대한 믿음과 사랑을 통해 성인으로 거듭났다는 점에서 박티 요가의 요소가 엿보입니다. 이 것이 라마크리슈나다운 신에 대한 사랑의 길입니다.

다음으로 라마나 마하리쉬다운 길은 '나는 누구인가?'라고 스스로 에게 자문한다는 점에서 상당히 지적인 방향성을 띠고 있습니다. 그 것을 인도에서는 주나나Junana 요가라고 부릅니다. 지성과 지혜로 성 스러운 것에 이른다는 방법론이죠.

이 두 가지가 종교적인 방법론의 큰 길이 된다고 봅니다. 요 며칠 동안 오키나와에 머물면서 제가 느낀 것은 오키나와의 풍토는 박티 즉 믿고 사랑하는 분위기, 깊이 사랑한다는 느낌이 아주 강한 땅이구 나 하는 겁니다.

몇 번이나 말하지만 저 노란 유나꽃을 볼 때마다 거기에 녹아들 것 같은 기쁨을 만끽하는데, 그런 신성한 대상물에 빠져든 나머지 자아 가 사라져버리는 길을 박티 요가라고 합니다. 어느 지역의 풍토에나 그런 믿음과 사랑의 빛이 서려있긴 하지만 이곳 오키나와는 그 색채 혹은 공기가 특별히 진하게 느껴집니다.

지금 이렇게 성스러운 것에 대한 이야기를 하고 있지만, 성스러운 것에 별로 관심이 없는 분들은 그 대신 '삶'으로 바꿔 생각해도 상관 없습니다. 말하자면 삶을 사는 데 믿고 사랑한다는 방법론. 또는 지성 을 갈고 닦아서 지성을 다해 사는 것도 인간 삶의 근본적인 방법이 될 수 있습니다.

이 두 가지 길, 박티 요가와 주나나 요가는 인도에서 상당히 중요 시되고 있어요.

세 번째로 카르마Karma 요가라는 길이 있습니다. 이것 역시 인도에서는 상당히 중요시되는 것 중 하나인데, 카르마란 보통 업業으로 번역되지만 저는 '행위'라는 말이 적합하다고 봅니다. 행위란 즉 작용을 말합니다. 예컨대 학생에겐 배우는 것이 최대의 행위가 되겠죠. 그행위를 통해 성스러운 것 혹은 삶의 핵심에 이르거나 그것을 실현시킬 수 있는 방법을 카르마 요가라고 부릅니다.

요가라고 하면 요가체조를 연상하게 되지만 원래 요가는 마음의 통일을 의미해요. 『요가스트라』라는 힌두교 경전이 있는데 그 경전 1장에 '요가란 마음의 통일이다'라고 적혀있거든요. 그러니까 여러 가지 요가자세를 취함으로써 심신을 단련하는 것은 그런 형태를 통해 마음을 통일시키는 방법론 중 하나에 지나지 않습니다.

요가라는 말이 이미 일반화되었지만 오히려 '길'이라고 이해하는 것이 좋을 것 같습니다. 믿음과 사랑의 길 혹은 지혜의 길, 혹은 행위의 길이라고 말이죠. 그것을 통해 성스러운 것에, 또는 삶의 핵심에 도달하는 겁니다.

나머지 두 가지 길이 또 있습니다.

쿤달리니Kundalini 요가 혹은 라자Raja 요가라고 하는데 이것은 설명하기가 좀 복잡합니다. 인간의 몸속에는 척추가 있는데 그 척추를 따라 꼬리뼈에서 정수리까지 한 줄기 에너지관이 뻗어있다고 보는 겁니다. 꼬리뼈 아래에 있는 에너지를 서서히 위쪽으로 끌어올려 정수리를 통해 하늘을 향해 열리게 하는 방법인데, 이것을 명상의 길이라고 부릅니다. 일본의 선종禪宗도 넓게 보면 이 명상의 길 즉 쿤달리니 요가에 해당한다고 할 수 있죠.

마지막 다섯 번째는 하타Hatha 요가로 아까 말한 체조요가가 바로 이겁니다. 체조요가라고 하면 얼핏 가볍게 보일지 모르지만, 심신일체라고 해서 몸과 마음은 하나라고 보기 때문에 몸이 건강하면 마음도 건강해지고 마음이 건강하면 몸도 건강해지게 마련이죠. 그런 관계에 있기 때문에 마지막 길인 하타 요가의 길을 결코 가볍게 보아서는 안 되겠죠.

인도에서는 크게 이상의 다섯 가지 길을 삶을 충실하게 완성시키는 길이라고 보고, 그야말로 몇 백만 몇 천만에 이르는 수행자들이 그중 어느 하나를 선택하여 수행의 길을 걷고 있습니다. 어느 길로 가든 거기에는 자기 삶=생명의 실현과 성스러움의 실현이 기다리고 있지요.

이때 중요한 것은 다섯 가지 중 어느 한 길을 택해 가더라도 나머지 네 길은 아무래도 좋다는 것은 결코 아니라는 겁니다. 각자의 개성에 따라, 믿음과 사랑이 개성인 사람은 이를 주체로 하는 대신 나머지 네 가지도 동시에 배우면서 인생을 완성시켜가야 합니다. 지성이 개성인 사람은 지성을 주체로 하면서 역시 사랑도 배우고 행위도 배워야 해요. 카르마 요가 즉 행위의 길에서 가장 중시되는 것은 무아, 즉 내가 없는 행위입니다. 무아의 행위를 평생 지속하는 것이 적성에 맞는 사람이라도 거기에는 당연히 사랑이 필요하고 지성과 지혜도 필요하고 명상하고 몸을 단련할 필요도 있습니다. 그렇기 때문에 각자가 따로 독립된 것이 아니라, 각자의 개성에 따라 이 다섯 가지 중 어느 하나를 주체로 삼고 동시에 나머지 네 가지의 도움을 받아 자신의 인생을 완성시켜가는 것이 요가 본래의 방법론이란 말입니다. 여기까지 오면 더 이상 요가라는 말도 의미가 없어지고 '길'이라는 말이 제격일 것 같은데, 이런 다섯 가지 길이 있다는 걸 여러분께 말씀드리고 싶었습니다.

또 한 가지 말씀드리고 싶은 것은 이 섬의 풍토와 공기와 사람의 특징이 믿고 사랑하는 것, 즉 박티 요가를 기반으로 하여 문화가 성립된 것 같다는 겁니다.

현대라는 시대가 인간에게 가장 중요한 믿음과 사랑이 사회적으로 하루하루 더 희박해져가는 시대잖아요? 그런 시대일수록 박티의 길을 풍토적 문화적으로 보존하고 있는 오키나와는 그야말로 소중한 곳이고, 이런 곳에서 공부하는 여러분은 정말 운이 좋은 사람들이죠. 부디 믿고 사랑하는 길을 많이많이 배우시기 바랍니다.

나라 国와 나라 鄕

이 『야자잎 모자 아래서』라는 시집에는 〈야자잎 모자 아래서〉라는 책 제목 그대로의 시가 스물네 편 정도 수록되어있는데, 그 중에서 오키나와와 아마미에 관한 시가 몇 편인가 있어서 그것을 읽어보고자 합니다.

> 야자잎 모자 아래서 5
>
> 야자잎 모자 아래에는
> 시마우타島唄*라는 이름의 절망이 있다
> 절망이라는 격심한 실정에 놓여있다
> 야자잎 모자 아래에는
> 그러니까

노래가 있다

절망해도 살아가지 않으면 안 되기 때문에

절망해서는 안 되는 노래의 사연이 있다

옛날의 쇼돈느나가하마

지금의 체르노빌

야자잎 모자 아래에는

시마우타 라는 절망이 있다

*카고시마 현 남부에 위치한 아마미奄美제도에서 불리는 민요-옮긴이

이 시를 잘 감상해보세요. 절망이라는 말 속에 바로 진실의 희망이 들어있습니다. 여러분이 그것을 느낄 수 있다면 참 좋겠어요.

이 시를 지었을 때 제 가슴속에는 물론 체르노빌원전 폭발이라는 10년 전의 그 사건이 있었지만, 더 깊이 들어가면 이 난세이제도南西諸島, 카고시마와 오키나와에 걸쳐 있는 섬들-옮긴이의 섬들을 습격했던 옛날 사츠마번薩摩藩, 규슈 일부와 오키나와 대부분을 지배했던 번-옮긴이에 의한 압제나 류큐왕조에 의한 인두세라는 착취, 나아가 오키나와 전쟁1945년 3월 26일, 오키나와에 상륙한 미군과 일본군 간의 전쟁으로 미군이 3개월 만에 완전 점령하였다 - 옮긴이으로 인한 25만 명이나 되는 희생자의 역사가 지금도 분명히 저의 가슴속에 남아있습니다. 그런 절망 속에서 노래가 태어났습니다. 그 때문에 시마우타에는 지금도 힘이 있다고 저는 생각해요. 노래란 제일 처음에 말씀드렸듯이 사슴이 화살을 맞았을 때 토해내는 울부짖음, 호소하는 외침소리에서 노래가 시작되었다고 한다면, 시마우타뿐만 아니라 모든 노래의 저변에는 절망의 외침이 있을 겁니다. 고뇌하기

때문에 노래하고 절망하기 때문에 노래하고……

어제 여기서 강의를 마치고 잠깐 요미탄의 치비치리가마라는 곳에 안내를 받아 갔는데, 거기에서 스나베라는 아름다운 해안을 찾아 갔다가 오키나와국수를 대접받았습니다. 그곳 바닷가는 오염된 곳이 아닐까 걱정하고 갔는데 의외로 아름다운 바다라서 안심했습니다. 바닷물이 어찌나 투명한지 뿌듯한 마음으로 바닷가에 서있는데, 그 순간 삼각날개를 가진 미공군의 제트기가 요란한 소리를 내지르며 하늘 낮게 날아가더라고요. 순간 퍼뜩 생각난 것이 있었어요. 이것은 여기 살고 계시는 여러분에게는 일상적인 건지 모르겠지만 저에게는 지극히 비일상적인 일이었거든요.

그 순간 제가 깨달은 것은 이곳 오키나와는 항상 과거의 전통문화를 소중히 지켜오면서 동시에 21세기를 눈앞에 내다보는 전 세계의, 중동문제며 북한문제며 중국 대만문제 혹은 티베트 문제까지, 그런 세계정치의 첨예한 위험사태를 짊어지고 있구나 하는 것이었어요. 그야말로 20세기 말이라는 시대의 절망적인 현실을 살아가고 있는 섬이구나 하는 것을 제 눈과 귀로 절실히 실감했습니다. 시 한편을 더 읽겠습니다.

야자잎 모자 아래서 18

야자잎 모자 아래서
절망이라는 말을
함부로 사용해서는 안 된다
절망이란 그야말로 죽음에 이르는 병이기 때문에

야자잎 모자 아래서
몇 만 년 지나도 사라지지 않는 쓰리마일아일랜드와 체르노빌의
잿더미를 발밑에 밟으며
서른세 기 일본원자력발전소의 폐기물을 발아래 밟고 서서
더욱더
더욱더
인간을 희망이라 믿고
나로서는
더 깊게 그저 여기 이렇게 있을 수밖에 없다
야자잎 모자 아래서
절망이라는 말을
결코 사용해서는 안 된다

이 시는 좀 오래 전에 지은 것이라 당시에는 원자력발전소가 33기
밖에 없었어요. 근데 십몇 년 사이에 55기까지 늘어나고 말았죠. 지
금도 여전히 일본정부는 원전을 만들고 있고요. 세계에서는 독일도
그렇고 스웨덴과 덴마크, 영국과 미국도 점점 원전을 줄여가자는 추
세인데 일본과 프랑스만 유독 증가시키려고 합니다.

이어서 〈야자잎 모자 아래서 19〉를 읽어보겠습니다. 이 시에는
'나라'라는 말이 나오는데 이것은 고향의 '鄕'자를 쓴다는 걸 미리 말
해두겠습니다.

야자잎 모자 아래서 19

야자잎 모자 아래서
나라라는 말과
나라사람이라는 말을 중얼거린다
야쿠시마의 나라
야쿠시마의 나라사람
아마미의 나라
아마미의 나라사람
오키나와의 나라
오키나와의 나라사람
아이누의 나라
아이누의 나라사람
호피의 나라
호피의 나라사람
야자잎 모자 아래서
나라라는 말과
나라사람이라는 말을
마음을 담아 중얼거린다
통치 없는 나라
원자력발전소 없는 나라
핵무기 없는 나라
그 나라 사람의 오래된 생업

야자잎 모자 아래서
파프아의 나라
캘리포니아의 나라
코카사스의 나라
일본의 나라
그 나라 사람 그 오래된 생업이라고
마음을 담아 중얼거린다

　나라를 뜻하는 '国'과 '鄕'이라는 한자를 나란히 세워놓고 보면 그
차이가 확연합니다. 이쪽 State를 뜻하는 '国'이라는 글자는 여기서
부터 여기까지는 우리나라다! 라고 큰 사각으로 둘러싸고 있고 그 안
에 왕이 있죠. 이것이 나라 즉 국가의 모습입니다. 반면 이 '鄕'이라
는 한자는 영어로 말하면 Country, 즉 고향을 뜻하는 글자입니다.
　지금 우리가 사는 시대는 정보교환이 이루 말할 수 없이 활발한 시
대라, 큰 입 구口 안에 인위적으로 둘러쳐진 나라는 사실상 의미가 없
어진 지 오랩니다. 그런데 여전히 이 큰 입 구口의 사각 안에 틀어박
힌 '国'은 일본국가에서나 찾아볼 수 있는 현상이 아닐까 생각합니
다. 만일 그것이 아주 바람직한 현상이라고 여러분이 생각하신다면
앞으로도 쭈욱 지속되면 될 일이지만, 이런 '国'의 간힌 시스템은 이
제 그만둬야 한다고 여러분이 생각하신다면 다음 세대에는 이 사각
의 틀을 벗어버리고 또 하나의 Country연합 즉 지역연합이죠, 그런
방향으로 국내뿐만 아니라 국제정치를 전개시켜나갈 수도 있다고 생
각합니다.

지역이라는 말은 끝없이 커질 수 있습니다. 이곳 나하 시 역시 하나의 지역이죠. 그것을 오키나와 본도라는 지역으로, 또 난세이南西 제도로, 더 나아가서는 일본국가라는 전 지역으로 발전시킬 수 있어요. 아시아라는 지역으로 넓혀갈 수도 있죠. 지역이라는 말은 한없이 커질 수도 있고 반대로 한없이 작아질 수도 있습니다. 지구가 하나의 지역이라는 사실이 피부로 실감할 수 있는 시대가 이미 왔습니다.

저는 정치학에 대해서는 문외한이라 이론적인 것은 잘 모르지만, 직감적으로 장래 정치학의 기본은 한없이 작아짐과 동시에 한없이 커지는 이 '지역'이라는 개념에 있다는 생각이 듭니다. 국가라는 개념은 지역이라는 개념으로 바뀌어가지 않으면 안 됩니다. 이에 대한 선택은 우리 한 사람 한 사람의 몫입니다. 저의 선택은 앞으로도 변함없이 계속되겠지만, 여러분도 부디 이것을 선택해주셨으면 합니다. 그리고 거의 모든 사람들이 이제 국가라는 시스템은 필요 없지 않겠느냐고 생각하게 될 때, 그때 자연히 이 사각의 틀은 사라지고 캘리포니아 컨트리 혹은 펜실베이니아 컨트리 혹은 코카사스 컨트리 혹은 그레이트브리튼 컨트리 하는 형태로 바뀌어가지 않을까 생각합니다.

오늘 나눠드린 자료 중에서 작은 인쇄물을 봐주시기 바랍니다. 이것은 지금까지 쭈욱 읽어온 『야자잎 모자 아래서』라는 시집의 후기인데, 한번 읽어보겠습니다.

『야자잎 모자 아래서』라는 타이틀에 대해 잠깐 설명해두고 싶다.
작년1986년 5월, 초여름의 햇살이 따가워질 무렵 잇소一燥의 한 가게에서 밀짚모자와 똑같이 생기긴 했는데 야자잎으로 짠, 한눈에

봐도 손으로 짠 게 확실해 보이는 그 모자를 발견했다. 오늘날에는 밀짚모자조차도 모두 기계로 짜기 때문에 수공이면 비싸겠거니 하고 가격을 물었더니 글쎄 200엔이란다. 가게주인 말로는 파산한 아마미오시마奄美大島의 도매상이 방출한 물건이라서 그렇게 싸다는 것이다. 그 이야기를 들으니 싸다고 좋아라 산 내 기분이 순식간에 식어버렸다. 또 하나 아마미의 문화가 사라지는구나! 그것은 단순히 아마미의 야자잎 모자 수공예라는 문화가 사라지는 것만을 의미하는 것이 아니었다.

류큐의, 동남아시아의, 중앙아시아의, 나아가 아프리카의 손手의 문화가 비명을 지르며 멸망해가는 하나의 상징이었다. 그들의 아름답고 고귀한 손의 문화를 대신해 단일단상의 물리과학문명이 지구를 뒤덮으려는 징조였다.

나는 물리과학문명을 전적으로 거부하는 것은 물론 아니지만, 내 몸과 마음은 분명히 아마미 문화, 류큐 문화, 아시아와 아프리카 문화를 향해 열려있다. 나는 그 다양한 문화상의 풍부함으로 단일단상의 기계과학문명의 빈곤함을 채우고자 하는 사람이다.

작년 여름부터 나는 그 야자잎 모자를 쓰고 논밭 일을 했다. 나 하나라도 아마미의 수공예 문화와 함께 하자는 마음에서였다. 그런 마음과는 별개로 야자잎 모자에는 또 한 가지 좋은 점이 있었다. 밀짚모자도 역시 그렇지만 챙이 넓기 때문에 시야가 그만큼 제한된다. 시야가 제한되면 사람은 왠지 그만큼 조심스러워지게 마련이다. 조심스럽게 일을 하면 동작은 자연히 느긋해진다. 야자잎 모자 아래서, 작년 초여름부터 나는 그것을 배우고 있다.

또한 일하다 말고 잠깐 허리 펴고 야자잎 모자를 벗고 머리에 바람이라도 쐴라치면, 홀연히 펼쳐지는 넓은 풍경을 바라보는 것도 더할 수 없이 큰 기쁨이었다. 1986년 여름은 체르노빌 공포의 재가 눈처럼 내리던 여름이었지만 그 절망적인 상황에서도 세계는 변함없이 아름다웠다.

독일 낭만파 시인인 노발리스1772~1801의 『파란 꽃』 표지에는 다음과 같은 말이 적혀있다.

모든 시적인 것은 동화적이지 않으면 안 된다.

진정한 동화작가는 미래의 예언자다.

모든 동화는 어디에나 있고 어디에도 없는 저 고향세계의 꿈이다.

이 말은 시의 본질을 멋지게 간파하고 있는 말이다. 현대시 혹은 현대시인이라 불리는 대부분의 사람은 자기를 배우는 것이 아니라 자아를 추구하는 시대착오적인 근대사상의 근저에 머물렀다. 그렇기 때문에 노발리스가 '동화'라고 말하는 시의 본질을 멀리 일탈하고 원래 만인의 것이어야 하는 시를 특수한 시단詩壇의 표어처럼 편협하게 만들고 말았다.

시를 다시 만인의 것으로 돌리고 싶다. 그것이 내가 진심으로 원하는 바다. 만인의 가슴에 열린 자기自己로서 신이 존재하듯이 만인의 가슴에 시가 깃들어있음이 분명하다. 그것을 일궈내는 것을 흙을 일구는 것과 같이 내 평생의 업으로 삼고 싶다.

닷새에 걸쳐 이 시집을 쭈욱 읽어봤는데, 그때그때의 마음은 이 후기에 쓴 마음과 같았습니다. 물론 저에게 시란 하나의 믿음과 사랑의 길, 행위의 길, 지성의 길이지만 여러분 각자의 행위의 길, 지성의 길 혹은 믿음과 사랑의 길이 반드시 있으리라 믿습니다. 그 길을 올곧게 걸어가시기 바랍니다. 그것이 가장 큰 행복입니다.

물론 고통이란 어느 길을 가나 살아있는 이상에는 반드시 있게 마련입니다. 낙이 있으면 고통도 있다는 말이 있죠? 그건 사실입니다. 그런 각오로 각자의 길을 찾아서 똑바로 걸어가시기 바랍니다.

조몬스기로 가는 길

이 시간 마지막으로 〈야자잎 모자 아래서 24〉라는 긴 시를 읽어보 겠습니다. 이 시는 읽는 데만도 약 25분이 걸리는 긴 시라서, 읽을까 말까 여러 번 고민했는데 역시 읽는 게 좋겠어요. 만약 지루해서 졸리 거나 하면 자도 상관없으니까 맘껏 주무세요. 그러다 혹시 눈이 떠지 면 들어주셔도 됩니다.

간단하게 말해서 이 시는 첫날 〈성스러운 노인〉이라는 시에 나왔 던 조몬스기에 오르는 시입니다. 이 삼나무는 깊은 산속에 있는데, 차 로 갈 수 있는 데까지 가서 거기서 약 5시간은 걸어가야 하는 곳입니 다. 그 조몬스기까지 올라간 저의 심상을 풍경과 함께 그대로 적어본 시니까, 혹 괜찮으시다면 여러분도 같이 조몬스기에 올라보시죠.

야자잎 모자 아래서 24

야자잎 모자 아래서
산을 오른다

난간이 없는 긴 궤도차다리를 건너
거대한 바위를 뚫어 만든 터널을 빠져나가면
그곳은 이미 이 세상이 아니다
산신령이 지배하는 산신령의 세계
우러러보는 거대한 바위에서
몇 가닥의 영험한 물이 뚝뚝 떨어지고
고대의 끈끈이주걱이 반짝반짝 빛난다
발밑 절벽 저 아래에는
원시 그대로의 안보강이 구불구불 흐른다
마가목이 내세를 가리키기라도 하듯 무성하고
나무수국의 하얀 꽃이 만발하고
누리장나무 꽃이 피었다
야자잎 모자 아래서
쉬엄쉬엄 걷기를 대략 3킬로미터
코스기다니 소학교 옛터에 다다른다
그곳에는 일찍이 사람 세상이 있었다
그곳에서 남자들은 수령 천 년이 넘는 야쿠시마 삼나무를
베어내고
여자들은 밥을 짓고
아이들은 학교에 다녔다
물론 상점이 있고 공중탕이 있고 영화관까지 있었다고 한다
남자들은 몇 천 몇 만 그루의 야쿠시마 삼나무를 다 베고
이윽고 베어낼 나무가 없어지자 산을 내려갔다

그리고 이땅은 다시 옛날처럼 산신령의 손에 넘겨졌다
소학교의 넓디넓은 교정에
지금은 인적없이 연초록 영혼의 바람만이 불고 있다
이 세상이 멸망한 슬픔과
이 세상이 멸망한 기쁨이 서로 맞물리면서
야자잎 모자 아래서
길을 왼쪽 오키나 고개로 돌린다
우리 세계에서는 깊은 지혜를 가진 노인을 오키나라 부르지만
산신령이 사는 세계에서 오키나는 우뚝 서있는 산을 의미한다
그 산 쪽으로 천천히 걸어간다
이윽고 삼대三代 삼나무에 다다른다
할아버지 거목이 잘려나간 그루터기에
아버지 거목이 자라나고, 아버지도 잘려버린 2대째 그루터기에
아들 되는 거목이 자라 찌를 듯 하늘을 향하고 있어
삼대 삼나무라고 사람들은 부른다
인간의 3천 년 세월을 산신령 세계에 사는 생물은
기껏해야 3대, 할아버지와 아버지와 아들이 산다
3천 년 전
이미 조몬 토기가 세상에 태어나 있었지만
천황제는 물론 국가와 국민의 관계는 아직 찾아볼 수 없고
일본열도 곳곳에는
수혈식 움막을 짓고 그 한가운데 불을 피우고
석기를 만들어 나무를 깎고

배까지 만들어 먹을 걸 채집하고
돌신, 나무신, 바다신, 말 없는 산신과 함께 호흡했던 사람들의
작은 마을이 있었다
야자잎 모자 아래서
안보 강 계곡의 밑바닥은 그보다 아득한 절벽이 되고
이제 남쪽의 곰매미는 울지 않고
북쪽 애매미만 우는 고요한 길을 간다
애매미
사흘을 내내 울다 흙으로 돌아가는 작고작은 세상의 모든 애매미
이 세상의 호흡 이 세상의 기도
희미하게 회색안개가 흘러와
큰길 입구까지 3킬로미터라는 표식을 본다
야자잎 모자를 고쳐 쓰고
산에 오른다는 건 사실 산에 잠기는 것임을 안다
안개와 구름 사이 아득히 먼 곳에
순간 오키나 고개의 환영을 본다
이윽고 큰 길 입구에 다다른다
그곳에는 청량한 계곡물이 콸콸 소리를 내며 흐르고
목마른 사람은 그 물을 그 영혼을 손으로 길어 몇 번이고 마신다
평평하고 거대한 화강암 위에 몸을 누이고
눈을 감고 그 바위 신의 품에서 잠시 쉰다
야자잎 모자 아래서
그때까지의 편안한 등산길에 이별을 고하고

갑자기 가팔라진 산길 등반에 오른다
갑자기 자욱해진 안개를
산신령의 엄숙한 마중이라 생각하고
처음에는 숨이 차올랐지만 마침내 호흡을 가다듬고
한 발 한 발 천천히 그 속으로 잠겨든다
숲이 깊어지고 거목의 그림자가 여기저기서 모습을 드러내지만
아직은 그것을 알아볼 만큼 호흡이 여유롭지는 않다
바위에서 바위 이끼에서
가는 곳곳에서 솟아나는 샘물의 기운에 휩싸여
사람은 의지를 품은 물이 된다
돌연 오키나 삼나무에 이른다
밑동 둘레 19.7미터 수령 추정 3천 년
잿빛 안개가 나무 꼭대기를 덮어 보이진 않지만
희미하게 녹색가지도 보여
이 거대한 구멍을 가진 거목이
마침내 고사枯死할 노목이 아니라
그 내부에 물을 빨아들이고
그 꼭대기에 녹음을 무성케 하는
살아있는 산신령임을 말해준다
거칠어진 껍질에 이마를 대고
사람은 그 영혼에 물들기를 빈다
안개가 가랑비로 바뀐다

오키나 삼나무와 헤어져
야자잎 모자챙을 우산 삼아
한층 더 울창한 숲길로 빠져든다
이제 더는 애매미도 울지 않고
숲에서 새어나오는 작은 물줄기만이
졸졸졸 고요한 소리를 낸다
사람은 조금씩 사람임을 잊고
또 다시 의지를 품은 물이 되어 그 길을 오른다
이윽고 윌슨 그루터기에 다다른다
밑동 둘레 13미터
이미 고사한 그루터기의 뚫린 구멍에 들어가면
그곳에는 작은 신사가 차려져 있고
지면으로 졸졸 물이 흐르고 있다
그 물을 한 움큼 길어 마신다
그루터기는 고사했지만 물이 있기에 그루터기는 죽지 않는다
나무의 정령을 모신 신사라고
누가 불렀는가? 그루터기에 걸린 작은 푯말이
안개비에 젖어있다
죽음은 생의 끝이 아니고 또 시작도 아니다
죽음은 안개 같은 것 비 같은 것 또 물 같은 것
숲속의 숲의 일상 그저 그런 일상
영혼 속의 영혼의 일상 그저 그런 일상
구멍의 한쪽 구석에서 비를 피해 잠시 휴식을 취한다

야자잎 모자 아래서
세 시간의 보행과 등반의 뒤끝이라 휴식이 기분 좋다
죽음이란 또 고사枯死, 깊은 휴식 같은 것
졸졸졸 물이 흐르고 있다

야자잎 모자 아래서
비 그치고 안개 걷히기를 우러른다
한순간의 파란 하늘
하지만 다시 하얀 안개가 빠르게 차오른다
안개는 산신령의 호흡 보다 깊은 무엇보다 깊은 호흡
밝고 고요한 숲속을
조몬스기를 향해 다시 걸음을 옮긴다
여름동백의 붉은 거목의 나무껍질이 문득 눈앞에 펼쳐지더니
그 고운 자태에 사람은 저도 모르게 손을 내민다
숲과 안개에 갇혀 좀처럼 그 모습을 보여주지 않지만
저 너머에는 이 섬의 주봉主峰
어머니 미야노우라 산이 우뚝 솟아있다
옛날에 나는
당신은 어머니인가 아버지인가 남신인가 여신인가 라고
미야노우라 산에게 물어본 적이 있다
원래부터 여신이었노라 이윽고 대답이 왔다
숲의 나무들
울창하게 무성한 거목의 무리들은

그러므로 여신을 찬양하는 남신들이었다
하지만 밝고 붉은 껍질을 가진 여름동백나무만은
다른 나무들과는 달랐다
여름동백나무는
미야노우라 산과 같은 상냥하신 여신의 모습이었다
그 껍질에 살짝 손을 대니
영혼으로 차가워진 심신을 조금은 사람의 심신으로 되돌린다
야자잎 모자 아래서
길은 다시 가파른 오르막길이 되고
하얀 안개는 짙어졌다 옅어지고 짙어졌다 옅어지며
거의 지상까지 내려와 시야를 가로막았지만
비가 되지는 않았다
이윽고 대왕大王 삼나무에 다다랐다
수령 추정 3천 년
대왕 삼나무라는 이름에 걸맞게 반들반들 빛나는 껍질을 가지고
검고 거대하게 하늘을 찌를 듯 울창하였다
산신령 세계에 왕이 있는 것은 아니다
그것은 이 섬의 천진무구한 사람들이
아이다운 찬탄과 놀라움에 그만 그렇게 부르게 되었을 뿐인
이 세상의 이름
위대한 것을 찬양하고 위대한 것과 함께 살고자 하는
가상의 동경의 이름
대왕 삼나무의 밑동에 서서

가파른 등반의 피로도 잊고
사람은 또 다시 그 껍질에 이마를 대고
당신이 나이고 내가 당신이기를
당신이 모든 우리고 모든 우리가 당신이기를 빈다
이마를 들면
한 순간 다시 안개가 걷히고 파란 하늘이 엿보인다
아름다운 파란 하늘
산신령이 안개가 되어 나타나고 다시 파란 하늘이 되어 나타남을
사람은 모를 수 없었다
하지만 다시 하얀 안개가 하늘을 덮고
숲을 덮고 나를 덮어 마침내 다시 가랑비가 되었다
비와 안개 속에서 그 비 역시 산신령임을 알 수밖에 없었다
야자잎 모자 아래서
야자잎 모자를 우산 삼아
온몸을 흠뻑 적셔가며 물이 되어 산을 오르면
머잖아 부부 삼나무에 이른다
부부 삼나무 바로 앞에는 거대한 솔송나무가 있고
그 검푸르게 빛나는 껍질을 삼나무보다 멋진 남신의 모습으로
검은 정령과도 같이 숭배하지만
저 계곡아래에서 솟아오른 두 그루의 거목
가지 하나로 꼬옥 손을 맞잡고 있는 두 그루의 거목은
부부라는 그윽한 이름에 걸맞았다
숲속의 거대한 삼나무 부부

몇 천 년을 말없이 오로지 손을 맞잡고 서있는 정령
이곳은 검은 솔송나무 숲이기도 하지만
야쿠스기屋久杉, 야쿠시마에 자생하는 삼나무-옮긴이의 숲이었다
부부에게 행복 있기를 남신과 여신의 손잡음에 행복 있기를
원초적 모습에 행복 있기를
솔송나무 전나무 감탕나무 진달래 노린재
스키미아 야쿠시마 철쭉
원초적 영혼은 각자의 모습을 이루고 수목으로 거기 있고
부부 삼나무 역시 그렇게 그곳에 있다
남신과 여신의 손잡음에 행복 있기를
야자잎 모자 아래서
야자잎 모자를 우산 삼아
등반은 여전히 계속된다
예까지 오면 조몬스기는 금방이다
하지만 가까워오면 올수록 그것은 여전히 멀다
수령 추정 7천 2백 년
그 삼나무가 이 세상 생명을 얻은 것은
조몬시대도 아직 이른 초기의 일이었다
예수는 물론이고 부처도 노자도 아직 세상에 나지 않았고
물론 아마테라스 신도 아직 그 이름을 얻지 못하고
태양으로 빛나고 비가 내리고
사람들은 그저 생명 가진 사람들로 그 아래서
작은 마을을 이루며 진실로 살고 있었다

숲속의 거대한 삼나무 부부/부부에게 행복 있기를/남신과 여신의 손잡음에 행복 있기를
원초적 모습에 행복 있기를

참치 가다랑어 방어 참돔 감성돔 뱀장어

전복 소라 말조개 마합 바지락

파드득나물 땅두릅 고사리 머위 표주박

호두 도토리 칠엽수 열매 마름 복숭아 밤

사슴 멧돼지 영양 수달 담비 토끼

사람들은 그들을 사냥하여 먹고

모시와 꾸지나무 닥나무 마로 만든 의복을 두르고

머리에는 동백나무로 만들어 옻칠을 한 빗까지 꽂고 있었다

튼튼하게 지어진 목조 집 안에는 수시로 화롯불이 타오르고

크고 작은 토기들 안에는 겨울 날 식량이 비축되어 있었다

물론 질병과 죽음의 불안과 크나큰 천재天災를 두려워 했다

굶어죽을 우려도 있고 금수에게 습격당할 위험도 있었다

하지만 그것은 지금 시대도 마찬가지

오히려 그때는 핵무기의 공포도 원자력발전소의 범죄도 없었다

국가라는 인공의 장치도 없고

경제의 마력도 지배하지 않았다

산은 신이고 강은 신이고 바다는 신이었다

흙이 신이고 나무가 신이고 불이 신이었다

신은 바로 생명이며

생명이 그것의 울림이 신이었다

야자잎 모자 아래서

다시 비가 그쳤다

비는 그쳤지만 안개는 갈수록 짙어지고

숲이 온통 축축해진 하얀 수염에 휩싸인 것 같았다

홀연히 숲이 끊기고

거기에 조몬스기가 있었다

조몬스기 역시 안개에 감싸여 있지만

그 안개는 밝을 만큼 하얘서

겹게 거기 서있는 삼나무를 숨기지는 않았다

안개에 물들고 물과 숲에 물들어 사람은 묘하게 빛나는

공간으로 걸어들어갔다

밑동 둘레 43미터 높이 30미터

울퉁불퉁한 삼나무 같지 않은 거대한 몸체가 눈앞에 서있다

하지만 사람은 그 거대함에 놀라고 있을 수만은 없다

놀라기 위해서가 아니라 만나기 위해 왔으므로

보기 위해서가 아니라 듣기 위해 왔으므로

사람은 사람의 보물인 쌀과 흙을 품에서 꺼내어

그 흑투성이 밑동에 조심스럽게 바친다

당신이 생명이라면 나도 생명 똑같은 생명이지만

당신의 생명은 너무나 길고 깊다

그리 긴 세월 안개와 비와 함께 살아온 때문일까

당신과 안개는 마치 같은 동족인 것만 같다

기도의 말은 없었다

기도의 말은 안개

당신을 장식하는 당신의 자매인 안개였다

사람은 일어서

야자잎 모자 아래서

하얀 안개와 함께 천천히 당신을 오른쪽으로 천천히 돌았다

8년 전 처음 당신을 찾아왔을 때는

당신은 삿갓을 깊게 눌러쓴 한 노승의 모습을 보여주셨다

그 작은 노승의 모습은

왠지 인도의 초대 사티아 사이바바라 불렸던 거지승의 모습과

너무 닮아있었다

나는

당신의 내면에 깃든 삿갓 쓴 노승을 놀라움과 함께 받아들였다

세 번째와 네 번째 당신을 찾았을 때

당신은 가네샤 신의 모습을 보여주셨다

베다성전을 이 세상에 내려주셨다는

코끼리 얼굴에 사람 몸을 가진 가네샤 신

틀림없는 그 거대한 가네샤 신을 당신 안에 합장하였다

당신을 향한 다섯 번째 등반

아무리 보아도 노승도 가네샤 신의 모습도 찾아볼 수 없고

안개가 짙어졌다가는 옅어지고 짙어졌다가는 옅어지기만 할뿐

당신은 이윽고 안개가 되어버리셨는가 생각했다

돌기를 일곱 번, 일곱 번째 당신의 주위를 돌았을 때

문득 당신은 사자를 보여주셨다

앞발을 세우고

고개를 빳빳이 쳐들고 눈을 감고 있는 사자

그것은
사자이긴 했지만 사자가 아닌 오히려 스핑크스였다
그 스핑크스는 깊게 눈을 감은 채
그 눈초리에서 눈물을 흘리고 있는 것 같았다
야자잎 모자 아래서
깊은 숲의 고요함 속에서
사람은 하나의 문을 본다
그 문은 더 깊고 더 짙은 안개가 흐르는 멀고 깊은 숲에 이르는 문
사람이 기억한 바에 따르면
지금으로부터 약 200만 년 전 호모 하빌리스가
동아프리카 탄자니아의 올드바이 협곡에서
마침내 석기를 만들기 시작했다고 한다
그 사람인지 원숭인지 모를 숲의 하루
숲의 세월
사람 의식의 원초인 부드러운 물 같은 빛
사람의 원초적 의식인 모닥불 불꽃같은 행복
거기에 서서 그 문에 눈물을 흘리는 스핑크스
야자잎 모자 아래서
만남은 끝나고 듣는 것도 끝났다
하나의 모습으로 문이 나타났다
어디가 앞이고 어디가 뒤인지 모를 둥근 원의 길로
앞발을 세우고 눈을 감은 사자의 모습이었다
안개 깊은 조몬스기의 나무그늘에서

야자잎 모자 아래서
사람은 이 세상의 늦은 점심을 먹는다
현미 주먹김밥 오이에 된장 마늘장아찌
아이들 혹은 아내 혹은 남편
혹은 사랑 혹은 자비
혹은 생명 혹은 죽음
안개가 흐르고 안개가 이 세상 사람의 손목을 적신다
karma와 kama는 같은 것
사랑kama과 업karma은 같은 것
사랑은 안개 업도 역시 안개
짙어졌다가는 옅어지고 옅어졌다가는 다시 짙어지며
생명을 적신다
야자잎 모자 아래서
산을 오른다
사람은 의지를 품은 물이 되어
물에 젖어 산에 잠긴다

아주 긴 시였는데 들어주셔서 감사합니다.

이것 역시 자료로 나눠드리려고 했는데, 너무 길어서 복사하는 것
이 힘들 것 같아 그렇게 하지 못했습니다. 이 시는 조몬스기 찬가이면
서 조몬문화 그 자체에 보내는 찬가이기도 합니다만, 그보다 마지막
부분에 나온 '사랑과 업은 같은 것'이라는 한 행을 여러분에게 전해주
고 싶었습니다.

비는 그쳤지만 안개는 갈수록 짙어지고 / 홀연히 숲이 끊기고
거기에 조몬스기가 있었다

14

나는 당신에게 속해있다

생사란 이런 것일까
이뿐이라면 뭔가 부족한 듯도 하지만
이토록 고요하기란
나는 도저히 따라갈 수 없다

친화력

오후에는 『삼광조』라는 시집을 읽으면서 이야기를 계속하도록 하겠습니다.

먼저 〈엉겅퀴 길〉이라는 시를 읽을 텐데 지금은 아쉽게도 엉겅퀴 계절은 아니죠. 아까 점심시간에 캠퍼스에 있는 작은 수풀 속에서 흰 도깨비바늘이라는 작고 하얀 꽃을 보았습니다. 잡초에요. 엉겅퀴도 잡초니까 잡초의 꽃을 연상하시면 될 것 같습니다.

엉겅퀴 길

엉겅퀴 꽃이 길게 피어있어서
그곳을 엉겅퀴 길이라고 불렀다
엉겅퀴 길을 걸으며
여기까지 잘도 왔다 생각한다
평범하고
평범한 엉겅퀴 길
자줏빛 꽃들이 상쾌한 바람에 하나하나 흔들리는 걸 보며
아무일 없이
어떤 부족함도 없이
걷는 것만으로
그것만으로 모든 것이 준비되었다
(정말 이것으로 된 거지?)
라고 내가 물으면
정말 이것으로 됐다, 라고

엉겅퀴 길이 대답한다

엉겅퀴 꽃이 길게
100여 미터나 피어있어서
그곳을 요즘엔
엉겅퀴 길이라고 부른다

다음은 자료로 나눠드린 〈청띠제비나비〉를 읽어보겠습니다.

청띠제비나비

청띠제비나비 대여섯 마리가
떼를 지어
물웅덩이 가에 앉아
말없이 물을 마시고 있다

물웅덩이에는
하늘과 흰 구름과 녹음이 비치고
청띠제비나비들의 모습도 비치고 있다

생사란 이런 것일까
이뿐이라면 뭔가 부족한 듯도 하지만
이토록 고요하기란
나는 도저히 따라갈 수 없다

청띠제비나비 대여섯 마리가
물웅덩이 가에 앉아
말없이 영원의 물을 마시고 있다

 나비란 신기한 습성을 가지고 있어요. 청띠제비나비 유충은 단 한
가지 종류의 나뭇잎만을 먹는데, 그 나무가 녹나무입니다. 청띠제비
나비가 왜 녹나무의 잎만 먹는지는 아무도 모릅니다. 그 이유는 청띠
제비나비밖에 모르겠죠. 여기서 내다봐도 수많은 식물이 있습니다.
나무도 있고 풀도 있고. 무한하다고 해도 좋을 만큼 많은 식물들이 이
캠퍼스 안에 서식하고 있습니다. 그 많은 식물 중에서 녹나무 잎만을
먹는 건 왜일까?
 청띠제비나비만 그런 게 아닙니다. 아까 보니까 끝주홍나비, 청띠
제비나비랑 비슷한 크기의 나비인데 날개 끝부분이 진한 주홍색을
띠고 있는 나비가 날고 있더군요. 청띠제비나비와는 또 다른 깜짝 놀
랄 만큼 아름다운 나비였어요. 그 끝주홍나비의 유충은 어목魚木 풍접
초과 낙엽소고목으로 동남아시아, 인도, 아프리카 등 열대지역에 분포한다. 일본에서는 카고시
마 현 이남에 자생한다 -옮긴이 이라는 나무의 잎만 먹습니다. 따라서 어목이
없는 곳에는 끝주홍나비가 없고 반대로 끝주홍나비가 있는 곳에는
반드시 어목이 자생하고 있어요. 이런 관계에 있는 것을 나비의 식초
食草라고 합니다.
 그 정도로 극단적이진 않지만 흔히 호랑나비과에 속하는 나비는
대개 감귤류 잎에 알을 낳고 그 유충은 감귤잎을 먹고 나비가 됩니다.

또 나비의 대표격인 배추흰나비는 채소류 특히 양배추를 좋아해서 거기에 알을 낳고, 유충은 그 잎을 먹고 번데기가 되고 나비가 됩니다. 그런 식으로 나비의 종류에 따라 식초가 달라져요.

왜 배추흰나비는 채소잎을 먹고, 청띠제비나비는 녹나무 잎을 먹고, 또 끝주홍나비는 어목 잎을 먹고, 호랑나비는 감귤류 잎을 먹는지, 그에 대해서 우리는 알 길이 없습니다. 다만 그 나비와 식물이 서로에게 끌리는 힘은 DNA 안에 각각 어떤 것을 먹으라고 새겨져 있는 거겠죠. 몇 백 몇 천 종류의 식물 중에서 DNA가 왜 특정한 종류의 식물만을 먹으라고 명령하는지는 자연의 신비일 뿐입니다.

그 신비로운 힘을 저는 친화력이라는 말로 부르고 싶습니다. 친화력이라는 말은 여러분도 잘 알고 있겠지만 상당히 오래 전부터 있어 온 말입니다. 이 말의 창시자는 괴테입니다. 18세기에서 19세기에 걸쳐 생존했던 독일의 작가죠. 1749년에 태어난 사람입니다. 그 괴테의 작품 중에 『친화력』이라는 책이 있습니다. 에두아르트라는 초로의 남자와 오틸리에라는 젊은 아가씨가 서로에게 이끌려 비극에 이르는 연애소설인데, 그 남자와 여자가 운명적으로 끌리는 힘을 친화력이라는 말로 표현한 것입니다.

어쨌든 친화력에 대해 말씀드리려고 하는데, 그러려면 잠시 딴 얘기를 해야 할 것 같습니다.

야쿠시마는 사람 2만, 원숭이 2만, 사슴 2만이 사는 섬이라고 알려져 있는데, 야생동물로는 원숭이와 사슴이 있습니다. 그래서 그런지 교토대학의 영장류연구소 분소가 야쿠시마에 있고, 세계 곳곳에서 야생원숭이를 연구하는 젊은 연구자들이 곧잘 찾아오곤 합니다. 그런데 2, 3년 전부터 독일의 뮌헨 출신인 여성연구자가 와서 원숭이 연구를 하고 있는데, 그 사람이 녹색당 당원이더라고요. 제가 또 녹색당 지지자이기도 해서 그녀의 일을 돕다가 관심이 많던 괴테 이야기를 한 적이 있어요.

그녀는 일본어를 좀 할 줄 알았는데, 내가 『친화력』이라는 작품에 관심이 참 많다는 이야기를 했더니, 그녀가 하는 말이 괴테에게는 『친화력』이라는 제목의 작품이 없다는 거예요. 없다니, 나는 읽었는데 없을 리가 없지 않는가 해서 이래저래 설명을 하다보니까, 요컨대 맨 처음 『친화력』이라는 일본어번역을 한 사람이 의역을 한 겁니다. 원래의 의미와는 다른 말을 새로운 『친화력』이라는 말로 만들어 낸 거지요.

그럼 원래 독일어 제목은 무엇이었는가 하면 wahl verwandt schaften이라고 해요. 전 독일어를 전혀 못하지만 사전을 찾아보니까 wahl은 선택한다는 동사 wallen의 어간이고, verwandt는 핏줄, 친척, 가계, 혈족을 의미하는 말이더군요. schaften은 말의 어미에 붙어서 추상명사의 여성을 형성하는 것이랍니다. 그러니까 이것을 종합하면 그 원래의 의미는 '선택된 혈연성' 정도가 되겠지요. 혈연이란 동족이란 말이니까 유유상종이라 할 수 있을까요? 그런 식으로 같은 것이 같은 것의 냄새를 맡고 그것을 선택하게 되는 역학관계를 처음 괴테를 번역한 일본인이 '친화력'이란 말로 번역했던 거죠. 이것을 원래의 의미로 돌이켜 생각하면 청띠제비나비가 녹나무 잎을 선택하는 것은 청띠제비나비와 녹나무가 동족 즉 혈연관계에 있다는 의미입니다. 그 힘을 친화력이라고 부른 거죠. 저는 친화력이란 말이 참 좋은 말이라고 생각하는 사람이라 바꾸자고 하는 말은 아니고, 친화력을 좀더 자세히 설명하기 위해 이 이야기를 해봤습니다.

우리 인간세계에서는 예컨대 한 남자와 한 여자가 맺어질 때를 보면, 남자쪽에서 볼 때 세상에 반이 여잔데 딱 한 여자에게 끌리거든요. 그런 걸 보면 역시 뭔가 필연적인 인연이랄까, 원래부터 선택하고 선택되는 힘 같은 것이 작용하고 있다는 생각이 들어요. 그러니까 사람끼리, 이성이 아니고 동성 간에도 어떤 사람과는 친구가 되고 어떤 사람과는 친해지지 못하고 하는 거겠죠. 그러한 선택의 힘은 친화력 즉 wahl verwandt schaften에 의해 정해진다고 생각해요.

우리가 사는 세계에는 같은 인간끼리는 말할 것도 없고 인간과 식물 사이, 인간과 동물 사이, 혹은 식물과 식물 사이, 식물과 곤충 사이 등 모든 세계에 친화력이 작용하고 있어서, 그 친화력이 잘 발휘되었을 때 행복해지는 관계성이 있다고 봅니다.

그것을 좀더 추상화시키면 삼라만상에는 어떤 친화력이 작용하고 있어서 그 친화력에 의해 삼라만상이 성립되고, 지구라는 하나의 커다란 생태계도 어떤 의미에서 이 친화력의 통합에 의해 존재한다고 할 수 있을 것 같아요. 심지어 태양계까지도 말이죠.

나는 당신에게 속해있다

그런데 말입니다. 둘째 날이었던 가요? 『내 영혼이 따뜻했던 날들』이라는 아메리칸인디언 소년의 이야기가 있다고 소개했었지요? 그 책 후기에 아주 흥미로운 이야기가 적혀있습니다. 아메리카 원주민들 대화에 나타나는 습관인데, 예를 들면 할아버지가 손자에게 사랑한다고 말할 때, 보통 영어로는 'I love you'라고 하잖아요? 그런데 원주민들은 I love you라고 하지 않는다네요. 그들도 일상생활에서 어느 정도 영어를 사용하지만 I love you라는 말은 안 한답니다.

전 왜 그런지 어렴풋이 알 것 같아요. 우리 일본사람들도 love=사랑이라는 말은 알고 있지만 좀처럼 '나는 널 사랑해'라고 대놓고 말하지 못하잖아요. 언어감각이 묘하게 다르니까 사랑한다는 말이나 사랑이라는 말 자체를 좀처럼 표현하지 못하죠. 그래서 그 원주민들은 자기들만의 말을 만들었는데, I love you 대신에 I kin ye라고 한다고 해요.

ye는 you의 속어입니다.

그런데 문제는 그 앞에 나오는 kin이에요. 이것이 바로 핏줄 혹은 동류, 친족, 혈통이라는 의미로 아까 말한 verwandt라는 독일어와 똑같은 말입니다.

'나는 당신을 사랑한다'라고 말할 때 '나는 당신에게 속해있다, 당신과 동류다, 당신의 핏줄이다'라고 말하는 것과 같죠. 그것은 할아버지와 손자라면 한 핏줄이니까 당연한 말이지만, 연인이나 친구 사이에도 사랑을 담아 인사를 나눌 때는 'I kin ye'라고 한다는 겁니다. 청띠제비나비가 녹나무한테 'I kin ye'라고 말하는지 안 하는지는 모르겠지만 알을 낳는다는 건 바로 그런 거 아니겠어요? 같은 종류 한 핏줄이라는 것이 사랑의 리얼리티라는 말이죠.

이 책은 20세기 중반의 미국대륙에서 있었던 일들을 적은 책이고 wahl verwandt schaften은 19세기 전반 독일에서 지어진 책의 제목입니다. 전혀 다른 두 시대의 말이 완전히 똑같은 내용에 똑같은 표현을 쓰고 있다는 사실에 저는 정말 깜짝 놀랐습니다. 이 사실을 처음 알게 된 게 작년 연말이었는데, 그때부터 산다는 것은 그 어떤 것의 핏줄과 하나가 되고 그 어떤 것과 동류가 되어가는 것이구나 하는 생각에 친화력이라는 말이 제 인생의 키워드가 되었답니다.

예를 들면 조금 전에 비가 와서 기분이 상쾌해졌는데, 비 때문에 기분이 상쾌해졌다는 것은 역시 생명과 비가 동류이거나 한 핏줄이기 때문에 기분이 상쾌해진 거죠. 말하자면 비에게 I kin ye라고 말할 수 있다는 겁니다. 숲이면 숲, 나무그늘이면 나무그늘에서 사람이 나무를 보고 기분이 좋아질 때는 나무와 나는 동류니까 I kin ye라고 말해도 되겠죠. 그렇게 친화력은 개체를 넘어 한없이 퍼져갑니다. 그 친화력의 안테나를 예민하게 갈고 닦아서 자연 속으로 인간관계 속으로 깊이 파고 들어가는 것이 차세대 애니미즘이라고 생각합니다.

I love you라는 말을 우리는 너무나 잘 알고 있지만 좀처럼 사용하지 못하는데 반해 I kin ye라는 말은 의외로 술술 말할 수 있을 것 같다는 생각이 듭니다. 사실 『내 영혼이 따뜻했던 날들』이 출판된 지 오래지만, 지금까지 딱 한 번 어떤 사람이 이 말을 사용하는 걸 본 적이 있습니다.

〈아동문제연구회〉라는 장애아들과 그 부모님을 중심으로 한 모임에서 매달 간행하고 있는 《건너기》라는 회보에 어느 중학교 선생님의 글이 실린 걸 보았는데, 거기서 그 선생님이 장애를 가진 아이들에게 I kin ye라는 말을 하고 있더군요. 그걸 보는데 얼마나 기뻤는지 모릅니다. 그 선생님은 물론 장애자가 아닙니다. 하지만 아이들에게

'우리는 동류다'라고 말하고 있어요. 그런 의미로 사용하는 것을 그때 딱 한번 봤어요. 이런 말은 세계로 세계로 뻗어나가야 하는데 말이죠.

어쨌든 우리는 친화력으로 이 세상을 살고 있는 셈입니다. 그런 만큼 친화력이라는 단어 자체에 대한 친화력까지 포함해서 그 힘을 연마하는 것이 보다 잘, 그리고 보다 깊이 있게 살아가기 위해 반드시 필요하다고 봅니다. 제가 오키나와에 온 것은 이번으로 세 번쩬데, 올 때마다 이곳 풍토에 대한 친화력이 점점 깊어지고 있음을 느낍니다.

> 산에 사노라면
>
> 산에 사노라면 때때로
> 아름답고 신비로운 일과 만난다
> 예컨대
> 서산으로 초승달이 기울고
> 이윽고 날이 지면
> 하늘 저 깊은 곳이 진한 감색으로 물든다
>
> 무수한 별들이 영적인 깜빡임을 보내올 무렵
> 홀연히
> 서산에 초승달이 보이고
> 바라보는 사이
> 성큼성큼 가라앉는다
> 가라앉는 소리가 들릴 정도다

왜냐하면
달이 가라앉고
산위에 잠시 남아있던 여명마저 사라지면
사위는 갑자기 고요해지고
그때까지는 들리지 않던 계곡물 소리가
다시 흐르는 소리가
들리기 때문이다

산에 사노라면
때때로 신비로운 일과 만난다

'달이 가라앉는 소리가 들린다'라고 하면 지극히 시적 표현처럼 들릴지 모르지만, 지금 이 시에 나타난 것처럼 달이 지는 모습이 너무나 멋져서 거기에 넋을 잃고 있으면 옆에서 흐르고 있는 물소리도 들리지 않게 됩니다. 왜 물소리가 들리지 않는가 하면 역시 달이 소리를 가지고 있다고 할까, 그 달에 내가 마음을 빼앗겨버렸기 때문입니다. 물론 달을 보느라 정신이 없는 것은 눈입니다. 하지만 눈이 정신을 못 차리면 귀까지 정신을 못 차리게 되거든요. 그래서 듣지 못하게 되죠. 그처럼 뭔가에 집중할 때는 사실 거기에 모든 걸 빼앗겨버리는 의식구조를 우리 인간의 감각과 의식은 가지고 있어요.

그 의식구조를 일전에 말씀드렸던 유식론이라고 합니다. 이것은 불교철학의 하나인데 유식론이라는 가장 오래된 철학 중 하나죠. 이것은 간단히 말하면 유식唯識이라는 말이 의미하듯 이 세계는 단지

의식의 반영일 뿐이라는 생각입니다. 세계는 자기의식의 거울이라는 생각. 따라서 지금 여기에 공기조절기 소리가 희미하게 들리는데, 공기조절기 소리에 마음을 빼앗겨버리면 다른 세계는 사라져버리고 공기조절기 소리의 세계가 되는 겁니다. 공기조절기 소리를 들으면서 이번에는 창밖 나무로 시선을 돌리면, 어느새 공기조절기 소리는 사라져버리고 세계는 나무의 세계로 바뀌고 맙니다. 그처럼 세계란 자기의식의 거울, 의식의 방향에 따라 변한다는 것이 유식론의 견해입니다. 따라서 100명의 사람이 있으면 100명의 세계가 있다는 의미죠.

지금 여기 3, 40명의 사람이 있고 각자의 처지에서 세계를 바라보고 있는데, 공통성은 물론 있겠지만 각자 10인 10색의 세계를 보고 느낄 겁니다. 제가 하고 있는 이 말 자체도 3, 40명이 다 다른 이해방식으로 듣고 있겠죠. 즉 한 사람 한 사람의 의식의 반영이란 말입니다. 말은 제가 하고 있지만 듣는 것은 사실 여러분 자신의 의식에 비친 자신의 목소리를 듣고 있다는 말이에요. 여러분 각자의 목소리, 그 소리만 들리는 겁니다. 그런 구조를 인간은 가지고 있다는 것이 유식론이라는 철학의 주장입니다.

그것이 옳은 철학인가 하는 것은 여러분이 판단할 일이지만 저는 이것이 절대적으로 맞다고는 생각하지 않습니다. 객관적인 존재로서의 세계가 존재하는 것도 사실이니까요. 다만 이것은 절대적은 아니라 해도 상당히 사실적으로 인간성을 보여주고 있다는 것은 짧은 설명이었지만 여러분도 충분히 이해했으리라 생각합니다. 이것을 알아두면 독단에서 빠져나올 수가 있거든요. 뭔가를 바라볼 때 그것은 자신의 눈에 그렇게 비칠 뿐이죠. 세상을 바라볼 때 그 풍경은 내가 바

생사란 이런 것일까/이뿐이라면 뭔가 부족한 듯도 하지만
이토록 고요하기란/나는 도저히 따라갈 수 없다

라보고 있는 세계에 지나지 않습니다. 아무리 기를 쓰고 봐도 내 거울에 비치는 세계에 지나지 않아요. 이런 사실을 알아두면 독단에서 벗어날 수 있어요. 세계를 보는 100명의 사람이 있으면 100명의 세계가 존재한다는 객관적인 사실이 있으니까요.

한편 이러한 인식방법은 더 적극적인 것이기도 합니다. 반대로 세계를 변화시킬 수도 있다는 말이에요. 다만 그것이 보고 있는 사람의 거울의 주체가 이기적인 자아라면 거기 비치는 세계도 이기적인 세계겠죠. 그럼 세계는 이기적인 세계로 자꾸자꾸 변하게 됩니다. 하지만 반대로 그 자아가 사라지고 무아의 세계에 설 수 있다면, 세계는 또 그렇게 비치게 될 겁니다. 그럼 우리에게 각인된 원래의 생명친화력에 이끌린 조화로운 세계가 현실로 나타나게 되겠죠.

어쩌면 그런 생명친화력이 우리의 미래를 멋지고 좋은 세계로 바꿔가리라 생각합니다. 이기적인 자아의 세계로는 세계가 결코 바뀌지 않습니다. 전쟁, 고통, 비참 등은 모두 거기에서 나옵니다. 그것은 이미 몇 천 년 전부터 변함없는 인간의 역사이기 때문에, 객관적으로 지금 당장 바뀔 가능성은 그다지 없다고 보지만, 그래도 역시 세계를 바꾸고자 하는 것이 인간이고 그러기 위해서는 유식唯識이라는 불교 인식론이 어느 정도 긍정적인 힘을 가지고 있다고 봅니다.

진보하는 시간에 자신을 빼앗기는 사람들

남은 시간이 얼마 없기 때문에, 언젠가 문명의 진보에 대한 저의 생각을 말씀드리겠다고 약속한 바 있어서 지금 이 시간에 그 이야기를 할까 합니다. 진보하는 문명과 그에 대치하는 또 하나의 회귀하는 시간에 대해서 말하겠습니다.

우리가 살아가는 시간 속에는 크게 두 가지 있습니다. 하나는 진보하는 문명의 시간입니다. 언제부터 시작된 것인지 정확히는 알 수 없지만, 문명이라는 것이 어느 정도 형태를 갖추게 된 곳은 여러분이 중고등학교에서 배운 것처럼 세계 4대문명의 발상지인 이집트, 메소포타미아, 인더스 강 유역 그리고 중국의 황하 강 유역입니다. 기원전 4천 년 경부터 인류의 문명은 시작되었습니다.

문명이란 도구의 발명에서 시작됩니다. 이를테면 도구와 함께 문명은 시작되고, 일단 우리가 발명하고 소유하게 된 도구는 되돌릴 수 없습니다. 예컨대 어떤 사람들이 석기라는 것을 만들어냈다고 칩시다. 날카로운 돌로 나무를 깎는데, 그것을 날카롭게 하면 할수록 예리하게 잘 깎여요. 그런 석기라는 도구를 만들어내요. 그럼 그 기술은 널리 퍼지게 되고, 그 예리함을 반대로 둔하게 하는 방향으로는 절대 가지 않죠. 따라서 진보는 절대적입니다. 그것이 기술이 되고 과학이 되고, 마침내는 과학기술이 되기도 하지요.

기술문명의 세계에서 시간은 결코 뒤로 돌아가지 않습니다. 그러니 19세기보다 20세기의 기술문명이 더 발달된 것은 당연한 일이죠. 그리고 20세기보다는 21세기의 문명사회가 훨씬 진보할 테고.

진보하는 문명의 시간이란 과거에서 미래로 상승하는지 어떤지는 모르겠지만 적어도 일직선으로 진행하지 결코 뒤로 물러서진 않습니다. 시간적으로 조몬시대로 돌아간다는 건 불가능하죠. 따라서 우리는 앞으로 쭈욱 21세기를 내다보고 가야 하고, 그것을 미래를 위한 회망이라는 중요한 가치관으로 삼고 있습니다. 그런 시간을 우리는 살고 있습니다. 이건 누구나 알고 있는 일이죠.

오키나와나 제가 살고 있는 야쿠시마에는 지금부터 이야기할 또 하나의 시간이 진하게 흐르고 있기 때문에, 진보하는 문명의 시간만 존재한다는 실감은 그다지 절실하지 않을 겁니다. 도쿄의 경우 대부분의 사람들은 시간에는 진보하는 시간밖에 없다고 일상생활 속에서 실감하고 있습니다. 시간은 앞으로만 나가는 것이라고. 하지만 또 하나의 시간이 있다, 시간에는 한없이 회귀하는 속성이 있다고 말하면 모든 사람이 알고 있으면서도 뭣이? 라고 깜짝 놀랄 겁니다. 하지만 오키나와 풍토에는 또 하나의 시간이 농후하게 흐르고 있다는 걸 여러분 다 경험으로 알고 있을 테니까, 이야기하기도 쉬울 것 같네요.

또 하나의 시간인 자연의 시간을 간단하게 말하면 태양계의 시간이라 할 수 있습니다. 태양계의 행성들은 자전하고, 자전하면서 조금씩 태양 주위를 공전하죠. 지구도 하루에 한 번 자전을 하면서 태양 주변을 일년에 걸쳐 한 바퀴 돕니다. 태양계의 시스템은 태양계가 우주에 생겨난 46억 년 전부터 현재에 이르기까지 눈곱만큼도 진보하지 않았습니다. 오로지 같은 길을 회귀할 뿐이고 순환할 뿐이죠. 하루가 24시간이라는 사실은 일만 년 전이나 지금이나 똑같습니다. 물론 얼마간의 흔들림이 있긴 했겠지만 일본 같은 온대지방에서는 여전히 춘하추동이 반복되고 있습니다. 이 역시 1만 년 전이나 1천만 년 아니 1억 년 전에도 거의 똑같았을 겁니다.

좀더 구체적인 예를 들면 인간이 태어나고 성장하고 죽어가는 시간도 결코 진보하지 않습니다. 문명은 한없이 진보하지만 우리 개인이 나고 자라고 늙고 죽는 것은 1만 년 전이나 지금이나 완전히 똑같습니다. 1만 년 뒤에도 똑같겠죠. 복제인간이 나와서 그 사람의 인생을 뒤잇는 시대가 올지 모르지만, 이 복제인간 역시 성장하고 늙고 죽는다는 사이클을 피해갈 수는 없습니다.

그런 의미에서 아무리 문명이 발달해도 우리 한 사람 한 사람이 나고 자라고 늙고 죽어가는 사이클은 영원히 변하지 않을 겁니다. 인류가 존재하는 한 영원히. 우리 개인의 육체와 의식은 회귀하고 순환하는 자연의 시간에 예속되어 있습니다. 그 시간 안에 속해있으면서 전체로서의 인류는 진보일로의 문명을 끊임없이 만들어내고 있습니다. 지금은 그 문명의 속도가 컴퓨터 관련 기술이 상징하듯이 눈이 빙빙 돌 정도로 빨라지고 있기 때문에, 문명의 발달에 발맞추는 것만이 인생의 목표인 양 되어버렸습니다. 그래서 개인의 몸과 마음이 한 발짝도 진보하지 않은 순환하는 시간에 예속되어 있다는 사실을 잊어버리곤 합니다.

제 생각에는 지금의 수많은 사회불안과 사회병리는 이 두 시간의 상극, 즉 개체로는 순환하는 생리 안에 있는 것, 즉 진보하지 않는 시간을 자기 안에 내장하고 있는 것을 진보하는 시간에 빼앗기고 있기 때문이라고 생각해요. 예컨대 여러분은 지금 학생이라는 신분 때문에 그렇게 심하진 않겠지만, 그래도 대학이라는 하나의 문명시스템 속에 몸담고 있는 것이 현실입니다. 대학시스템의 목표는 한마디로 정해진 일정한 지식을 습득하고 졸업해서 산업사회에 뛰어들고 그곳에서 유능한 사람으로 거듭난다는 것입니다.

물론 그것만 있는 건 아니지만 사회전체에서 보는 대학의 위치는 산학공동이라는 말에서 알 수 있듯이 보다 유능한 인재를 육성하여 문명도가 높은 사회를 만들어가는 시스템의 한 일원이 될 것을 요구받고 있습니다. 대학을 졸업한 뒤 실제사회에 들어가면, 아침부터 밤까지 경제나 과학기술이라는 형태로 나타나고 있는 문명을 한 발짝이라도 더 앞으로 나아가게 하기 위해 노력할 의무를 지게 됩니다. 그렇게 되면 여러분의 시간은 개체적 생리적으로는 어디까지나 순환하는 시간 속에 있으면서 의식적으로는 앞만 보고 나아간다는 가치관만 갖게 되겠죠.

이것을 숫자로 말씀드리면 작년 일년 동안 일본의 자살자 수는 과거 최고치인 3만 2천 명. 재작년보다 35%가 증가했다고 해요. 그거야 불황 때문이기도 하겠지만, 일년 동안 3만 2천 명이나 되는 사람이 못 살겠다고 죽어버린 겁니다. 도대체 그들은 왜 죽지 않으면 안 되었을까요? 근본적으로는 이 진보하는 시간에게 자신을 빼앗긴 나머지 자신의 인생과 문명과의 상극 속에서 죽음을 선택한 것이 아닐까 생각합니다. 연간 교통사고사망자 수가 일만 명 미만이라고 하니 자살자 수는 그 세 배 이상 되는 셈입니다. 교통사고와 그 불안이 자동차 문명이 가져온 것임은 부정할 수 없는 사실이지만, 근대산업문명의 발전과 함께 자살자 수가 급증하고 있는 현실은 진보라는 가치관이 만능은 아니라는 것을 여실히 보여주고 있습니다.

하지만 진보는 인간의 숙명이기도 합니다. 과학기술, 더 편리하고 더 힘 있고 더 쾌적한 것을 만들고 싶어 하는 것은 인간의 본능이며 필연성이기도 합니다. 그런 만큼 이를 부정할 수는 없겠죠.

두 가지 시간이 있는데, 어떤 것이 나쁘다고 말하고 있는 게 아닙니다. 불과 1970년대까지만 해도 서구적인 진보를 좇는 가치관이 만능이던 시대였습니다. 미국과 유럽의 가치관이 만능이었어요. 진보 지상주의였던 시대였지요.

그것을 상징하는 것이 '아시아적 정체停滯'라는 말입니다. 중국과 인도를 비롯해 아프리카와 남미까지, 요컨대 미국과 유럽을 제외한 모든 나라는 아시아적 아프리카적 중남미적 정체에 빠져있다는 거죠. 그런 의미에서 보면 오키나와도 아마미도 야쿠시마도 모두 이 아시아적 정체 세계에 해당되겠죠. 그리고 가장 좋은 곳은 파리나 뉴욕, 도쿄, 오사카다라는 가치관이 팽배했었습니다. 하지만 지금은 다릅니다. 몇 십 년 사이에 아직 부분적이긴 하지만 시대는 크게 달라졌습니다.

예를 들면 도쿄나 오사카 사람들이 오키나와로 관광을 옵니다. 그리고 너무너무 기뻐하죠. 그것은 물론 바다를 포함한 아열대성 풍토의 아름다움 때문이기도 하겠지만, 무엇보다 이 섬에 농후하게 흐르고 있는 순환하는 자연의 시간이 있기 때문입니다. 그곳에 선 순간 도시에서 팽이치기를 강요당한 듯 지쳐있던 심신이 편안해지면서 원래의 자연생리를 회복하는 경험을 많은 사람들이 하게 됩니다. 야쿠시마에도 아마미에도 수많은 관광객이 옵니다만, 단순히 관광만 하고 돌아가는 것이 아니라 개중에는 아예 이주해오겠다는 결심을 하는 사람이 증가하고 있을 정도에요. 이런 현상은 남쪽 섬들뿐만 아니라 홋카이도 등 북쪽도 마찬가집니다. 한때 아시아적 정체라고 불렸던 여러 요소들이 지금은 아시아적 풍요로 인식되고 있습니다. 아시아적 정체나 아시아적 풍요를 형성하는 밑바닥에는 영원히 회귀하고 순환하는 시간성이 있다는 것을 깊이 깨닫기 바랍니다. 이 두 시간의 조화를 만들어가는 것이 차세대 최고의 테마라고 생각합니다.

본론으로 돌아가, 개인뿐만 아니라 가족이라는 사회의 구성단위도 역시 회귀하는 자연의 시간에 속해있습니다. 부모님이 있고 자녀가 있고, 그 자녀가 성장해서 결혼한 뒤 다시 아이를 낳고, 부모님은 돌아가시면 선조가 됩니다. 이 순환 역시 인류탄생 이래 단 한 발짝도 진보하지 않은 생명의 모습입니다. 가족이란 순환하는 시간에 예속되어 있습니다. 그러므로 가족 안에 있는 대부분의 사람은 큰 안식을 얻습니다. 그러다 회사에만 가면 스트레스, 회사에 가면 사방에 적이 있기 때문이죠. 하긴 요즘에는 집에 오면 그보다 무서운 적이 있다는 사람도 있지만, 역시 기본적으로 가족은 순환하는 시간에 속하기 때문에 재빠르게 진보하는 시간 속에서 전쟁을 치르듯 살고 있는 사람에게는 안식의 시간이 되겠죠.

그런데 가족의 시간 속으로 텔레비전이라는 진보하는 시간의 앞잡이가 끼어들었습니다. CF는 더 맛있는 것, 더 빠른 것, 더 편리한 생활을 끊임없이 있는 족족 들이대니까요. 제가 진보하는 시간의 앞잡이라고 하니까 진보하는 문명의 시간이 마치 악당인 것처럼 들리지만, 이제 우리는 텔레비전 없는 거실을 상상할 수 없게 되었습니다. 한편 우리가 꼭 알아두어야 할 것은 텔레비전이라는 문명의 시간이 개입함으로써 가족의 단란이라는 순환하는 자연의 시간이 소외되고 있다는 사실입니다. 이것이 꼭 나쁘다고는 하지 않겠지만 그런 시스템이 이미 우리 현실을 점령하고 있다는 사실은 알아두었으면 합니다. 가족의 시간이 중요하다고 생각하신다면 그 시간만큼은 텔레비전을 끄고 가족의 단란을 위해 사용해야 한다는 걸요.

그렇게 생각하면 예술이나 문학이나 장인 문화의 세계는 분명히 회귀하는 자연의 시간에 속해있습니다. 저는 두 시간 사이에서 양다리를 걸치고 있다고 생각하지만, 아무래도 저의 무게는 회귀하는 시간 쪽 다리에 더 실리게 되는군요.

지금 제가 문학이라고 했는데, 요즘 하이쿠나 단가를 짓는 인구가 전에 없이 늘어나고 있어요. 그것이 무엇을 의미하는가? 하이쿠나 단가는 주로 계절을 노래하는 장르의 문학입니다. 계절이란 그야말로 회귀하는 시간의 대표 주자죠. 각 계절에 해당하는 동식물에 눈을 돌림으로써 자연히 회귀하는 시간에 몸과 마음이 따라가기 때문에 치유가 되고 기쁨이 되는 겁니다. 그래서 하이쿠 혹은 단가를 짓는 사람이 그렇게 많아지고 있다고 저는 봅니다.

미국에서도 마찬가지에요. 이번에 절 여기로 불러주신 분이 영문과 야마자토 카츠노리 선생님이신데, 선생님이 게리 슈나이더라는 시인을 연구하고 계신다는 인연으로 절 불러주셨는데, 게리 슈나이더라는 현대 미국의 시인이자 사상가는 진보하는 문명의 시간을 결코 전면적으로는 지지하지 않는다고 분명히 밝히고 있습니다. 오히려 회귀하는, 순환하는……특히 순환이라는 단어를 그는 즐겨 썼는데, 회귀는 제가 한 말이고요. 어쨌든 그래서 그것이 미국사회에서 새로운 하나의 부동의 힘으로 부각되고 있습니다. 1950년대에 시작해서 벌써 50년 이상의 역사를 갖는 가늘디가는 흐름이 마침내 사회 속에서 본류까지는 아니더라도 크나큰 한 흐름이 되고 있습니다.

비트 제너레이션이라 불리며 1950년대부터 시작되었던 게리 슈나이더, 앨런 긴즈버그 그리고 잭 케루악 등 당시의 젊은 시인과 작가들이 일생을 걸고 지금의 미국사회를 준비해왔던 겁니다. 순환하는 시간을 좀더 중시하자, 자연을 가치로 승화시키자는 등의 주장을 내세웠죠. 지금 미국에서는 그것이 새로운 자연환경운동으로 정착되고 있습니다.

저 역시 도쿄에서 나고 자랐지만 도쿄식의 문화와 문명뿐만 아니라 제 안에 또 하나의 삶이라 할 수 있는 회귀하는 시간을 소중히 하자는 생각을 줄곧 가져왔습니다. 말하자면 아까 말한 것처럼 회귀하는 시간에 대한 엄청난 친화력이 제 안에 작용하고 있는 셈이지요.

이렇게 말하면 마치 제가 직선적으로 진보하는 문명의 시간을 악당 취급하는 것처럼 들릴지 모르겠습니다. 솔직히 20여 년 전에는 저도 진보하는 문명의 시간이 나쁘다고 생각했습니다. 하지만 그 20여 년의 시간 동안 여러 가지 경험과 공부를 하면서, 특히 미야자와 겐지라는 사람을 알게 되면서 과학이 갖는 아름다운 힘에 대해 알게 되었습니다. 그것은 결코 악이 아니다, 문명 역시 하나의 깊은 선善이다라고 거듭 말씀드리고 싶습니다.

15

존재의 수레바퀴

모든 것은 가고, 모든 것은 다시 돌아온다
존재의 수레바퀴는 영원히 회귀한다
모든 것은 죽고 모든 것은 다시 꽃핀다
존재의 세월은 영원히 흘러간다

돌이 되고 나무가 되다

드디어 마지막 시간이군요. 나눠드린 자료에 나온 〈돌〉이라는 시로 마지막 시간을 시작하도록 하겠습니다.

돌

돌은
끝이다
그러므로 사람은 끝이 나면 돌처럼 침묵한다
돌처럼 고독해지고
돌처럼 닫힌다

하지만
내가 돌이 되었을 때
돌은 오히려 따뜻한 생명이었다
돌만큼 따뜻한 것은 없었다

어찌나 따뜻하던지
그대로 언제까지고 돌이고 싶을 정도였다
사실 나는 일주일 정도 돌이었다

돌은
끝이 아니다
돌은 처음이다

돌에서 시작하면
세계는 이제 무너지지 않는다

요즘 세상은 고독을 나쁘게들 생각하는 것 같아요. 좀 오래된 이야기인데 성격이 어둡다는 뜻의 '네쿠라根暗'라는 말이 유행한 적이 있었어요, 지금은 별로 안 쓰이는 것 같지만. 이 말이 사회적 현상으로써 의미하는 것은 고독을 부정하는 것이었다고 봐요. 이 말이 유행하고 바로 뒤이어 성격이 밝다는 뜻의 '네아카根明'라는 말이 유행했습니다. 네쿠라라고 불리던 사람들이 네아카로 급변하기도 했었는데, 이 말들이 유행되는 가운데 일본사회에서 형성되었던 심리적 요소는 상당히 건강한 것이었다고 봅니다.

그런 사회현상이 있었다고 해도 여전히 고독은 긍정적인 상태는 아니라고 보통 느끼고 있는 것 같아요. 저는 고독이란 결코 나쁜 것이 아니다, 결코 부정적인 것이 아니라고 확신합니다. 물론 고독한 자신을 느꼈을 때야 슬프고 외로우니까 부정적일 수 있습니다. 하지만 객관적으로 보면 고독 없이 세상을 살아가고 자신의 인생을 살아낼 수는 없다고 봐요.

친구들과 만나서 가벼운 대화를 나누고 겉으로는 밝게 웃으면서 즐겁게 지내는 기술, 기술이라는 표현이 좀 지나칠지 모르지만, 그런 대화의 역할과 방법을 몸에 익혔다고 해도 결코 실현되거나 채워지지 않는 자신이 있을 겁니다. 한 사람 한 사람의 진정한 행복의 밑바닥에는 그것이 근본적으로 해방되지 않는 한 결코 채워질 수 없는 뭔가 있기 때문이에요. 그 근원을 해방시키기 위해서는 반드시 고독을 경험하지 않으면 안 됩니다. 정말 고독하다면 거기에 진정한 친화력이 생기면서 둘이 될 수 있고 셋도 될 수 있다고 생각합니다.

그런 뜻을 〈돌〉이라는 시에 담아봤는데, 돌에는 어떤 돌이든 몇 만 년 몇 천만 년이라는 시간을 간직하고 있기 때문에 그 긴 시간이 가지고 있는 힘이 있습니다. 그 돌의 한없이 깊은 힘을 받을 수 있어요. 때로는 자신을 돌로, 화석이 아닌 돌로 만들기도 하면서 말입니다.

돌이 돼보면 정말 따뜻해요. 좀 과장해서 돌만큼 따뜻한 건 없다고 할 만큼 돌의 상태가 좋습니다. 참고로 물리적으로 봤을 때 생명은 물론 물에서 태어났지만, 물뿐만이 아닙니다. 생명의 원천은 돌이기도 하고 바위이기도 합니다. 그 증거로 척추동물의 척추나 이빨을 형성하고 있는 것은 아파타이트apatite, 인회석燐灰石라는 돌입니다.

돌만으로는 좀 쓸쓸하니까 이번에는 〈나무가 되다〉라는 시도 읽어보겠습니다.

나무가 되다

나는 때때로
나무가 되기도 한다

예컨대 한 그루의 참나무가 된다
온몸으로
그저 거기에 뿌리를 내리고
줄기가 되고 가지를 펼치고 서있는
참나무가 된다

그럼

나는 파랗다

나는 울창한 잎이다

고요히 햇빛이 와닿는다

콩덩굴이나 고란초나 줄고사리

녹색 이끼 회색 곰팡이

게다가 일엽초까지

하나의 생태계다

나는 그저 존재한다

그저 존재하는 파란 하나의 생태계다

나는 때때로

나무가 된다

　여기 오키나와에서는 참나무가 저 북쪽에 있는 얀바루까지나 가야
볼 수 있겠지만, 이번에 제가 감명 깊게 본 것은 자동刺桐이라는 나뭇
잎의 울창함입니다. 단단하게 생긴 것이 그다지 크진 않지만 큼지막
한 잎사귀를 빈틈없이 무성하게 키워내고 있는 것이, 자동나무의 모
습이 되어보면 좋겠다는 생각을 해봅니다. 사람은 저마다 좋아하는
나무가 있을 테니까 자기가 좋아하는 그 나무의 모습이 되어보는 겁
니다. 이때도 역시 눈을 감는 것이 좋겠죠. 눈을 감고 자기가 좋아하

는 나무의 모습으로, 나무면 당연히 가지가 뻗어있을 테니까 두 팔을 활짝 벌리고, 10분 아니면 5분만이라도 눈을 감고 정말 자신이 좋아하는 그 나무가 되어보는 겁니다. 땅에서, 발에서 자신을 나무로 자라게 하고 가지를 뻗고 바람을 맞고 태양을 쬐고……

이것은 일종의 심신론, 요가라고 해도 좋고 기공氣功과 같은 중국 전통의 심신단련술이라고 해도 좋겠죠. 혹시 여러분 중에 이미 기공을 실천하고 있는 분도 있을지 모르지만, 이 기공술 중에는 실제로 수목기공이라는 방법도 있어요. 그것은 자신의 심신을 모두 나무가 되게 하는 것, 특히 마음이 나무의 고요함을 닮게 하는 것이 중요합니다. 그런 방법이 있어요, 돌이 돼보는 것도 좋고 나무가 돼보는 것도 좋지만, 나무가 되는 것은 돌과는 또 다른 기쁨이 있습니다.

존재하는 모든 것은 신이다

다음은 〈바다여래〉라는 시입니다. 이 시를 읽기 전에 잠깐 여래에 대해 설명하겠습니다.

여래란 아시다시피 석가여래, 아미타여래, 약사여래, 혹은 대일여래 같은 부처님의 이름 중 하납니다. 이것은 글자 그대로 와있는 것來과 같은 것如이라는 뜻입니다. 여래라는 말은 원래 Tathagata타타가타라는 산스크리트어인데, 타타란 여기라는 의미입니다. 가타라는 것은 오거나 간다는 쌍방의 의미를 가지고 있습니다. 따라서 타타가타라는 말은 여기에 와있다, 여기로 가는 것 뭐 그런 의미겠죠. 여래란 타타가타를 중국어로 번역한 것입니다.

이처럼 말의 어원을 살펴보면 여기 와있는 것이 원래는 모두 여래란 말이기 때문에, 석가모니나 아미타불이나 대일여래 같은 특정한 부처님만이 아니라 여기 와있는 가치 있는 것 모두가 여래인 셈입니다. 좀더 구체적으로 말하면 지금 이 교실에 모인 여러분 한 사람 한 사람의 실존모습, 한 사람 한 사람의 생명이 여래라는 말입니다. 생명 있는 것뿐만 아니라 이 책상 역시, 만일 여러분이 가치를 찾아내기만 한다면 책상으로써 여기에 와있는 여래입니다. 이처럼 여래의 본질은 여기 와있는 것을 의미하므로 바다 여래라는 말은 바다로써 거기에 존재하고 있는 존재, 그것을 바다여래라고 부릅니다.

일본에서 불교는 거의 죽은 종교가 되어버렸기 때문에 불교라는 말만 들어도 여러분은 흥미를 잃을지 모르지만, 저는 불교는 생명에 대해 아주 심오한 지혜를 가지고 있다고 생각합니다. 그래서 그것을 다시 한 번 현대어로 고쳐서 새롭게 생명을 불어넣어주고 싶습니다. 새롭게 해석하고 싶어요. 적어도 부처가 살았던 기원전 500년부터, 그러니까 약 2500년 전부터 지금까지 사라지지 않고 우리에게 전해오는 지혜가 만일 미심쩍거나 무의미하거나 거짓말이거나 했다면 이미 옛날에 인간의 지성이 그것을 과거의 것으로 청산해버렸을 것입니다. 그 어떤 시대 그 어떤 사람이라도 목숨을 걸고 최선을 다해 그 시대를 살아왔기 때문에, 만일 불교나 신도가, 기독교도 마찬가지지만 정말 아무런 사실성도 없고 힘도 없고 지혜도 없는 것이었다면 먼 옛날에 소멸되었겠죠.

오키나와에서는 불교가 그다지 성행하지 않은 것 같은데, 이곳 식으로 말하면 유타를 중심으로 하는 자연신 신앙 같은 전통이 줄곧 이어져오고 있는 것은 거기에 지혜도 있고 힘도 있고 생명이 있기 때문이잖아요. 다만 말들이 오래되었을 뿐이죠. 거기에 다시 한 번 애니미즘이라는 시야까지 포함해서 새로운 숨결을 불어넣어주고 싶다는 것이 이번 5일간 제가 가져본 바람이었습니다. 그럼 〈바다여래〉라는 시를 읽어보도록 하겠습니다.

바다여래

바다가
바다여래라는 걸 안 것은
얼마 전의 일
올 겨울의 일이었다

봄이 지나고 여름이 와도
바다는 여전히 변함없고
바다여래로 거기 있다
바다여래의 바닷가에서
나는 즐거이 조개를 캔다
바다여래의 바닷가에서
아이들과 도시락을 먹고
아내와 이야기한다
바다여래의 바닷가에서는

해야 할 일은 없다

오로지 파랗다
파랗고 영원한 눈길을 받으며
조개를 캐고 돌을 줍고
장작을 줍곤 할 뿐이다

존재하는 것은 모두 여래다, 존재하는 모든 것은 신이다. 이번 애
니미즘이라는 주제에 직결되는 자각이 저에게 처음 찾아왔을 때 지
은, 저에게는 기념할 만한 소중한 시입니다. 바다 자체가 신이에요.
류큐 전통 중에 바다 너머에 니라이카나이오키나와나 아마미에서 예로부터 믿
어왔던 바다 너머에 존재하는 신의 세계나 성지를 말한다 - 옮긴이라 불리는 이상향이
있다는 것은 여러분도 알고 계실 겁니다. 바다 너머에 있는 니라이카
나이라고 불리는 이상향을 타향사람인 저까지도 공유할 수 있습니
다. 야쿠시마에서 바다를 내다봐도 그 너머에 니라이카나이가 있어
요. 이건 좀 다른 얘깁니다만 야쿠시마의 어느 마을에서는 사람이 죽
으면 1미터 정도 되는 지붕 있는 배를 만듭니다. 그 지붕 있는 배에
죽은 사람의 영혼을 싣는 거예요. 그 배 이름이 사키시마마루라고 하
지요. 사키시마 하면 야에야마 제도를 말하는데, 야쿠시마 일부 사람
들에게도 사키시마가 곧 니라이카나이에요. 왜 그렇게 됐는지는 모
르지만, 그런 전통이 야쿠시마에도 남아있어요.
　바다의 푸르른 광활함을 보고 기분이 나빠지는 사람은 아마 없을
겁니다. 창공과 마찬가지로 우리는 바다를 보면 기분이 좋아지죠. 폭
풍이 칠 때는 안 그렇지만 바다를 보면 마음이 자꾸자꾸 넓어져요. 그
런 행복을 주는 것이 신이고 여래죠. 깊고 좋은 마음을 갖게 해주는

것은 모두 신이 됩니다. 그것을 인간은 옛날부터 신이라고 불렀어요. 물론 바다라는 고유명사는 있었지요. 그 바다가 주는 좋은 것, 아름다운 것, 넉넉한 것, 위로가 되는 것, 그런 것을 모두 종합해서 부를 말이 없으니까 신神이라고 한 겁니다. 어제 말한 것처럼 가려서 보이지 않을 뿐이지요. 왜 바다가 기쁨을 줄까? 그 진실이 가려져 있어요. 그러니까 신이라고 부를 수밖에요. 그래서 또 여래라고 부르는 겁니다.

불교 이야기를 조금만 더 하면, 지금까지 읽어온 시 중에서 관세음보살이라는 이름이 몇 번인가 나왔는데, 이것도 어쩌면 여러분은 관음이나 관세음이나 관자재보살 등이 딱히 나쁜 느낌은 안 들지만 이 세상에 존재하지는 않는다고 생각할 겁니다.

실제로 인격으로서의 관세음보살은 존재하지 않습니다. 하지만 지금 누군가 갑자기 쓰러진다면, 옆에 있는 사람은 그대로 보고만 있을 수는 없겠죠. 왜 그러냐고 묻겠죠. 우리는 누군가 옆에 곤란에 처한 사람이 있으면 그 사람을 본능적으로 돕고 싶어집니다. 반대로 옆에 아주 행복한 사람이 있다고 칩시다. 그럼 그 사람의 행복을 부러워도 하겠지만 그 행복이 자연히 전해져서 보는 나도 행복해집니다. 서로가 좀더 친숙한 사이라면, 가령 아픈 아이가 있다면 부모님은 함께 고통스러워합니다. 병이 나으면 같이 기뻐하죠. 그 애정이랄까, 인간성 안에 보편적으로 존재하는 자비의 마음, 슬퍼하는 사람과 함께 슬퍼하는 마음을 동고동비同苦同悲라고 하는데, 그런 인간성을 옛날 사람은 관음님이라고 불렀습니다.

그러므로 관음님은 물론 인격으로 존재하는 것은 아니지만, 지금 이 순간 이 교실 안에 앉아 이야기를 하고 있는 여러분의 마음속에 한 사람 한 사람의 관음성이 생겨나고 있을 겁니다. 관음성은 실재하니까요. 그 같은 인간성을 불교에서는 관음 혹은 관세음, 혹은 관자재보살이라고 부릅니다.

그렇게 불교는 여러 사물에 부처의 이름을 붙였습니다. 약사여래니 아미타불이니, 이것은 모두 실체가 있는 것입니다. 그걸 일일이 설명할 시간은 없으니까 그만두겠지만, 여러분 한 사람 한 사람의 성질과 인간성으로서의 내면에는 불성佛性이 존재합니다.

영겁회귀

시로는 이것이 마지막이 되겠네요. 〈삼광조三光鳥〉인데, 대학이라는 학문의 전당과 잘 어울리는 시를 읽어보겠습니다. 이 시집 전체의 제목이기도 한 시이므로 저에게는 중요한 시 중 하나입니다. 삼광조라는 새는 아마 오키나와에도 서식하고 있을 겁니다.

삼광조

세상에는 참 신비로운 새가 있다
삼광조라는 새다
날이 밝으면 바로
달 해 별 포이포이포이
달 해 별 포이포이포이
하고 첫울음을 울고
하루 종일

숲을 지나다니며 해가 질 때까지 운다

신비로운 새가 우는 숲에 살면서
나도 역시
세 가지 빛을 찬양하는 것을 배운다
배움에 빠져 어느새 세월도 잊는다
밤이 되면
삼광조는 울지 않는다
삼광조가 잠든 숲속 하늘에서
달과 별은 신비로운 빛을 그 새들의 잠 위에 뿌린다

이 삼광조라는 새는 사람 사는 마을을 그다지 좋아하지 않기 때문에 시내에서는 우는 소리를 거의 들을 수 없겠지만, 조용한 숲 속 등에서 포이포이포이라고 우는 것을 들을 수 있습니다. '달, 해, 별' 부분은 정확히 들리지 않지만 후렴부인 포이포이포이는 누가 들어도 분명하기 때문에, 어느 산길을 걷다가 포이포이포이 라는 소리가 들리면 그것은 틀림없는 삼광조일 겁니다.

저는 1999년 봄에 『법화경의 숲을 걷는다』라는 책을 냈는데, 그 법화경의 서품 중에 다음과 같은 내용의 이야기가 적혀있습니다.

셀 수 없을 정도로 멀고 먼 옛날에 일월등명日月燈明여래라는 부처님이 세상에 나타나셨다고 합니다. 셀 수 없을 정도로 오래된 태곳적 시간을 산스크리트어에서는 '카르파'라고 부릅니다. 한자로는 영겁永劫 할 때 겁劫자에 해당합니다. 셀 수 없이 오래된 카르파의 옛날이라고 하는데, 힌두민족이 얼마나 사색적인 민족인지를 보기 위해서 그 겁=카르파이 어떤 시간의 단위인지 먼저 말해야 할 것 같습니다.

어느 곳에 직경 1킬로미터 정도 하는 커다란 바위가 있었다고 합니다. 거기에 백 년에 한 번 하늘에서 천녀가 내려와 비단옷자락으로 살짝 바위를 한번 스치고 다시 하늘로 올라간답니다. 백 년에 한 번 내려와서 그런 행동을 반복하여 그 바위가 닳고 닳아서 없어지는 시간을 1카르파라고 부릅니다. 옷이 닳아빠진 것이 아니라 바위가 닳아 없어지는 시간이 1겁=1카르파이라는 시간이죠.

카르파에는 여러 해석방법이 있는데, 지금 말한 것은 반석설이라고 불리는 설이에요. 이처럼 정신이 아득해질 것 같은 카르파라는 단위를 마련해놓고 다음에는 그것을 5카르파, 100카르파, 1만 카르파 층층이 쌓아갑니다. 그렇게 해서 셀 수 없는 무량한 시간에 실체를 주는 묘사를 한 겁니다.

그런 무량에 무량을 더하는 카르파의 옛날에 일월등명여래라는 부처가 세상에 나타나셨다고 적혀있습니다. 그리고 일월등명여래의 수명이 다하여 세상을 떠나면 다시 같은 이름의 일월등명여래라는 부처가 세상에 오셨다고 씌어있어요. 그런 일들이 2만 세대에 걸쳐 계속되었다고 합니다. 같은 일월등명여래라는 부처가 2만 세대 나왔고, 그 마지막 2만 세대째의 일월등명여래가 세상에 처음으로 법화경을 설파하셨다고 적혀있습니다.

그것을 해석하면 일월등명여래는 태양과 달 이외의 그 어떤 것도 아니라는 얘기가 됩니다. 일월이라는 빛, 태양이라는 등명, 달이라는 등명. 아까 그 삼광조가 달, 해, 별을 찬양하는 것과 마찬가집니다. 그것이 2만 세대에 걸쳐 계속되었다는 것은 같은 태양과 달이 2만 번 떴다 졌다를 반복했다는 말이에요. 그 태양과 달이 법화경을 설파했다는 것은 태양과 달이 세상을 꿰뚫고 있는 이법을 설파한 것이 되겠죠.

법화경이란 법法의 꽃華을 가르친다는 말로 여기에서 법은 우주의 섭리, 세상을 꿰뚫고 있는 이법이라는 말입니다. 아름다운 세계의 섭리를 설파한 것이 법화경입니다. 우주의 섭리 그 자체인 태양과 달이 처음 그 이법을 설파했다고 하니, 이것은 그야말로 합리적인 것입니다.

그렇게 보면 법화경은 전혀 어려운 경전이 아니에요. 그냥 애니미즘이죠. 태양이 신이고 달이 신이라는, 그것이 법이고 부처라는 이야기를 다른 측면에서 접근했을 따름이에요.

삼광조가 '달, 해, 별, 포이포이포이'라고 울고 있는 모습, 그리고 며칠 전에 말했던 아마미의 유타 한 분이 신을 숭배하는 것은 잊어도 좋지만 태양과 물을 숭배하는 것은 잊어서는 안 된다고 말씀하셨던 것도 그런 이치입니다. 신은 숭배하지 않아도 됩니다. 태양과 물이 바로 신이라는 사상과 직결되죠. 태양과 달이 그대로 아름다운 법이라는 사실을 법화경은 말하고 있습니다.

세 가지 빛을 찬양하며 우는 삼광조라는 새와 관련해서 아주 잠깐 법화경에 대한 이야기를 했습니다만, 법화경이 설파하는 법이란 개념은 우리 동양인만이 보존해온 것은 아닙니다. 지금으로부터 100여 년 전인 1900년에 죽은 프리드리히 니체라는 독일의 철학자는 '신은 죽었다'라고 말해 20세기 서구사회와 동양인에게까지 크나큰 영향을 미친 사람인데, 그 말이 나오는 『차라투스트라는 이렇게 말했다』에서 니체는 보다 흥미로운 이야기를 서술하고 있습니다. 그것은 아까 말씀드렸던 회귀하는 시간과도 깊은 관계가 있는 말입니다.

차라투스트라는 조로아스터교의 창시자인 고대 페르시아의 예언자 조로아스터를 독일식으로 읽은 것인데, 니체는 그리스도교의 신을 대신해 그 조로아스터를 통해 새로운 신을 발견했는데 거기에 다음과 같은 말이 적혀있습니다. 아주 중요한 말이니까 칠판에 잠깐 적겠습니다.

모든 것은 가고, 모든 것은 다시 돌아온다. 존재의 수레바퀴는 영원히 회귀한다. 모든 것은 죽고 모든 것은 다시 꽃핀다. 존재의 세월은 영원히 흘러간다.

여기에서 니체는 니체철학의 주요개념 중 하나인 '영겁회귀'에 대해 논하고 있는데, 그 '존재의 수레바퀴는 영원히 회귀한다'라는 통찰이야말로 법화경의 법이란 개념과 상통한다고 저는 생각합니다. 일월등명여래가 2만 세대 동안 같은 이름으로 태어났다 죽었다고 하는 통찰은 바로 영겁회귀하는 존재의 존재성이 되기 때문입니다.

또 한 가지 니체가 흥미로운 것은 그가 서양철학사에서 가장 흥미를 느꼈던 것이, 지금까지 여러 차례 말한 바 있는 소크라테스 이전의 자연철학자들의 세계였다는 겁니다. 소크라테스 이후 서양의 정신은 타락했다고 닥치는 대로 무시하고 깔아뭉개고, 만년에는 고독과 광기 속에서 죽어간 철학자였지만, 어떤 의미에서 100년이나 앞질러 자연을 신으로 보고 소중히 해온 선구적인 철학자이기도 했습니다.

새로운 시대로 가는 길

드디어 마지막 시간입니다. 이 시간에는 앞으로의 전망과 지금까지와는 좀 다른 이야기를 하려고 합니다. 그렇다고 완전히 다른 이야기는 아니고, 저의 생각과 비교적 근접한 위치에서 일하고 계시는 미타 무네스케見田宗介라는 사회학자가 계십니다. 이분은 마키 슈스케眞木悠介라는 필명으로 여러 권 책도 출판하신 분이라 여러분 중에 알고 계신 분도 있을 겁니다. 저는 개인적으로 그분을 일본을 대표하는 사상가 중 한분이라고 생각하는데, 이분이 비교적 최근에 『현대사회의 이론』이라는 책을 내셨어요. 그렇게 안 비싸니까 혹시 보게 되면 한번 읽어보세요.

어쨌든 미타 씨는 사회를 다섯 개 층으로 나누어 생각하자고 합니다. 사회의 기저를 이루는 제1층, 이것은 생명체로서의 인간 즉 생물학적 존재로서의 인간을 말합니다. 다음 제2층은 단순한 생물이 아니라 생물에서 인간이라는 자각을 갖기에 이른 인간의 사회. 제3층을 미타 씨는 문명인으로서의 인간이라고 말하는데, 그 내용은 마을 공동체를 형성한 인간사회. 제4층이 마을 공동체를 넘어 개인을 확립해가는 근대인의 사회. 제5층이 현대인으로서의 인간. 이러한 층의 사회를 미타 씨는 차고 넘치는 자유 속에서 방황하는 개인의 집합사회라고 분석합니다.

제1층인 가장 깊은 곳에 위치한 층은 생명체로서의 인간이 이루는 층입니다. 한마디로 말해 우리 인간은 모두 생물이라는 말입니다. 그 다음인 2층은 나는 잠자리가 아니다, 나비가 아니다, 나무가 아니다는 식으로 인간사회가 시작되었을 때, 거기에는 인간이라는 자각이 당연히 따라오기 때문에 이것도 이해하는 데 어려움이 없을 줄 압니다. 그리고 다음 단계에 이르면 우리는 사회라는 것을 만들기 시작합니다. 그것을 미타 씨는 문명단계의 인간이라고 말합니다만, 마을을 만들고 촌락사회를 만든 인간이라고 규정하는 거죠. 몇 천 년, 몇 만 년 동안 인류는 이 문명단계를 지속해왔는데, 마침내 근대로 접어들면서 촌락사회를 답답하게 여기게 됩니다. 촌락사회에는 당연히 구속이 따르게 되지요. 봉건사회라는 말에서도 충분히 알 수 있듯이 여러 가지 종적 구속과 횡적 구속이 따르게 마련입니다. 이곳 오키나와에 아직 미을 공동체적 색채가 농후한 사회가 남아있다는 것은 현지 분이라면 다 아실 겁니다. 물론 거기에는 장점도 있지만, 그것이 싫어서 인간은 자유로운 도시를 만들어내기 시작했습니다. 근대인은 도시를 만들기 시작한 인간입니다. 도시가 시작된 것은 아주 오래된 일로 11세기 무렵부터 유럽에서는 중세자치도시라는 것이 만들어졌다고 해요. 도시의 공기는 사람을 자유롭게 한다는 말이 있어요. 자유를 추구하기 시작한 인간, 촌락사회에서 벗어나 자립한 개인의 자유를 추구하는 인간. 그것이 제4층을 형성하게 됩니다. 그것이 다음 단계인 제5층 현재의 시점으로 접어들면, 자유를 획득한 개인의 집합체인 이 사회에서 우리는, 이것은 어디까지나 상징적인 의미입니다만, 넘치는 자유 속에서 방황하고 있는 꼴이 됩니다. 자유를 누린 만큼 저주받고 있다고 말하는 사람도 있습니다.

우리는 자유를 찾아 개인으로 자립한 것인데, 개인이 된 다음에는 개인으로서 무엇을 해야 할지를 모릅니다. 개인에게 다른 모든 것은 타자일 수밖에 없습니다. 모든 인간이, 극단적으로 말하면 가족조차도 기본적으로는 자기와 관계가 없는 타자로 존재하게 됩니다. 개인과 타자라는 관계가 마음속 깊은 곳을 지배하고 있는 것이 현대사회의 특징이라 할 수 있어요. 이 현대사회가 결코 최선의 사회가 아닌이상 우리는 당연히 그것을 변혁하고 다음 사회의 비전을 제시하지 않으면 안 되는데, 그 근거를 어디에 둘 것인가를 미타 씨는 모색하고 있는 겁니다.

보통 사회학자라면 이 직전의 분석에서 그만두기 일쑵니다. 다음의 비전을 제시하는 것은 학자가 할 일이 아니고 사상가나 시인이 할일이니까요. 사상가로서의 미타 씨는 제1층인 생명체로서의 인간에 근거를 두고 개인을 초월한 새로운 공동체를 회복하자고 말합니다. 타자도 생명체다, 나도 생명체다, 개인도 생명체다. 동시에 식물도 동물도 모두 생명체다. 생명체라는 가장 원초적인 제1층에서 인간성의 공동성을 회복하자는 이론을 미타 씨는 내놓고 있는 겁니다.

이 사상은 기본적으로 옳다고 생각합니다. 저도 대찬성이에요. 하지만 잘 생각해보면 이 5층설에는 빠져있는 게 있어요. 여러분이 보기에는 뭐가 빠져있는 것 같습니까? 생명체 이전의 비생명체와의 공동성이 빠져있어요. 인간이라는 생명체를 있게 해준 더 깊은 기층의 비생명체와의 공동성이 빠져있습니다. 결코 미타 씨의 이론을 비판하는 게 아닙니다. 미타 씨의 이론에 이것 하나를 더 보태서 보다 풍부하고 보편적인 이론으로 만들고 싶은 저의 바람일 뿐이에요. 가장원초적인 위치에 있는 것은 생명체가 아니라 그 이전의 행성이랄까, 태양계 즉 생명을 탄생시킨 비생명의 세계가 아니겠는가 하는 겁니다. 그 중에서 가장 기본이 되는 것은 역시 태양과 물과 암석 그리고 달이죠. 법화경이 법이라 부르고 샤먼이나 유타들이 신이라고 불러왔던 것이 바로 거기에 포함됩니다.

미타 씨의 사고에 따르면, 또한 제 생각이기도 하지만, 지금까지는 공동체성이란 굳이 따지자면 사람을 속박하는 역할을 해왔기 때문에 공동체성을 벗어나 자유로운 개인이 되는 그런 사회를 만들고자 했습니다. 하지만 지금 말씀드렸듯이 공동체를 완전히 벗어던진 현대의 도시적 세계의 현실에서 자립한 개인은 넘치는 자유 앞에서 쩔쩔매고 방황하고 있어요. 앞으로의 삶은 공동체를 벗어나 개인이 된다는 방향성에서도 벗어나, 자립한 개인으로서 생명체와 비생명체를 포함한 새로운 공동성을 만들어내는 방향으로 나아가야 한다는 겁니다. 그때 조건이 세 가지가 있다고 미타 씨는 말합니다. 그것을 제 생각과 더불어 말씀드리겠습니다.

첫째는 자유로운 공동체. 이때 공동체라는 말에 그렇게 연연하지 않아도 됩니다. 이것을 지역에서 실현시키는 거예요. 자유로운 지역을 보다 구체적으로 말하면 자유로운 오키나와라는 지역을 앞으로 만들어가자는 얘깁니다.

둘째는 열린 공동체라는 말을 미타 씨는 사용하고 있는데, 물론 이것을 지역이라고 해도 됩니다. 아시다시피 지역 혹은 지역공동체라는 것이 폐쇄되어 오키나와 지역주의 일변도가 된다면 저를 비롯해 도쿄 등 도시의 인간은 배제되게 됩니다. 혹은 외국에서 온 사람들을 배제하면 그것은 결코 좋은 지역공동체가 아니죠. 그런 곳에서 인간은 즐겁게 살아갈 수 없어요. 아주 단순해요. 열린 공동체, 그것이 또 하납니다.

마지막으로 미타 씨는 깊이를 가진 공동체라는 표현을 쓰고 계십니다. 이 깊이라는 말이 무엇을 의미하는가는 여러분이 각자 생각하시면 될 것 같고. 미타 씨 자신은 이것을 뭐라 표현해야 좋을지 모르겠지만 일단 '깊이'라는 말을 쓰겠다고 했습니다. 깊이를 가진 지역 공동체란 지난 닷새 동안 말씀드렸듯이 여러 가지 생명체 안에서 신을 볼 수 있고 여러 가지 비생명체 안에서도 신과 법과 부처를 볼 수 있는 곳이라고 저는 생각합니다만, 지금 말씀드렸듯이 여러분 한 사람 한 사람에게 그것이 무엇인가는 여러분이 생각해야 할 몫입니다.

본론으로 돌아가서 미타 씨 처지에서는 개인이 자유여야 하는 것이 가장 중요한 일입니다. 저도 그 의견에는 기본적으로 찬성이구요. 우리는 지금 넘치는 자유 앞에서 방황하고 있는지 모르지만, 그래도 여전히 자유는 기본적으로 가장 중요한 것입니다. 하지만 마지막으로 그 자유로운 개인을 한 번 더 저의 생각으로 말씀드리면, 부모님도 조부모님도 형제도 자녀도 없는 자유로운 개인의 세계가 정말 존재할까요? 전통의 풍습에서 완전히 자유로울 수 있는 세계가 과연 있을까요? 요컨대 깊이의 문젭니다. 이것에 대해서도 여러분 각자가 생각해보시기 바랍니다. 원하든 원치 않든 우리는 하루하루 다음 사회, 다음 시대를 만들어내고 있습니다. 새로운 자신을 발견하는 것이 새로운 시대를 만드는 것과 직결되어 있습니다. 지금 여러분이 가지고 있는 자유를 거기에 쏟아붓기를 바랍니다.

닷새에 걸친 긴 시간 경청해주셔서 정말 고맙습니다.

야마오 산세이 (1938~2001)

후기

인간이라는 생물의 특징은 여러 가지가 있지만 그 중에서 빼놓을 수 없는 것이 신神이라는 의식을 가진 생물이라는 사실이다.

동양의 넓디넓은 지역 사람들에게 그것은 부처라는 의식으로 교체할 수 있다.

신 내지 부처는 하나의 궁극적인 의식으로 다가오기 때문에 그것을 수용하든 부정하든 만일 인간이 완전하게 살기를 바란다면 피할 수 없는 주제라 할 수 있다.

신 내지 부처와 관련된 문화, 즉 종교는 어떤 때는 광신성을 낳고 어떤 때는 그 자체가 배타성이 되기도 하고 어떤 때는 기만의 시스템이 될 수도 있다. 따라서 현대에는 그 가치가 땅에 떨어져, 제대로 된 이성을 가진 사람이라면 그런 길에 몸담는 것은 어리석은 짓이라는 통념이 형성되었다.

하지만 그것은 우리가 20세기를 통틀어 획득해온 양식으로, 종교가 여전히 전쟁과 사회적 비참이나 속박의 원인이 되고 있다는 사실을 처음부터 용인해야 하는 것은 아니다.

또한 인간이라는 생물이 의식의 궁극을 자각하기를 원하는 존재라는 특징을 상실한채, 오로지 향락과 정보를 비롯한 물질만 손에 넣으면 만족하는 존재로 지난 100년 동안 변질된 것만은 아니라는 사실도 염두에 두어야 한다.

그렇기 때문에 신이라는 의식과 부처라는 의식을 지금까지는 없었던 새로운 지평을 열어 다시 한 번 재조명하고 음미하고 재구축해야 하는 시대에 우리는 서있다.

이 책은 1999년 7월 12일월부터 7월 16일금까지의 5일간 류큐대학에서 실시한 집중강의를 기록한 것인데, 그 주제를 '애니미즘이라는 희망'이라고 정한 것은 앞서 말한 의미에서다.

삼라만상과 마주하는 개인이 그 중 하나의 상象에서 의미성과 기쁨의 신을 찾고, 그것을 타자와 공유하는 새로운 애니미즘사상은 개인이 개인으로 존재하면서 그것을 초월하는 자유를 내장함과 동시에 환경문제라는 우리가 직면하고 있는 필수 과제를 해결해가는 작지만 중요한 방법론이기도 하다.

'넘치는 자유 속에서 방황하는 사람들'이 유독 젊은이들만이 아니라 사회 전반이 그러할 것이다. 이 책은 대학생을 대상으로 직접 들려준 이야기이지만, 공부하는 학생들뿐만 아니라 살아가는 의미를 묻는 모든 사람들에게 이 책을 바친다.

본문에서도 잠깐 언급했지만 류큐대학에서 강의할 기회를 주신 동대학 영문학과 교수이신 야마자토 카즈노리 교수님의 우정이 없었다면 강의도 이 책도 없었을 것이다. 이 자리를 빌려 감사의 마음을 전하고 싶다.

또 기간 중에 여러모로 보살펴주시고 매 식사 때마다 함께 해주시고, 대학이라는 시스템에 익숙하지 못한 내가 편안히 지낼 수 있게 도와주신 동 대학 영문학 전임강사이신 키노 이쿠에 씨에게도 감사와 우정을 표하고 싶다.

또 매 시간마다 필요한 자료나 차를 챙겨주면서, 그녀가 곁에 있는 것만으로 유나꽃처럼 황홀한 오키나와의 심성을 느끼게 해준 영문과 대학원생 센노자 아야노 양에게도 고마움을 전한다.

바쁜 시기에도 일주일씩이나 류큐대학에 동행해주시고 모든 강의를 녹음해주신 출판사 야소샤의 이시가키 마사노부 씨와 그 녹음을 가 취록하고, 아주 세심하게 검토하고 다듬어서 거의 일년에 걸쳐 이 책을 내주신 케우치 마사히코 씨, 이 두 분께도 감사의 말을 전한다.

야소샤에서 책을 내는 것은 1991년『섬의 하루하루』이래 9년 만의 일이다. 다시 이시가키 씨와 작업을 할 수 있어서 더할 수 없이 기쁘다. 한 사람이라도 더 많은 진지한 독자의 지지를 얻어, 앞으로도 시와 사상의 계속이라는 힘든 작업과 출판이라는 힘든 작업의 공생이 계속되기를 기원한다.

옮긴이의 말

매운 연기가 눈을 찔러도/꾹 참고 활활 불을 지펴라
마침내 활활 타오르면
보라, 지금 너희들 마음 같은 오렌지빛 불꽃이
활활 피어오르리
그때 그 불꽃을 들여다보라/어느 순간 ……
등 뒤에서 밤이 너희를 포근히 감싸 안는다
밤이 포근히 너희를 감싸 안을 때
그때가 바로 신비한 순간

— 야마오 산세이 《불을 지펴라》 중에서-

어른들의 기억을 재생시켜보면 어린 시절 어디쯤에 꼭 한 컷쯤은 활활 타오르는 모닥불이 등장하기 마련이지요. 그런 기억이 없다면 참으로 불행할 것 같아요. 인생에는 그런 모닥불처럼 그리워하는 것만으로도 행복해지는 것들이 있습니다.

땅속에 묻어둔 구슬.
논두렁에 불 피워 구워먹던 콩깍지와 개구리 뒷다리.
얕은 물에 팔딱이는 붕어와 검정고무신.
앙증맞은 손안에서 반짝이던 개똥벌레 ……

하지만 지금의 젊은이들을 비롯해 미래 우리 아이들의 기억에는 더이상 이런 것들이 존재하지 않겠지요? 그럼 우리 아이들은 어떤 것들을 기억하고 그리워하면서 행복한 추억에 젖게 될까요?

사람은 누구나 지나간 것, 지금은 가버리고 없는 것을 그리워합니다.

하지만 그 대상을 아는 사람만이 그것을 그리워할 수 있지요. 고향을 알지 못하면 고향을 그리워할 일도 없고, 어머니와 누이와 소꿉친구를 알지 못하면 그 역시 그리워할 수 없겠죠. 그리고 당연한 얘기지만 그 앎이란 경험에서 옵니다. 자연을 경험하지 못하면 자연을 아는 건 말할 것도 없고 그리워할 수도 없어요. 그런데 안타깝게도 요즘 우리 젊은이들은 경제와 과학의 눈부신 발전 이전에 존재했던 자연을 알지 못합니다. 그래서 우리는 그 자연을 그리워할 수도 없는 불행한 천치가 되어버렸어요.

"엄마, 이거 밑에 뭐가 있어요?"

핑크색 공주구두를 신은 발로 아스팔트를 톡톡 차며 여섯 살 딸아이가 제게 물은 적이 있어요.

"흙이 있지. 그 밑엔 지렁이도 살고 두더지가 살지도 몰라."

땅속에 산다는 두더지를 본 적이 없는 저는 자신 없는 목소리로 이렇게 대답했지요.

"아하, 여기 사는 두더지도 안경을 썼을까?"

"아마 썼을 걸……."

안경 쓴 두더지를 그림책에서 무수히 보아온 딸아이는 땅 속의 두더지도 정말 안경을 쓴 걸로 알고 자라겠지요? 저도 그래요, ……진짜 안경을 쓰고 있을 것만 같거든요.

어쨌든 그나마 다행스러운 것은 우리 아이들이 그림책과 동화책 속에서나마 자연을 만날 수 있고, 그것을 통해 자연만물에도 영혼이 깃들어있다는 것을 적어도 과학에 눈 뜨기 전까지는 기억할 수 있다는 겁니다.

야마오 산세이 님의 《애니미즘이라는 희망》은 여러분에게 바로 그런 그림책이나 동화책 같은 존재가 되어주리라 생각해요.

우리는 흔히 앞만 보라고 하지요. 과거에 연연하지 말고 미래를 향해 달려야 한다고. 하지만 과거 없는 오늘이, 과거 없는 미래가 과연 있을 수 있을까요? 과거를 알지 못하고 오늘을 반성할 수 없고, 과거를 알지 못하고 미래를 개선할 수는 없잖아요. 야마오 산세이 님은 우리들의 미래 희망을 위해 인류가 살아온 과거와 자연을 그림책이나 동화처럼 편안하고 알기 쉽게 가르쳐주고 계십니다.

'애니미즘'이라는 과거이자 미래를 '시'라는 그림을 통해서 말이에요.

우리가 서있는 현재의 문제점이 무엇인지 알고자 한다면, 그리고 행복한 미래를 진심으로 원한다면 우리는 이제라도 과거(=자연)를 알고 그리워해야 한다고 생각합니다. 이 책은 바로 그를 위한 이정표가 되어줄 거라 믿습니다.

김경인

사진
ⓒ야마오 하루미(山尾春美) 7, 107, 353
ⓒ김선미 200
ⓒ장성욱 272
ⓒ장재성 20~21, 42, 213, 295, 302~303, 309
ⓒ김명환 69, 84~85, 130~131, 157, 173, 231,323

애니미즘_{이라는}
살 라 반 상 여 게 길 을 묻 다
희망

야마오 산세이 지음 | 김경인 옮김

초판 1쇄 펴냄 2012년 9월 21일
펴낸이 김영조
펴낸곳 달팽이출판
등록 2002년 2월 28일 제 22-2112호
주소 경기도 파주시 탄현면 법흥리 유승앙브와즈 2단지 206-205호
전화 031-973-4409   팩스 031-946-8005
이메일 ecohills@hanmail.net

ISBN 978-89-90706-33-1 03300
ⓒ 달팽이출판, 2012
책값은 뒤표지에 있습니다.